世界 宗教 建築史
シリーズ

西洋キリスト教建築

輻輳する救済の時代

中川武 編
太田敬二 著

丸善出版

「世界 宗教 建築史」シリーズ刊行にあたって

本シリーズのタイトルは、「世界宗教建築史」でも「世界・宗教・建築史」でもない。世界と宗教と建築史の間の微妙な間合いとは何か、という問題とそれを解くことが、シリーズのねらいである。具体的な目的は三つある。

一つ目は、名だたる宗教建築がなぜ生まれ、どのような工夫によってつくられ、どんな目的があったのか考察することである。『世界宗教建築事典』(東京堂出版、二〇〇一)を監修して改めて思ったことは、世界の名建築といわれるものはほぼ宗教建築であろうと予想はしていたが、その多様さ、多彩さに目を見張ったことだった。それらは驚きと面白さにあふれていた。その秘密をじっくりと考えてみたいと思っている。

二つ目は、二一世紀は、地球環境・経済のグローバリゼーション、そして文化・宗教におけるナショナルなものと人類史的なものとの交流、進展と葛藤によって「世界」はかつてないほど私たちの意識に迫りあがってきているように思われることである。二〇世紀における「戦争と平和」の問題が、今もなお、もっと複雑な様相のもとに引きずられており、私たち「建築」の分野も否応なく、現在の世界の問題に立ち向かわざるを得ないと思われる。

かつて、たとえばフレッチャー『世界建築史』（一九一九）では、人類の建築の歩みを、ヨーロッパからアジア、アフリカ、新大陸へと視線を広げながら、西洋文明の発展＝世界史への貢献として、おおよそ自信をもって記録され続けてきたものと考えられる。しかし、現在は、世界史の組立てや建築史の構想そのものが問われているのである。

「宗教もしくは宗教建築の発生」、そもそも人類は「世界」をどのようにつくり、その初源に何を見たのか、「古代文化と近現代を繋ぐ中世」という考え方は何を示唆するのか、近代の母胎となった西洋文化のさらなる母胎と考えられているキリスト教の、それら三者の劇から私たちは近代への新しい視軸を得ることができるだろうか。また、「宗教を無化する使命を担った近代の科学技術」がその膨大な進化発展によって、いつの間にか科学技術万能信仰に転化したように見えるが、その契機とは何か、等々を論じることにより、世界のいまに対して、できるだけ大きな射程で向き合いたいと願ったのである。

三つ目は、世界、宗教そして建築史の間の微妙な間合いにかかわることである。宗教建築も建築の種別の一つであるから、宗教的営為のための用途を備えた建築が宗教建築であることは間違いない。世界の名だたる古代建築の多くが宗教建築であることも、宗教は永遠性を希求し、代々の古代王権は宗教の後ろ盾を必要としたことから肯《うなず》ける。しかし、共同性が生きていた古代社会ならまだしも、宗教や共同体の支配から個人を救抜することが近代思想の中核であったはずなのに、なぜ近代においても宗教建築がそれなりの存在感をもち得ているのだろうか。共同性としての人間存在が本質的なものなのか、あるいは個人の自立のために共同性が必要なのだろうか。いずれにしろこれらの問いは、共同性を不可避とする宗教と建築の問題に行きつくと思われる。その意味で、すべての主要な建築は宗教建築であるといっても過言ではない。

だから素直に「世界宗教建築史」と書くこともできそうに思われる。しかし、私はここで、そのような宗教の用途的、機能的意味は否定しないが、もう一段、突き詰めてみたいと考えたのである。宗教建築の中に、驚くほど面白いものが多いのは、宗教的用途の特殊性のためばかりでなく、建築の表面的な造形や意匠だけでなく、素材、構造、環境設備など具体的な建築的構成の、イメージ、構想計画、限定のプロセスがその時代の人間の宗教的意識と近似した建築的表現意識によって運行されるため、その時代の建築の流れを引っぱり、上昇させる役割を果たすからだと考えられる。

宗教的意識は神の命令として、倫理的、義務的に絶対性として表現者に下ってくる。宗教建築が、現実ならざるものへの超越意識に支えられているのはこのためである。建築はどんな場合でも、現象空間として、感性的、体験的につくられ、享受される。その体験の反駁《はんばく》と繰り返しの中に理性的・悟性的認識が補強され、現象空間が超越性として感受される可能性が生まれる。しかし、現象空間は、実在としての「もの自体」の存在を否定するものではなく、表現者は「もの」の加工の体験によって、神からの至上の命令を自己の芸術的意識の絶対性へと駆けのぼらせ具体的表現へと赴くのだといえよう。芸術的意識と宗教的意識は紙一重の差であるといわれるのはこのためである。

このプロセスをやり遂げた者が宗教建築の表現者なのである。建築の超越的空間、すなわち建築的概念の成立が宗教建築から始まり、そこに、そのような性格が色濃く残るのはそのためである。超越空間の構築が建築技術としていったん創造されれば、宗教とは無関係に展開される可能性をもつが、その都度、時代の宗教との関係の持続もまた可能だったといえよう。多かれ少なかれ、現在、世界が疲弊していくように感じられることが多い中で、建築もまた、現代のもの自体の枠内のテクノロジー処理の技を競っている。建築に超越性が生まれた初心に戻り、私たちもまた、現代の建築と世界の閉塞した状況に打ち克つ新たな超越性を構築していきたいと思う。

以上三つの目的の他に心掛けたことは、執筆者五人と編者で集まり、シリーズ全体の構成から各巻の目次構成、考え方までできるだけ自由活発に議論し、本シリーズ全体としての底上げを図ったことである。『世界宗教建築事典』のときは、広い分野にわたるため多くの執筆者にお願いした。今回は執筆者を絞り、各々の分野で私が信頼する方々にお願いした。複雑かつ多岐にわたる難題を背負っていただいた各執筆者の方々と、二年以上にわたった厳しく、かつ楽しい議論に根気強く同伴いただいた編集の渡邊康治氏と萩田小百合氏には感謝の言葉もない。

宗教解釈と建築の発生にかかわる微妙な問題が多いため、編者と各巻執筆者の間で異なる見解の表示もある。編者のシリーズのねらいを越えた各巻執筆者の記述は、その問題の理解にふくらみをもたらす上で有意義と判断された場合には担保されている。これらも念入りな議論を経たものであることをご了解いただきたい。

ともあれ、本シリーズに目を通された方に、建築の面白さ、奥深さ、崇高さなどに想いを馳せていただきたい。そして本シリーズが世界の平和の礎に向けた小さな一歩とならんことを願っている。

*

本シリーズのうち、本巻『西洋キリスト教建築　輻輳する救済の時代』の章立て「原罪、恩寵、審判、救済」は一見するとキリスト教の宗教書に見えるかもしれないが、そうではない。これは、建築の物質性と超越性の間の懸隔の推移と葛藤に関する物語であって、そのストラグルがもたらした成功と失敗の顛末、そして至福と悔恨の記憶が中世から近世のヨーロッパ社会から、近代のみならず、今になお問いかけていることを著者は明らかにした。キリスト教も、ヨーロッパ社会も、宗教建築も劇的な歴史を生きてきた。そして、その歴史の中から得たものと失ったものが膨大にある。その解明は、自他に厳しく、幅広く、深く、そして何よりも遠くを見続けようとする著者の静かな研鑽と粘り強い文体が可能にしたものである。思えば、著者は「アジアへの関心」から学的出発をした。もとより困難は続くが、本書により私たちもきたる新しい自由を望む地平に立つことができそうだ。感慨を禁じ得ない。

二〇一九年三月　中川　武

はじめに

キリスト教はこんにち世界に最も多くの信徒を擁する宗教であるが、日本の信徒は一%にも満たないとされる。日本は一九世紀の後半から近代化の道を辿ってきた。その過程でキリスト教も盛んに布教された。しかし明治政府の方針転換や、大正から昭和に向けてのナショナリズムおよび国粋主義の台頭を経て、戦後のキリスト教の成長は限られたものに留まった。では、日本は非キリスト教的な社会として、西洋とは異なる別の近代を生み出したのだろうか。それとも、近代がキリスト教圏に生じたのは単なる偶然で、近代は宗教的背景とは無関係な普遍的成り行きなのであろうか。だが、日本の社会はキリスト教的な何かを、それとは知らず近代化とともに消化し自らのうちに取り込んだということはないのだろうか。

この問いは素朴だが、考えてみるとなかなか容易には答え難い。というのは、そもそもキリスト教とは何か、キリスト教と近代とはどういう関係にあるのか、という問いは、そう問うわれわれとは何者か、たとえば日本とは何か、とりわけ近代以前の日本とは何かという問いとして撥ねかえってくるし、またそれに答えるために、再びキリスト教とは何かという問いに戻り、その行ったり来たりを幾度も繰り返しながら考えていかざるを得ないからである。日本にはすでに一六世紀にキリスト教が伝わり、これが禁じられてからも棄教せず、ローマ教会との一切のつながりを絶たれてなお祈りの言葉を呪文のように唱えて保ち続けたキリシタン信仰は、実際のところ何に向けられた信仰だったのだろうか。この問いとともに、再びキリスト教とは何かという問いにわれわれは連れ戻される。

建築についても同じことが言えるのではないだろうか。建築もまた、ヨーロッパ言語のアーキテクチャにぴったりとあてはまる語をもたなかった日本が、近代化の過程で新たに導入した言葉だからである。このとき「建築」はいったい何を指し示していたのか。「建築」という日本語が生じて以後それが指し示すようになった存在は、「建築」以前にはいったい何だったのか。そして今は何なのか。そういった問いが「キリスト教建築」という一見自明にみえる言葉の背後に幾重にも折り重なっている。

本書ではヨーロッパのキリスト教建築を何か縁遠い対象としてではなく、むしろわれわれの身近に息づく存在として捉えるために、こうした問いを素通りしないようにしながら、ヨーロッパのキリスト教建築の一七世紀までの歴史の大略を辿り直してみたい。そのために、宗教や建築を広く社会的な作用のなかで柔軟に捉え直す一方、その過程で産み落とされた建築の宗教的な意味内容よりも、意味発生の仕組みに注目していくことにする。われわれは簡単に「建築」と口にするが、そこには設計すること、建設すること、建設させること、建設されたもの、それが人々の活動に与える作用、人々がそこに見いだす価値、与える意味、それらすべてが政治や経済に与える影響など、さまざまな意図と行動、期待と結果とが交錯している。それらの関係のなかでキリスト教と建築とがどのようにして互いの意味に影響を与え合ってきたか、という面からキリスト教建築をとらえるなら、それはキリスト教や建築に縁遠い者にも開かれた場となるのではないかと思われるからである。

本書はほぼ時間軸に沿って、第一章で古代から中世前半を、第二章で中世後半、第三章で一六世紀、第四章では一七世紀を扱う。しかし宗教にはそれぞれに固有の時間意識があり、編年的な時間把握はその一端にすぎない。各章のタイトルに掲げた「原罪」「恩寵」「審判」「救済」は編年的枠組みに収まらない宗教的観念を反映している。これらの主題に応じて記述が多少時間的に相前後したり、同じ対象が章をまたいで現れる場合もある。近代が「救済」の到来でないことはとくに断るまでもないだろう。それでもキリスト教が近代の歴史的背景の一部をなすことは間違いない。こうした見方が僅かなりとも建築の理解につながれば幸いである。

目次

第二章　恩　寵　57

序　章

キリスト教と近代社会

キリスト教は古代ローマ帝国時代の中東パレスチナ地域に生まれたユダヤ教の一派を起源とする。数世紀の間にローマ帝国領内を中心に、ユダヤ人の枠を超えて信徒を広げ、四世紀に帝国から公認され、皇帝自らがキリスト教徒となり、さらにキリスト教を国教とし、教義の統一が進められた。しかし教義の統一は教派間の論争だけでなく、統治者としての皇帝の意向と、主流派教会の意向との相違を含めてときに激しい闘争をもたらした。

こうしてユダヤ教から生まれたキリスト教は、ユダヤ教やその後生まれたイスラム教とともに、世界を世界の外側から創造した唯一神を信仰する。神が世界そのものを創造したということは、神は世界の内側にはおらず、その外部の存在、**外在的超越性**だということを意味する。だとすると、神は、世界内存在である人間には、その定義からして、経験することも理解することもできないということになる。地上のいかなる行為も、そのような超越的存在に影響を及ぼすことはない。このような前提に立つと、神とわれわれとの関係が教義の要となる。キリスト教はイエスを救世主（キリスト）と理解し、イエスの言動をめぐる伝承を手掛かりに神とわれわれとの関係を説こうとした。われわれの側からは神を経験することはできないが、神の方からは人間に神を理解させることも体験させることもできるというのだ。

他方、キリスト教の発生には**終末論**的な背景も深く関わっている。神が世界をまるごと創造したのであれば、世界を消滅させることも可能であろう。そこでは世界の終末は、単に世が乱れ没落するということではない。そうしたことは終末の予兆にすぎない。外在的超越性の想定のもとでは、終末は世界そのものの終わりを含意する。だが神自身には決して終わりはない。そもそも始まりも終わりも含めて、時間そのものが神によって創造されたのである。[*1] したがって終末によって神自身が消滅しないことはいうまでもないが、その永遠なる神の**恩寵**によって、いっさいが無に帰すことを避けることも可能なはずである。すなわち神の**審判**を経て**救済**が訪れるのだ。

もしそうだとすると、その終末のときはいつなのか。キリスト教の初期の段階では終末は間近に迫っているという考えが強かったとみられる。しかしキリスト教が広がり、ローマ帝国によって公認され、さらには国教となってゆく過程で、終末は遠い先の話とみなされるようになり、さらにはこれを歴史上の具体的な時間のなかで考えるのではなく、神の真理をめぐる一種の喩えとして理解すべきだという考えが確立されていく。すなわち、イエスが死に、そして三日後に**復活**したという出来事によって、死と再生、終末と救済の奇跡は、実はすでに起きている、死後の救済をそのような意味に受け止めることが肝要なのであって、そのためにはむしろ、今あるこの世が終末を迎えるのはいつかというようなことに心を煩わすべきではない、そうではなく、イエスの死と復活、終末と救済の恩寵を日々常に信じて生きよ、というのである。

このような信仰の実践のひとつに**聖餐**《せいさん》の儀礼がある。聖餐は福音書のなかの最後の晩餐の記述に基づき、パンとブドウ酒を分けて口にし、それによって死と復活、終末と救済への確信をともにするものである。

こうしてイエスと使徒亡き後、その教えと秘儀を継承する選ばれた指導者を中心として教会が組織され、信徒を広げていった。そのようなキリスト教の成立と教会の形成、拡大の過程といったすべての出来事が神の救済の一部だというパースペクティブな時間意識も、すでにルカ文書に現れている。[*2]

やがてキリスト教はローマ帝国によって公認され、さらには国教となる。その過程で、たとえばキリスト教を公認したコンスタンティヌス帝に重用されたエウセビウスの『教会史』（二九〇年代執筆）や、さらにキリスト教の国教化直後に活動したアウグスティヌスの『神の国』などが著され、神の救済と地上世界の歴史との関係に、より精緻な説明が与えられ、並行して、神とキリストと聖霊を三位格にして一つの実体とする**三位一体**の教説と、それを基礎とする教義が整えられていった。

しかしそれは結果から過去へとさかのぼって得られる見方であり、イエスの出現以後キリスト教とその周辺には使徒ペテロの一派、主の兄弟ヤコブの一派、パウロ教会、グノーシス主義、マルキオン派、モンタノス派、アリウス派他の非カルケドン諸派、ドナトゥス派などさまざまな教派が生じ、キリスト教の国教化はそれらの諸派の統一や聖典の整備の動きを加速させたが、神学論争はその後も長く続き、その過程でさまざまな教派が異端として排除されていった。教義の統一は教派間の論争だけでなく、統治者たる皇帝の意向も絡んで、ときに激しい闘争をもたらした。その間、帝国のヨーロッパ領地は移動してきたゲルマン諸族に席巻され、西域での帝国の権力は衰退する。その一方で移動してきたゲルマン民族の間にもキリスト教が広がり、ヨーロッパの多様な部族のひしめく広い地域にキリスト教の信仰共同体としてのまとまりが形成されていった。

カトリック圏のヨーロッパにおける、この信仰共同体としてのまとまりは明確であると同時に曖昧でもあり、盤石にみえて不安定で、不変でありながら柔軟、そして強固なようで意外に脆いものであった。そのことが一六世紀以後、急速に表面化していく。**宗教改革**をきっかけに、それまでのヨーロッパ秩序が動揺し、各地に暴力が湧出し、全ヨーロッパにわたる秩序の再編が余儀なくされた。そして数世紀に及ぶ長い模索ののち、目的合理的な機能分割に基づく近代社会に辿り着く。

そこでは、それまで宗教のなかに混在していたさまざまな目的は権力、法、知、芸術、経済などに分割され、より明確化された特定の目的の、より高度な達成をめざす機能的なシステムへと再編されていく。その結果、近代に特有の政治制度、法、科学、芸術、経済が生まれるが、それらから区別された宗教もまた当然その性質を変える。宗教は目的合理的に解釈し直されるか、あるいは目的合理的に解釈し得ないものとして解釈される。しかしどちらにしても、それはあくまで近代社会内部での宗教理解である。

一九世紀前半にヘーゲル左派は、キリスト教を激しく批判した。しかしマルクスはそれもまた反転した宗教だとして、目的合理的な社会の再編が人間にもたらす疎外を問題視した。そして特に経済システムの社会支配に注目して、労働を軸にこれを解消しようとした。モダニズムの建築もこうした思想が示唆する新しい社会の可能性に大いに刺激を受けた。しかしそれは機能分化の本質を変えるものではなく、ただ疎外の領域を他へずらしただけに終わり、モダニズムの建築には非人間的な機能主義建築のレッテルが貼られた。近代の近代に対する批判は、近代の内側から行われざるを得ないために、外科医が自らを手術できないのにも似て、自らの患部に直接触れることができない。しかし近代ならぬ他者との粘り強い接触を通じて、何をなすべきかを推定することは可能ではなかろうか。

過去の建築を通した自己との対話

建築へのアプローチにも同様のことがいえる。ヨーロッパ建築の歴史記述はもともと宗教建築がその多くを占める。そのなかで近代は大きな例外になっているが、そこにも機能分化が反映している。すなわち近代社会のなかでは、宗教もまた社会の多様な機能の一部となり、建物の数ある用途の一つにすぎなくなった。ここで重要なのは、そのような近代の状態から過去の宗教建築を観察し解釈することで建築史を構成するということに対する反省的視点である。古典建築やゴシック建築、ルネサンスやバロックといった、しばしば建築史を構成するのに用いられる概念には、宗教と非宗教の境界が複雑に交錯している。それを近代的な視点で一方的に分別するのではなく、他者としての過去との対話を築き上げていく姿勢が必要ではないか。

一般に建築史は、古代ギリシア・ローマ、中世、近世、近代といった歴史区分の大枠に加えて、中世のなかでもロマネスクとゴシックが、また近世のなかでもルネサンスとバロックなどが様式として区別され、その相違や移行の過程が述べられる。ところが一般的な歴史区分のさらに内部で行われるこれらの区別は、いずれも後になって整理・分類されたもので、当時の人々の意図をそのまま示すものではない。それは歴史的事実と、それを特徴づけ名づけた後世の意識とのいわば合作である。[*3]

たとえば**ゴシック**への認識は、一五世紀のイタリアで古代建築の復興を唱える人々が、排除すべき悪しき伝統として「ゴート風」という言葉を使ったことに始まる。中世は蛮族の侵入による古代文明の中断ととらえられるようになり、この古代復興の運動がイタリアを越えてヨーロッパ各地に広まるなかでゴシックは一旦否定的な形容として定着した。これが積極的な意味に転換したのは近代になってからであり、当初はイギリス、フランス、ドイツにおいてそれぞれのナショナリズムとも共振していた。やがて建築史学の新たな知識は、ゴシックと自らのネーションとのつながりが必ずしも約束されないことを教える。だがその後もゴシック建築には一定の人々が関心を寄せ、自然、美、構造力学、神学などに関係づけつつ、その形成過程や特質を明確にしようと膨大な研究や議論が積み重ねられてきた。[*4]

このように「ゴシック建築」という言葉のなかには、古代の異教世界に対する中世ヨーロッパのキリスト教世界、イタリアに対するアルプス以北の文化、近代的なネーションの意識などが複雑に絡みあっている。意識するしないにかかわらず、ゴシック建築について考え語ることのなかに、異教古代、キリスト教、近代ナショナリズムに対する何らかのメッセージが含まれてしまう。

ルネサンスも後付けの概念である。これを一般に広めたのは一九世紀の文化史家ヤーコプ・ブルクハルトであるが、ブルクハルトがルネサンスに見た人間の力の発現には、自らの時代である一九世紀への批判も込められていた。[*5] しかしルネサンスが文化史を構成する用語として定着すると、ルネサンスは中世と近代との中間に位置し、人間中心主義によって中世を近代へと橋渡しした時代だとする見方が一般化した。ルネサンスの近代との類似点が強調され、近代に対する批判は後退した。だが、ルネサンスの人間中心主義はむしろ中世キリスト教の枠組みのなかにあり、そこに見られる人間観と近代の人間観との間には実は少なからぬ隔たりがあるのではないか。

ブルクハルトの後継者となったハインリヒ・ヴェルフリンは、それまで衰弱したルネサンス様式であるかのように捉えられてきた**バロック**様式に、ルネサンスに劣らぬ独立した価値があることを主張した。[*6] その背景には、一九世紀における合理性の専横への嫌悪があり、これに対して、イメージする能力の復権と芸術の役割の重要性を唱える世紀末以降の趨勢があったと思われる。しかしイメージの復権は、想像を超えたその後のマス・メディアの発展とともに社会・政治・経済を横断し、複雑な綾をなして大衆社会や全体主義を含めた二〇世紀の歴史を紡ぎ、こんにちに至っている。

したがってバロック建築について考えることは、現代の表象システムの歴史性を考えることにつながる。バロック建築は、一九世紀末に図像学と様式論が急激に発展し、表象システムが主題化されたときに再発見されたのである。表象システムへの関心から、一見自然で普遍的な「見る」行為と「見えている」ものが、実は取捨選択を含む行為とその結果であり、普遍的ではない諸条件に左右され、歴史性をもつということが認識された。なかでも、バロック様式が生まれた一七世紀は、表象システムが近代化に向かう重要な画期であった。他方、「見る」行為の歴史性は、何を見、何を見ないかの選択によって生じるから、「見（え）ないもの」との関係によって生じる。じつはキリスト教においても、見えるものと見えないものとの関係、見えないものを見ないこと、見えないものを見ることは、その教義において根本的な意味をもつ。一七世紀の表象システムの変化が、キリスト教とどう関係するか、キリスト教をどう変えたか、バロック様式のなかには、そのようなキリスト教と建築との関係をめぐる問いが含まれている。

本書の視点——外在的超越性

このように、過去のそれぞれの時代の建築について考えることは、それを考えるわれわれ自身への問いでもある。もちろんそういったからといって、「私」を滅して対象そのものを真摯に浮かび上がらせようという努力を否定するのではない。ただ、そうやって対象から浮かび上がってくる当のものが、われわれと同じように対象に向き合い考えたあらゆる時代の人々の活動の痕跡なのである。

逆説的に聞こえるかもしれないが、建物に向かい合うとき、主観性の除去が必ず観察の客観化をもたらすとは限らず、むしろ主観性への配慮が客観性につながるときもある。それは建物がそもそも主観にも客観にも還元できない存在だからである。長い時間を経た建物にはさまざまな時代や立場の人々の思いが重層している。それを考古学的な発掘調査のように一つひとつ確かめ剥がしていったとしても、そこに残された最後の層だけが唯一の客観的事実だというわけではない。おのおのの時が互いに作用し合って生み出してきたもののもまた歴史の真実であり、最後の層と見えるもののもまた何か別の歴史の一部で、ただそれがわれわれに見えていないだけなのだ。むしろ最後に問われるべきは、われわれ自身がそこにどう参加していくかということではなかろうか。こう問うとき、キリスト教のなかの、特に「外在的超越性」の観念が一つの鍵となるように思う。

「超越」は、われわれの経験を超えている、われわれには経験できないという意味で一般に用いられる言葉である。経験を超えるというだけなら必ずしも世界外存在を想定する必要はない。われわれに経験できるのは世界のほんの一部にすぎず、経験されずに残ることは数えきれないほどあるからだ。たしかに言葉などを通じて他者が経験したことを共有することはできる。しかしその場合、他者自身は経験しえぬ超越として残るのでないだろうか。超越という概念は、自然とともにある日本やギリシアの神々に対しても使うことができる。また神を想定する必要すらなく、われわれにとっていまだ知り得ず、また知り得るかどうかもわからない未知の現象にこの言葉を使うこともできる。いつかは知り得る未知と、原理的に知り得ない不可知とを区別することは現実的には難しいが、科学への信頼が強いときには不可知は未知によって社会の隅に追いやられる。しかしそうではなく、超越的なるものの存在を多くの人々が信じている場合には、誰もそれを経験できないがゆえに、混乱の原因になりかねない。超越的なるものの認識について互いの承認を得、それをめぐって人々の間に深刻な問題が生じないようにするために持続的に行われる特定の行為があれば、その多くはこんにちのわれわれの目にも宗教と呼ぶにふさわしいものに映るだろう。キリスト教徒は超越的に外在する唯一の存在を神とし、その神とわれわれとを救世主イエスが結びつけるという認識を相互に承認し合い、それを前提にした諸々の行為を持続させるシステムを成立させた。そのことが建築とどのような関係をもち得るのか、とりわけわれわれの社会にも導入された近代文明との関係において、一六世紀の宗教改革やその後の宗教的・社会的試行錯誤がそこにどのような変化をもたらしたかということについて考えてみたい。この問いは近代の、あるいはわれわれ自身の宗教性という問題にも続いているが、本書はそれを考えるための準備の一つと位置づけられる。

第一章　原　罪

はじめに――ヨーロッパ社会の形成とキリスト教建築

われわれにとってキリスト教のイメージはヨーロッパと強く結びついているが、その発祥の地は近東であり、古代ローマ帝国の支配下で形成・発展した。帝国がより長く生き残った東方に対して、帝国が支配力を失った西方域では教会は新たな社会環境を得て、東方教会との隔たりも生じた。こんにちのわれわれとのつながりを探ることを主眼とする本書では、西方の教会を中心に見ていくことになるが、しかしキリスト教は幾度もそのあるべき本来の姿を求めて、初期の信仰形態への回帰を試みたり、聖典をはじめとする古いテキストを読み返したりしながら、そこに新たな意味を発見している。そうした動きの一つとして宗教改革が起きたのは一六世紀だが、日本にキリスト教が最初にやってきたのはその直後であった。そこからさらに江戸時代の禁教を経て、明治になって改めてやってきたキリスト教はすでに近代のそれであった。その間、キリスト教はどう変わったのか。

ヨーロッパはその近代化の過程で宗教から政治・経済を分離し、それまで教会に属していたものの多くを世俗化し、教会は数ある社会組織のなかの一つへと後退させられたかに見える。日本が開国後に出会ったのは、そうなってから後の教会であった。われわれはその事実に留意してキリスト教建築について語る必要がある。近代以前の宗教建築を理解するのに、近代によって初めて確立した事柄を前提にしてしまうことは、思わぬ誤解につながる。とりわけ近代以前には、近代のように政治や経済や学問や芸術をそれぞれの目的ごとに分離することが常に望ましいとは考えられていなかった。宗教の役割が人間に体験できないものについての認識や判断の共有だとするなら、宗教から必ずしも政治や経済や労働を排除する必要はない。政治と宗教も、建築と宗教も、したがって建築と政治も、互いに複雑に絡み合っているのが常であり、特に理由がなければ、強いてこれを分離する必要はないと考えられていた。

そのことを念頭において本章では、キリスト教の起こりから中世ヨーロッパの成立までの時期を見ていく。この時期の建築は大半が失われ、当時の状態を知るために現在、発掘調査とともに仮設と検証とが地道に積み重ねられているが、それをここで詳述する余裕はない。まずは、権力を媒介にした宗教と建築との関係に注目しつつ、主なキリスト教建築とその歴史背景のあらましを確認することにしよう。

1　古代のキリスト教

ユダヤ教ナザレ派

ナザレからきてヨハネの洗礼を受け、ユダヤ教の改革を説いたイエスは、処刑されて後、少数の者たちの目の前で復活した。そう主張するイエスの弟子たちの証言に基づき、イエスは神の子であり救世主だと唱える者たちの共同体がエルサレムに形成された。このエルサレム共同体がキリスト教として明確にユダヤ教から分離したのは、ユダヤ戦争（六六〜七三年）の後のことと推測されている。[*1] ローマ帝国に対するユダヤ人の反乱がエルサレムから始まり各地に拡大したが、帝国の圧倒的な戦力の前にエルサレムは孤立しついに陥落、エルサレム神殿も破壊されたのである。[*2] しかしイエスの一派にはユダヤ戦争以前からすでに、使徒ペテロの一派、「主の兄弟ヤコブ」の一派、パウロ教会をはじめその他さまざまな教派が生まれていた。おそらく自身は書くことをしなかったイエスの言動は、はじめはイエスに直接接した者たちの口を通じて伝えられていたが、やがてテキストに書き起こしてこれを権威に信仰を維持拡大しようとする動きも生まれる。これらのテキストは、イエスとその直接の弟子たちが使っていたアラム語ではなく、ギリシア語で書かれていることから、エルサレムの主流派ではなく、ギリシア語を用いていたユダヤ人の間から起こった動きであると考えられている。[*3]

新約聖書の核をなす福音書は一世紀後半から二世紀始め頃までには書き起こされていたと見られるが、こんにち残されているもの以外にもテキストが存在したと見られる。それらのなかから所定のテキストを正典として編纂しようという動きが現れるのは二世紀の終わり頃とされる。しかしこの段階ではキリスト教徒の数はいまだ少なく、一般の人々の意識にのぼることはあまりなかったであろう。三世紀に入るとそれなりに知られるようになるが、それでも数ある新興宗教のなかの小さな一派としてであっただろう。キリスト教がローマ帝国領内に広がり、社会的に無視できない存在となるのは三世紀半ば以降と見られる。[*4] その頃にキリスト教の宗教施設として使われていた住居址が、今のシリア東部、イラク国境近くにかつて存在していた都市ドゥラ・エウロポスの遺跡から発掘されている[*5]（図1）。この時期、ローマ帝国は外部からの侵入者により大きな危機に直面していた。ドゥラ・エウロポスもまた東のペルシア帝国の攻撃により二五七年に放棄されその後廃墟となっていた。

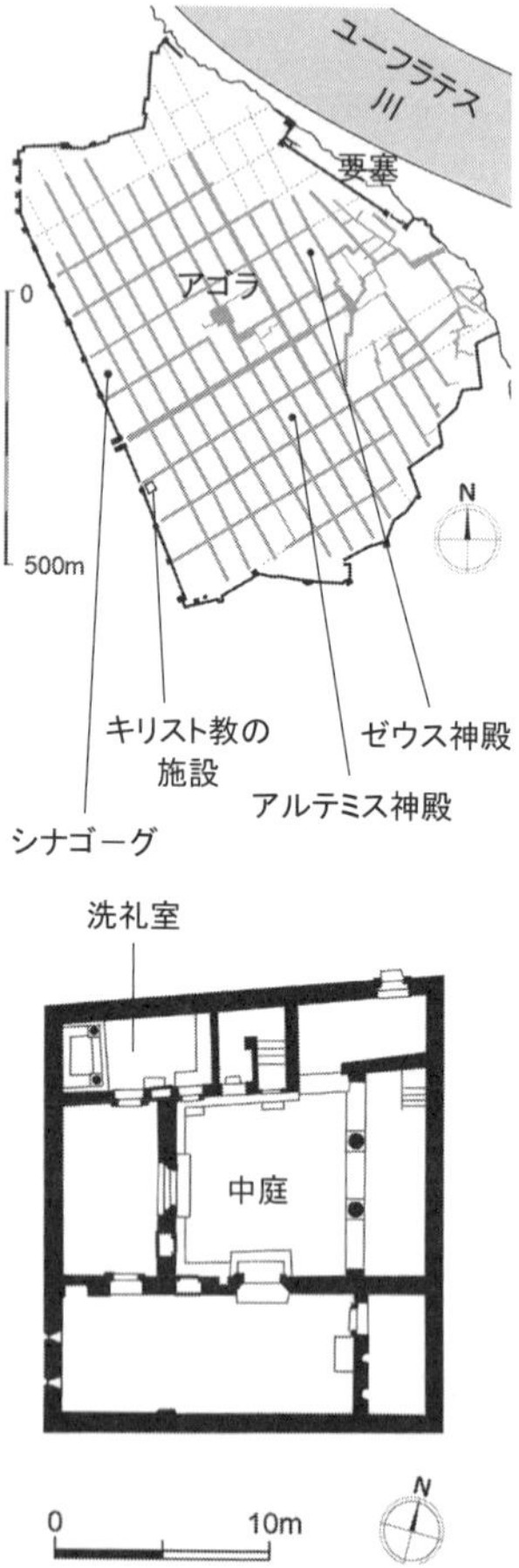

図1　ドゥラ・エウロポス。街区地図（上）、キリスト教の施設、平面図（下）

「教会」を意味するギリシア語「エクレシア」はもともと「集会」を意味する一般的な言葉であった。ユダヤ教徒は元来、エルサレムの神殿を信仰の拠点とし、イエスの一派も、当初はこの神殿とつながりを保っていた。だがこの神殿は、ユダヤ戦争において失われてしまう。ユダヤ教には他方で、律法を重んじるファリサイ派を中心に、各地でシナゴーグと呼ばれる集会所で聖書を講読し、礼拝を行う活動も行われていた。ユダヤ戦争後、神殿の喪失を契機にシナゴーグがユダヤ教の活動拠点となる。同じ頃キリスト教はユダヤ教からの分離を明確にしていったとみられるが、シナゴーグにおける活動の形態は受け継がれ、住居を主な拠点に信徒を広げていった、その一例がこの遺構に示される。これはキリスト教徒の住居が、集会のための場所へと改装され使用されていたものとみられ、中庭の周りに配された部屋の一つには小さな祭壇と壁画が確認される。[*6]

公　認

そのおよそ半世紀後に、ローマ皇帝コンスタンティヌスはキリスト教を公認し（三一三年）、さらにテオドシウス帝の時代に国教となる（三九二年）。この政治的環境の変化とともに、聖典の確立や教義の統合が進められた。

礼拝施設もそれまでの住居のようなものとはうってかわり、比べものにならない大規模なものが建設されるようになる。たしかにその後も、家族的な信仰共同体や私的な礼拝の習慣は失われることなくキリスト教を性格づける。しかし同時に、キリスト教はこれまでにない帝国という巨大な権力との関係を背負うことになったのである。

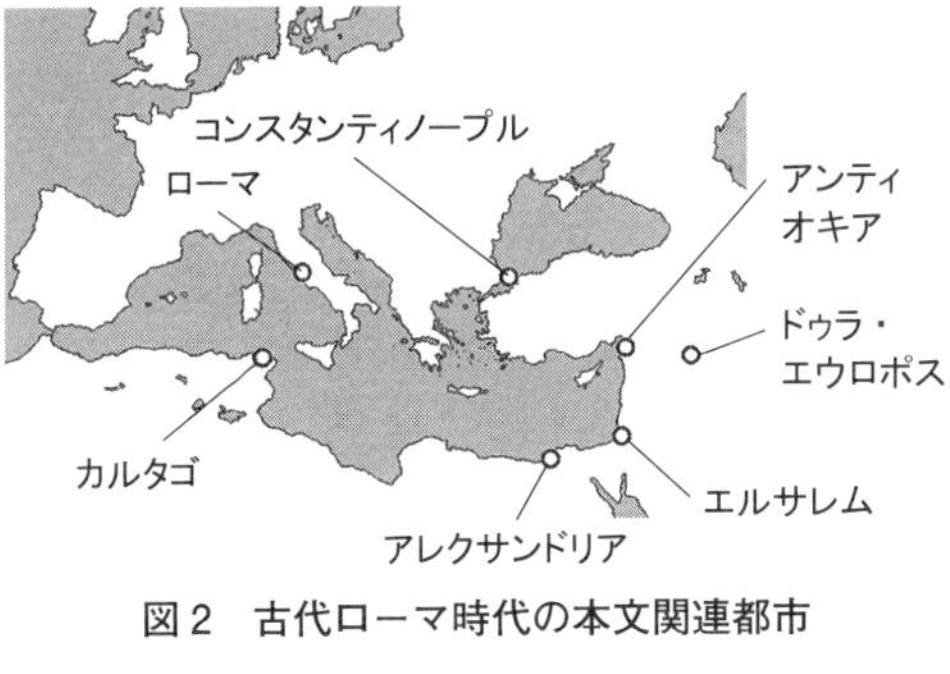

図２　古代ローマ時代の本文関連都市

その過程はしかし容易なものではなかった。公認から国教化に至るまで一世紀に近い年月がかかっており、その間はもちろん、その後もさまざまな闘争や混乱があった。

東のリキニウス帝を死に追いやったコンスタンティヌス帝は、ローマ帝国発祥の地であるイタリアを後にして、ギリシア語圏の都市ビザンティウムに首都を移し、自らに由来する「コンスタンティノープル」の名を与えた[*7]（前頁図2）。聖十字架やモーセの杖といった聖遺物によってこの街のキリスト教的な権威も高められ、聖使徒教会堂の建設が開始された。

キリスト教徒であった皇帝の母ヘレナがエルサレムに巡礼した折、イエスの磔刑の十字架を発見し、イエスが処刑されたゴルゴタの丘の場所を特定し、その場所に皇帝が聖墳墓教会の建設を指示したと伝えられる（三二五年頃。三三五年献堂）。またペテロが伝道し殉教したローマでは、サン・ピエトロ教会堂の建設が始まった（三三三年開始）。コンスタンティヌスの後を継いだ息子コンスタンティウス二世（在位三三七〜三六一年）は、コンスタンティノープルの聖使徒教会堂を完成させ、三五〇年頃からさらに大規模な教会堂の建設を開始する。はじめ「メガリ・エクレシア（大教会）」と呼ばれ、こんにちハギア・ソフィアの名で知られるこの建物は、その後幾度もの建て替えを経ており、現在見ることができるのはユスティニアヌス帝の時代のものである。聖使徒教会堂もユスティニアヌス帝の時代に建て替えられた上に、一五世紀オスマン帝国によって取り壊された[*8]。サン・ピエトロ教会堂は一六世紀まで建っていたが、イタリア・ルネサンスの名だたる建築家たちの手を経て現在のものに建て替えられた。当初の建物については、画像を含むさまざまな史料と発掘調査によって、全長一〇〇ｍを超える五廊式のバシリカであったことが知られる（図3）。「バシリカ」は、はじめキリスト教と関係なく古代ローマ帝国で大きな空間を必要とする施設で用いられた建物形式の呼称であった。トリーアに今も残される巨大なバシリカは、こんにちプロテスタント教会として使われているが、もとはコンスタンティヌス帝の宮殿の一部として造られた広間であった（三〇五～三一二年）。キリスト教が公認され、皇帝がこれを推奨し、政治とキリスト教とが交差したとき、それまでの世俗的バシリカが宗教的集会や礼拝の機能と結びついたと考えられる。他方で古代ユダヤ教のシナゴーグのなかには、はるかに小規模ながらキリスト教のバシリカに似たような形式であったと発掘調査によって推定されているものもあるが、建築形式の歴史的つながりについてははっきりしたことはわかっていない。[*9]

ハギア・ソフィアもはじめはこんにち見るようなドームではなく、おそらく木造の天井と屋根のバシリカ式であったと見られる。[*10] このようなバシリカ形式が教会堂において定着し、以後、サンタ・マリア・マッジョーレ教会堂、サン・パオロ・フオーリ・レ・ムーラ教会堂など、四世紀から五世紀にかけて建設された教会堂や、六世紀に建てられたローマのサン・ロレンツォ・フオーリ・レ・ムーラ教会堂、ラヴェンナのサンタポリナーレ・イン・クラッセ教会堂など、いずれもこの形式を示し、建設当初の趣きを残していると目される。

他方、エルサレムの聖墳墓教会堂は、ロトンダとバシリカを伴う複合的な形式の建物で、後の**集中式**

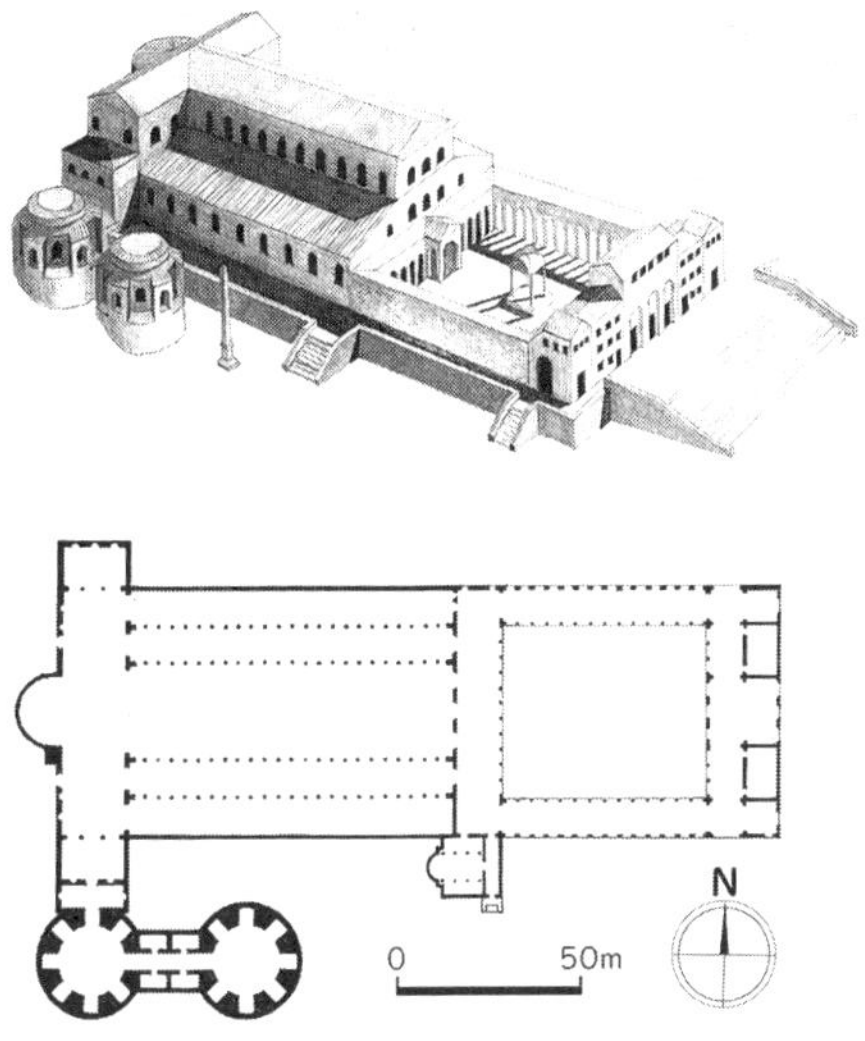

図3　旧サン・ピエトロ教会堂、ローマ

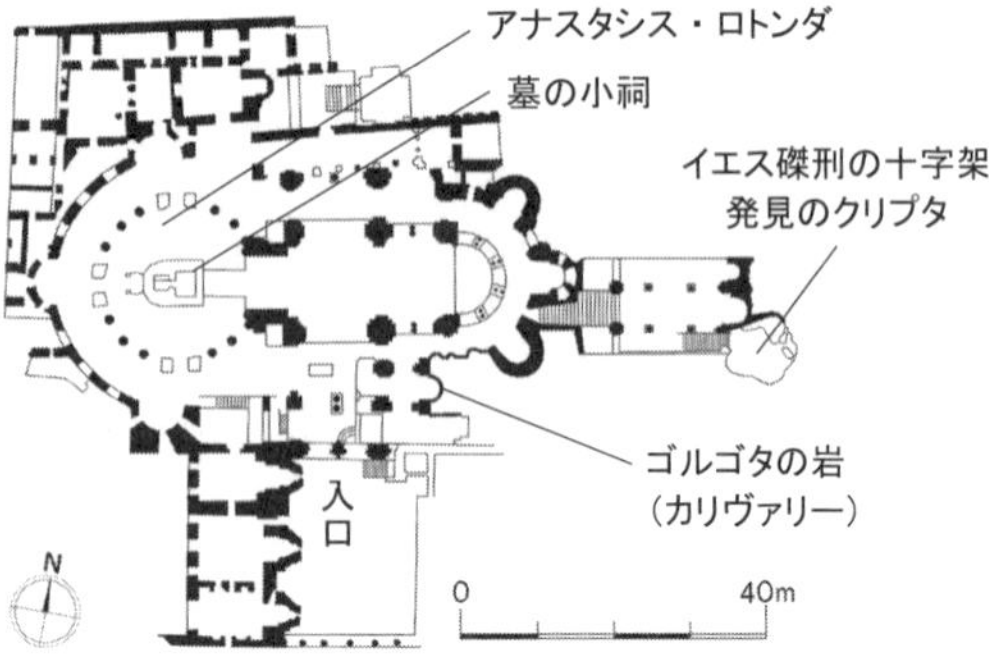

図４　聖墳墓教会堂、エルサレム。現状平面図

の礼拝堂や教会堂に影響したとみられるが、その後の改変が著しい（図４）。このように、コンスタンティヌス帝ゆかりのキリスト教建築は建て替えられたり破壊されるなどして一つとしてそのまま残っているものはない。[*11]

その後のヨーロッパ・キリスト教社会の目で振り返ってみれば、コンスタンティヌス帝のキリスト教公認が歴史的出来事だったことは確かであり、カトリック教徒の手で書かれた史料のなかでコンスタンティヌス帝が聖人とされ、キリスト教へのその貢献が強調されるのは当然であろう。しかしコンスタンティノープルへの遷都の目的は、たしかにローマよりキリスト教が普及していたにせよ、これをキリスト教の聖都とすることにあったというよりも、むしろ経済・軍事・政治にわたる帝国全体のバランスを考えた結果であった。[*12]そもそもコンスタンティヌス帝の公認とともに直ちにキリスト教が帝国を制圧したわけではまったくない。とりわけギリシア語圏の都市には異教ギリシアの哲学を学んだ知識人も多かった。ほんの半世紀ほど前までは、エジプト出身のプロティノスが南イタリアでネオ・プラトニズムを説き、多くの人が彼を追ってイタリアを訪れていたのだ。

ともあれキリスト教の公認はキリスト教の正典や教義が急速に整えられるきっかけとなった。公会議が開催され、正統と非正統の峻別も行われた。すでに三二五年ニカイアで行われた公会議では三位一体説に反するアリウス派が異端とされ、さらに三八一年のコンスタンティノポリス公会議でこれをさらに拡充して三位一体の教義が確立された。しかしニカイア公会議の後にコンスタンティヌス帝の後を継いだコンスタンティウス二世は公会議で異端とされたアリウス派を支持し、ローマ教皇と衝突している。その後も教義をめぐる論争は決着せず、幾世紀にもわたって続いた。それどころかプロティノスの弟子であるネオ・プラトニズムの哲学者たちは、広い学識と綿密な文献批判を武器にキリスト教そのものを批判し、いっときユリアヌス帝（在位三六一～三六三年）を自らの陣営に引き入れてキリスト教の優遇策を見直させることに成功してさえいる。

国教化と異教への逆弾圧

ユリアヌス帝の死後、キリスト教政策は復活するが、以前の方針が再確認されたにすぎず、キリスト教以外の諸宗教、伝統的な神々やユダヤ教、マニ教をはじめとする諸宗教も併存していた。むしろ西方ではキリスト教徒の方が少数派ですらあった。

ところが四世紀末に事態が変わる。若くして西ローマ帝国の皇帝となったグラティアヌス帝（在位三七五～三八三年）は、ミラノ司教アンブロシウスの影響のもと、長く続いてきたローマ帝国とその伝統的な宗教との結びつきを放棄する。ローマの元老院に設置されていた勝利の女神の祭壇は撤去され、[*13] 一〇〇〇年以上にわたってフォロ・ロマーノの円形神殿に灯され続けたヴェスタの聖なる火も消された。干渉は家庭での私的な祭儀にも及んだという。

フン族に押し出されるかたちでゴート族がドナウ川を越えバルカンに大挙して襲来するなか、東の皇帝ヴァレンスが戦死（三七八年）すると、グラティアヌス帝はテオドシウスに東の皇帝への就任を要請する。テオドシウスは皇帝になると間もなく洗礼を受けてキリスト教徒となり、キリスト教化政策をより一層強化し、三九三年には一〇〇〇年以上続いたオリュンピアの競技も廃止した。

そうなると、今度は非キリスト教徒の立場が脅かされるようになる。ギリシア・ローマの神殿や彫像が破壊され、地域によってはキリスト教徒による異教徒への暴力が表面化する場合もあった。新プラトン主義者であったシネシウスがキリスト教の司祭に任じられ、プロティノスの哲学とキリスト教神学の調停を試みる一方、シネシウスの師で、アレクサンドリアの名高い哲学・天文学・数学者であったヒュパティアがキリスト教徒に虐殺される事件も起きた。図書館は閉鎖され、知識人とともに多くの書籍が散逸した。

他方、西方域は、テオドシウス帝からホノリウス帝（在位三九三〜四二三年）がこれを受け継ぐ。ゴート族のイタリアへの侵入を受けて、四〇二年ミラノからラヴェンナに遷都したが、四一〇年にはかつての帝国の首都ローマへの侵攻と略奪を許してしまう。

アウグスティヌス

「見よ、都を守ってくれるものとローマ人が喜んでまかせてきた神々がどんなものであったかを。おお、何というあわれむべき誤謬であろうか[*14]」。アウグスティヌスはその著『神の国』を、ゴート族によるこのローマの略奪の出来事から書き起こした。アウグスティヌスはマニ教やネオ・プラトニズムに傾倒した時期を経て、弁論術を勉強していたミラノで、グラティアヌス帝に強い影響を与えたかのミラノ司教アンブロシウスの感化を受け、三八七年、すなわちグラティアヌス帝、テオドシウス帝のキリスト教化政策のさなかに受洗してキリスト教徒となった。やがて北アフリカ、ヒッポ（現アルジェリアのアンナバ）で活動しこの地の司教となった。アウグスティヌスがラテン語で書いた著作は、後のヨーロッパのキリスト教神学にきわめて大きな影響を与えることになるので、少し詳しく見ておこう。

『神の国』の冒頭でアウグスティヌスはキリスト教を国教化して数十年と経たないうちにローマを襲った悲劇の責をキリスト教に負わせようとする主張に抗して、死は地上の存在に等しく避け得ないものであり、肝要なのは死後の在り方だと説く。だが、今生きている者のなかに死後の世界を知る者はいない。経験的には知ることのできない、何が死後の幸福につながるのかというこの問いに対して、人々を正しい方向へと導くのがキリスト教だというのである。

しかし経験を越えたものについての教えは大抵の宗教もこれを含んでいる。とりわけ三世紀以後、ローマ帝国やその周辺では、不安定化する地域情勢とともに新旧さまざまな宗教が勃興していた。アウグスティヌスが活躍した当時の北アフリカでは、異教に加え、キリスト教徒同士の教派対立も激しく、アウグスティヌスにはこれらの異教・異端との戦いが課せられた。彼は雄弁術で磨いた文章で数多くの駁論《ばくろん》を著した。この種の駁論は、消滅した異教・異端の残像を後世のキリスト教徒に伝える役割を果たすことになる。

はじめアウグスティヌス自身が感化されていたマニ教は、善悪二元論に基づくグノーシス主義的教義であった。善悪二元論は、世界にはなぜ悪が存在するのか、という問いに対して一つの明確な立場を示すことができる。これに対してキリスト教のように一元論を貫きつつ、善なる神の創造した世界になぜ悪が存在するのかを説明しようとすると、その教えは複雑にならざるを得ない。その複雑さをキリスト教は神の神秘性に結びつけた。その背景には、すでに早くから東方で流布していた終末論思想がある。序章で述べたように、キリスト教の唱える世界の終末と救済は、神が世界そのものを生み出した世界外存在であることを前提とする。時間の創造者でもある神は、世界の終末と救済とをともに手中にしている。そのことは旧約聖書にすでに預言され、福音書のなかでも暗示されているが、終末のイメージはヨハネの黙示録に濃密に描き出されている。黙示録の著者は、十二使徒のひとり、イエスの「愛する弟子」（ヨハネ一九：二六）であるヨハネのこととされ、使徒の名の権威のもと、中世の美術に多くの図像的素材を提供していく。そこに描き出されているのは、単なる悪に対する善の勝利ではない。善悪の二元論には回収しきれない外在的な何かを神の救済が含んでいるという考えなのである。その救済のためにはイエスの言動を救世主のそれとして正しく受け取り、従うことが必要だとされた。

聖　餐

その実践の一つとして、聖餐をはじめとする儀礼が重要な意味をもった。マタイの福音書には次のように記されている。

一同が食事をしているとき、イエスはパンを取り、賛美の祈りを唱えて、それを裂き、弟子たちに与えながら言われた。「とって食べなさい。これはわたしの体である。」また、杯を取り、感謝の祈りを唱え、彼らに渡して言われた。「皆、この杯から飲みなさい。これは、罪が赦されるように、多くの人のために流されるわたしの血、契約の血である……。」（マタイ二六：二六〜二八、以下聖書からの引用はすべて新共同訳による）

さらに、ヨハネの福音には次のようにある。

わたしの肉を食べ、わたしの血を飲む者は、永遠の命を得、わたしはその人を終わりの日に復活させる。（ヨハネ六：五四）

イエスのこの行為を模して、パンとブドウ酒を分けて口にし、それによって死と復活への確信をともにするのが聖餐である。この儀礼が初期の段階から行われていたことは、パウロの手紙から知られる。パウロの手紙は新約聖書のなかでも、福音書よりも先に成立した、早期の文書と考えられ、そこにこう記されているからである。

……あなたがたは、このパンを食べこの杯を飲むごとに、主がこられるときまで、主の死を告げ知らせるのです。従って、ふさわしくないままで主のパンを食べたり、その杯を飲んだりする者は、主の体と血に対して罪を犯すことになります。だれでも、自分をよく確かめたうえで、そのパンを食べ、その杯から飲むべきです。（第一コリント書一一：二六〜二八）

このような聖書の記述に基づく儀礼を核にキリスト教は広がっていった。教会は、イエスと使徒亡き後、これらの儀礼を代わって行い、イエスの「秘跡」を受け継いでいくべき存在とみなされていく。

三位一体

これら秘跡の中核には、父と子と聖霊とを一なるものとする三位一体の教義がある。三位一体は聖書には記されておらず、その後の教父たちの議論のなかでいくつかの段階を経て形成されていった教義である。カトリックの立場からその歴史を「正統」と「異端」との決然たる区別のもとに語るとき、三位一体は早くから盤石の教義であったかのような印象を与えがちだが、古代においては三位一体説への根深く粘り強い批判がさまざまにかたちを変えて長く続き、ローマ皇帝の立場もしばしば揺れ動いた。こうしたなかでアウグスティヌスは三位一体説の擁護に精力を注いだが、異端であるどころか、まったくの異教であるネオ・プラトニズムに対しては比較的寛容であった。特にその一元論や、精神と肉体との区別に基づく善と悪の解釈など、他のどの思想よりもキリスト教に近い答えを見いだしているとさえ述べている。[*15] ただ、決定的な問題として、「ダイモン」の認識をあげ、これを強く批判する。「なぜなら、人間は地上の身体によってではなく、真の神を助力者として選ぶ敬虔な精神によって容易に彼ら〔ダイモン〕を超えているからである」。[*16] つまり、異教徒やグノーシス主義者が言うように物質や肉体が悪なのではなく、死後の生から見た精神のあり方が善悪というかたちで地上の生活に現れるというのである。善なる神と地上の世界を結びつけているのは精神であって、物質ではない。父と子の関係、神の受肉、神と人間の関係をどう捉えるかは、この地上で自分がどのように苦痛や悪や欲望と向かい合うかについて教え導く教義の基礎となる。

そのようにしてアウグスティヌスは「地の国」を死後の救済に向かうまでの仮の住まいと位置づけ、それによって来世の一元論を確立し、善悪二元論を回避し、その上で、現世からは見えない来世について、現世で語る。来世は通常は経験できない。しかし、経験できないものを啓示するのが信仰であり、信仰を通じて人は来世の一元論を生きることができる。それを人々に伝え教え、もって助けるのが神に選ばれた使徒であり、その後継者としての司祭、主教（司教）、教会である。そして、聖なる人の導きのもとで営まれる信仰共同体が書名ともなっている「神の国」である。

「地の国」

さて、そうだとすると、皇帝がこのキリスト教を国教とするということは、「地の国」と「神の国」とが合一し、ローマ帝国それ自体が「神の国」となることを意味するのだろうか。ここに三位一体の教説が占める位置の微妙さが示唆される。神とキリスト、父と子の、区別されるが一である、という状態をめぐる一見煩瑣《はんさ》とも、不合理ともみえる議論は、しかし悪と善、理想と現実、理解と実行、目の前にある生と死とをめぐる当時の状況とリアルに結びついていたはずだ。

とはいえ、当時の神学論争を政治に直結させて理解するのも適切ではない。そのような見方は政治と宗教を截然と区別できることを無意識のうちに前提としており、それは近代社会の常識を古代にもち込むことになる。もちろん古代においても宗教と政治の区別は存在した。しかし教会は近代のそれよりも、ときに政治的であり、世俗権力は近代の政治家よりも、ときに宗教的であった。したがって、純粋な宗教と純粋な政治とをイメージして、たとえば三位一体説と当時の政治勢力とを一対一で結びつけるようにして考えるのは方法として正しくない。宗教と政治の関係は、神学そのものの政治性や、権力そのものがはらむ宗教性から考えていく必要がある。

ゴート人がイタリアに侵入する一方、ヴァンダル族はガリア地方を西進しピレネーを越えてスペインに入り、さらにジブラルタル海峡を渡って北アフリカを東に侵攻した。四三〇年、ヴァンダル族がいよいよヒッポに迫るなかアウグスティヌスは息を引き取った。アウグスティヌスの異端との戦いもむなしく、ヒッポは陥落した。しかしそのラテン語の著作は後のカトリック神学の基礎を形成することになる。

五世紀のローマ帝国（ビザンティン帝国）

その後も、次から次へと押し寄せる異民族に帝国は席巻される。西方ガリア地方だけでなく、バルカン半島にはスラブ人も現れ、東からはペルシアの圧力が迫った。その間も教会の神学論争は続いた。コンスタンティノープル、アンティオキア、アレクサンドリア、ローマといった有力な主教区の間に、容易に埋めることのできない神学上の溝があり、議論の収束する気配はなかった。外的危機のなか、帝国の統一を強化したい皇帝はしばしば神学論争に介入し統合を試みた。

四三一年、東ローマ皇帝テオドシウス二世の招集したエフェソス公会議ではアレクサンドリア学派とアンティオキア学派との対立を背景に、アレクサンドリア総主教キュリロスとコンスタンティノポリス総主教ネストリオスとがイエス・キリストの神性と人間性をめぐって論争を展開した。三二五年のニカイア公会議で三位一体の教説が確認されたことにより、今度は神であり人でもあるイエスの位置づけへと議論の焦点が移ったのである。最終的にイエスのなかの神性と人性とを完全に独立したものととらえるネストリオスは異端とされた。このとき関連して聖母マリアを「神の母（テオトコス）」と呼ぶことが承認され、これを受けて聖母マリアに捧げるローマのサンタ・マリア・マッジョーレ教会堂（図5）が建設された。

皇帝マルキアヌスが四五一年に招集したカルケドン公会議ではイエス・キリストが神性と人性との両者を併せもつことが確認され、最終的に単性説が排除され、カルケドン信条を採択し、三位一体説が確立された。しかしこのとき排斥された教会はその後もアルメニア、コプト、エチオピア等で存続し、こんにち非カルケドン派教会と呼ばれる。

中世ヨーロッパのキリスト教に大きな影響を与えることになる偽ディオニュシウス文書が作成されたのは五〇〇年頃と見られている（八一頁）。そこにはネオ・プラトニズムの影響が色濃く示され、右のような神学論争の長い歴史がしみ込んでいる。[*17]

図５　サンタ・マリア・マッジョーレ教会堂、ローマ

ユスティニアヌス帝

ユスティニアヌス帝（在位五二七〜五六五年）が即位したとき、かつての西ローマ帝国領はゲルマン諸族の支配下にあった。とはいっても、帝国はいまだにこれらを自らの領土とみなしたし、またゲルマン諸王の側も、帝国からの委任統治という建前をとることでこれを自らの権力強化に利用したりもしていた。カトリック教会はゲルマン人の支配下にあってもその存在を否定されることはなく、ローマ主教は東方や北アフリカの大主教から自らを区別して「教皇」と称するようになっていった。その一人であるゲラシウスが、世界の統治は教会と世俗権力の二つによってなされると説いた『両剣論』を書いたのはこの時代のことである。この説は後のヨーロッパにおける教会と世俗権力との関係に大きな影響を

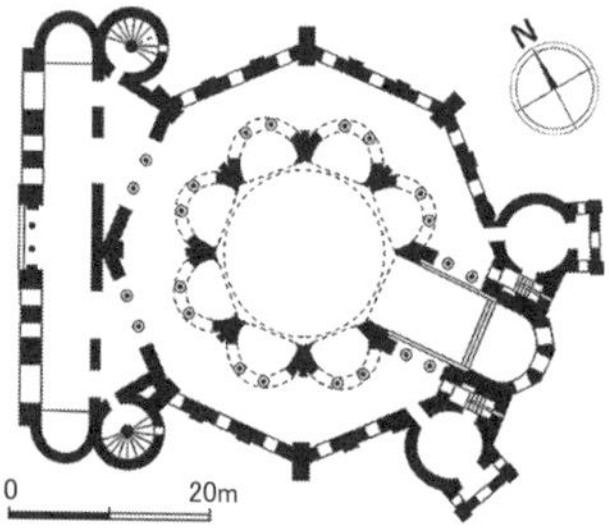

図６　サン・ヴィターレ教会堂、ラヴェンナ。内観（上）、平面図（下）

図７　アリウス派洗礼堂、ラヴェンナ。ドーム天井見上げ

与えることになる（五〇頁）。

　ユスティニアヌス帝は失って久しい西方の領土を再び帝国領にしようと軍を送り込んだ。五三三年には北アフリカのヴァンダル王国を滅ぼして領地を奪還し、さらに五三六年にイタリアに侵攻した。五三八年にはローマを、五四〇年にはラヴェンナを奪還する。ラヴェンナのサン・ヴィターレ教会堂（図６）はこの前後に建設された。八角形の集中式平面の上に、七つのアーケードと主祭壇、その上には高窓が設けられており、天井にはドームが架かる。モデルとなった建物は具体的には特定し難いものの、東方ビザンティン建築の系譜に属することは明らかである。内陣のモザイクにはユスティニアヌス帝と妃テオドラ、また五四六年にユスティニアヌス帝がラヴェンナに送り込んだ主教マクシミアヌスの姿と名前とが、聖人や以前の主教とともも

に示されている。しかし建設の開始は五二六年、帝国によるラヴェンナ奪回前であり、マクシミアヌスの着任時に建設はすでにかなり進んでいたものとみられる。着任の翌年五二七年にマクシミアヌスによって献堂されているが、建設の経緯には諸説ある。

　ラヴェンナにはユスティニアヌス帝による奪還以前の、東ゴート国王テオドリクスの時代のものと思われるアリウス派の教会堂と洗礼堂（図7）も残されているが、カトリックの教会堂との間に特に建築形式上の重要な相違は見当たらない。

　サンタポリナーレ・イン・クラッセ教会堂（図8）もこの頃の建物で、五四九年に主教マクシミアヌスが献堂式を行っている。非常に良い状態で残されており、二四本の縞模様の美しい大理石の円柱が身廊を支える三廊式バシリカ、内陣周辺は非常に印象的なモザイクで覆われているが、このモザイクは少し遅れて六世紀から七世紀の作である。

　他方でユスティニアヌス帝は建設事業に積極的であった。コンスタンティヌス帝が建設を開始し、続くコンスタンティウス二世が完成させた聖使徒教会堂を建て直した（五五〇年献堂）が、

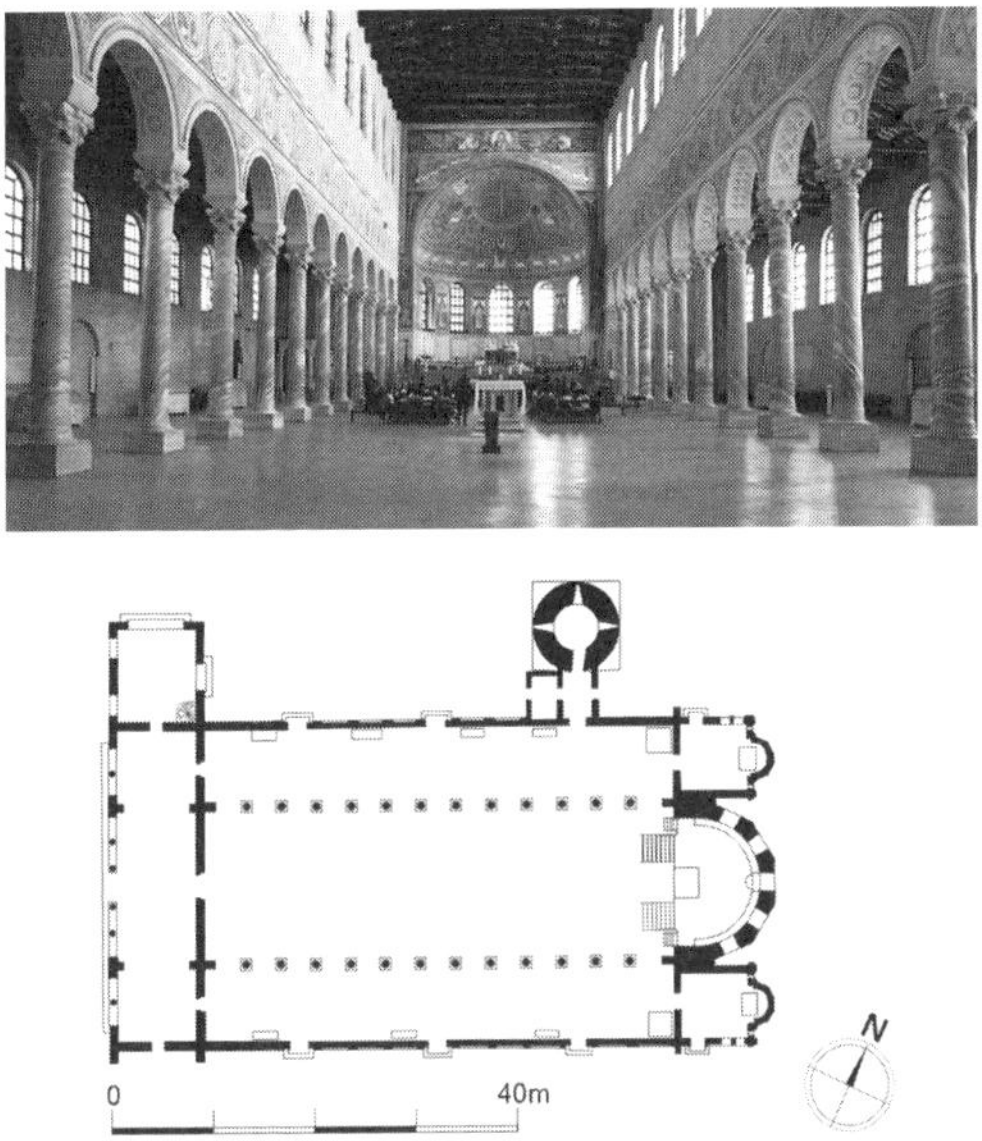

図8　サンタポリナーレ・イン・クラッセ、ラヴェンナ

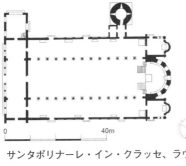

この教会堂は十五世紀オスマン・トルコによって取り壊された。

こんにちなお目にすることができるのはハギア・ソフィアである(図9)。これも創建はコンスタンティウス二世の時代であるが、すでに一度建て替えられている。それも焼失したので、ユスティニアヌス帝が建て直すことになった。五三七年にいったん完成したが、地震のダメージなどにより五五八年に崩壊、再度再建して五六二年に完成した。その後も地震により部分的に損壊したが補修を繰り返してこんにちに至っている。独創的な形式をもち、三廊式バシリカにペンデンティヴ・ドームを架け、その東西に半ドームが接続し、その半ドームにさらに三つの半ドームが接続する。これらのドームが作り出す空間は互いに滑らかにつながり、集中式建築のような一体性とバシリカの有軸的な方向性とを兼ね備えた壮大な空間を実現している。皇帝の礼拝のための空間をもち、宮殿や総主教館との接続も確保されていた[*18]ことなどに、ビザンツ帝国の皇帝と教会との関係が示唆される。

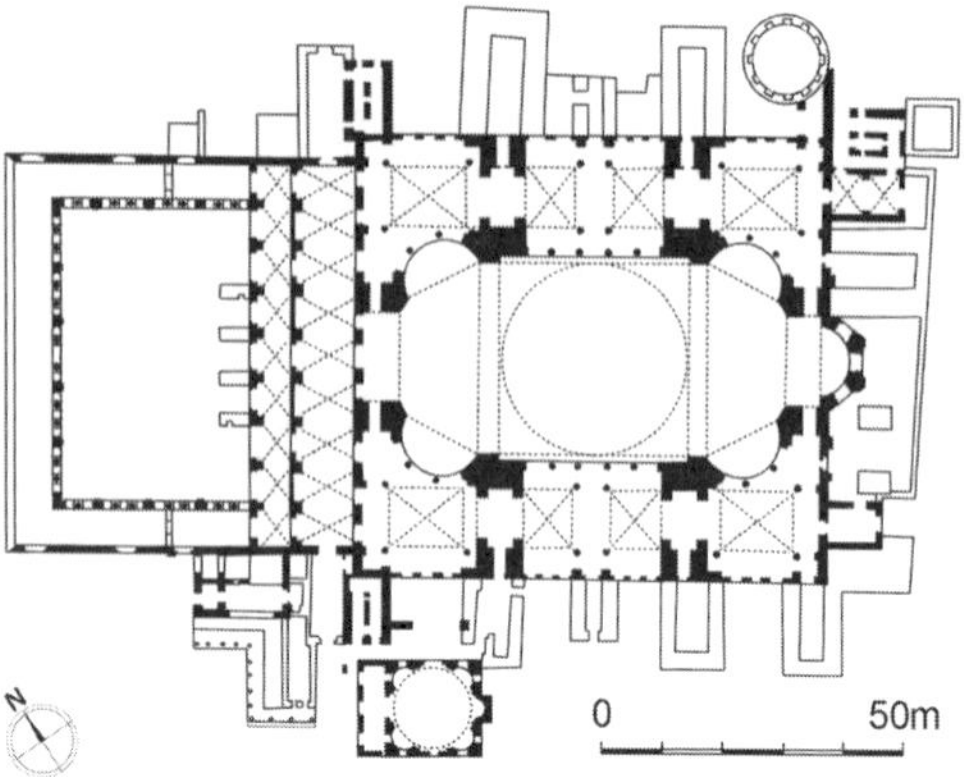

図9　ハギア・ソフィア。現状平面図

ユスティニアヌス帝の建設事業はむしろ帝国の防御を主眼とした架橋、治水、要塞を中心としたもので、ハギア・ソフィアのような教会堂の建設が主ではなかったという指摘もある。[*19] 結果としてユスティニアヌス帝は版図を拡大はしたが、犠牲にしたものも大きかった。イタリアでのゴート人との戦いは一八年の長きにわたり、地域のゴート人とローマ人の関係をより悪化させた上、取り戻したイタリア半島は街も土地も疲弊

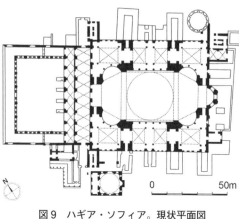

しきっていた。名高い『ローマ法大全』を編纂させたユスティニアヌス帝は神学論争にも関心をもち、第二回コンスタンティノポリス公会議を開催して、アンティオキア学派から単性説に対する譲歩を引き出し、単性説を唱えるアレクサンドリアなどの東方地域との融和を進めようとした。しかし問題の根は深く、本質的な解決には遠く及ばなかった。

いずれにせよ、ユスティニアヌス帝の時代を境に伝統的なギリシア文化を支えてきたエリート層は消滅していき、帝国は上から下まで等しくキリスト教化された社会へと変貌する。また同じ頃、十字架にイエスの像がつけ加えられるようになり、イコン画が登場する。ピーター・ブラウンはそこに「新しい民衆文化」の登場を指摘している。[*20]

六世紀以後

政治と宗教の統合が進んだビザンツ帝国は非常に儀礼的な社会であった。皇帝の選出は、元来元老院あるいは軍による推挙と、これに対する軍や人民の同意によって成立する。同意は、軍からは推戴する者を盾の上に載せて歓呼することで、人民からは広場での歓呼によって示された。[*21] キリスト教化した帝国が、五世紀になお危機にあえぐなか、皇帝の権威を高めるために皇帝推戴の過程に宗教的な儀礼が取り入れられ、人民の歓呼も、歌い手の先導にしたがって決まった回数、固定されたセリフを繰り返す儀式的なものとなっていった。一〇世紀に編纂された『儀礼について』と呼ばれる史料には、当時の儀式の様子が詳しく記されているが、これらの儀礼がいつの時代にまでさかのぼることができるのかについては慎重に検討する必要がある。[*22]

七世紀になるとイスラム教が出現し、瞬く間に中近東と北アフリカを席巻した。シリア、エジプト、小アジア、北アフリカと次々に歴史的領土がイスラム教徒の手に落ちたが、教会の存続は認められた。イタリアにはランゴバルド人も侵攻し、ユスティニアヌス帝の戦役の成果も無に帰した。バルカン半島にはブルガル人、スラブ人、アヴァール人が侵入し、西方との往来もままならなくなる。

そのなかでも神学論争は続いた。ユスティニアヌス帝の教義統合の試みは成功しないまま各派の不満はくすぶり続け、単性説と両性説との調停案として単意説なるものが提示された。この単意説を弾劾したローマ教皇マルティヌスと証聖者マクシモスは政治犯の名目で追放された。しかし六八〇年から六八一年にかけて開催された第三コンスタンティノープル公会議で、結局単意説は異端とされ、単性説の最終的な排除が決定されて単性説と両性説との統合の試みは潰えた。

さらに八世紀は聖像破壊運動に揺れ、七八七年第二回ニカイア公会議で聖像の位置づけが確認された。聖像はそれ自体を崇拝の対象としないことはもちろん、信仰そのものとも区別した上で、ただそれが描き出す原型を想起させ、これへの思いを喚起するものと位置づけられ、その役割に限って認められた。[*23]

このギリシア正教帝国の頂点に君臨する皇帝には、数多くの輝かしい賛美が捧げられたが、史料に残されたそれらの言葉は、生身の皇帝が通過しなければならなかった熾烈な権力闘争の裏返しであるという指摘もある。[*24] とりわけ七世紀から一一世紀までの皇帝は、その半数以上が、生臭い闘争の末帝位を追われるか不慮の死を遂げたという。それでも皇帝を頂点に官僚、教会、軍、宮廷宦官らで構成するピラミッド型の集権体制は終始一貫した安定性を示し続けた。

帝国は七世紀からの衰退[*25]を経て九世紀半ばに息を吹き返すが、その間に小規模化した教会堂は以後、正方形の平面のなかにトンネルヴォールトをギリシア十字形に配し、中央の交差部に四本の柱で支えられたドームが架かった、内接十字形と呼ばれる形式が主流となる。[*26] だがすでにその頃には、かつての西方の領地に、ゲルマン人を中心に帝国の再建の試みが始まっていた。

2　中世ヨーロッパの形成

ゲルマン人への布教

ローマ帝国領内に移動してきたゲルマン人の多くはすでにキリスト教の影響を受けていたが、帝国が異端としたアリウス派であった（二八頁図7）。そのなかでフランク王国の国王クローヴィス（在位四八一〜五一一年）はカトリックに改宗する。そしてフランク王国はその勢力を広げてこんにちのヨーロッパの主要部へと支配域を広げることに成功した。国王がカトリックとなったことによって、この地に残るローマの行政システムや教会組織を利用できたことが有利に働いたとみられる。宗教の垣根が取れたことでローマ人とフランク人の融合も進んだと想像される。こうしてフランク王国を中心に、その後も相次いで進出してくる非キリスト教徒や、キリスト教であっても異端を信仰する諸民族を制圧すると同時にカトリックへと教化し、支配・統治体制を固める試みが続けられた。

ボニファティウスは、メロヴィング朝フランク王国が、宰相ピピン三世の宮廷革命によってカロリング朝へと転換した八世紀前半に、東方ゲルマニアへと布教を進めた。ボニファティウスは布教にとどまらず教会の組織化も進め、ゲルマンの異教的風習を抑制し、キリスト教信仰を維持する管理体制の構築に努めた。大

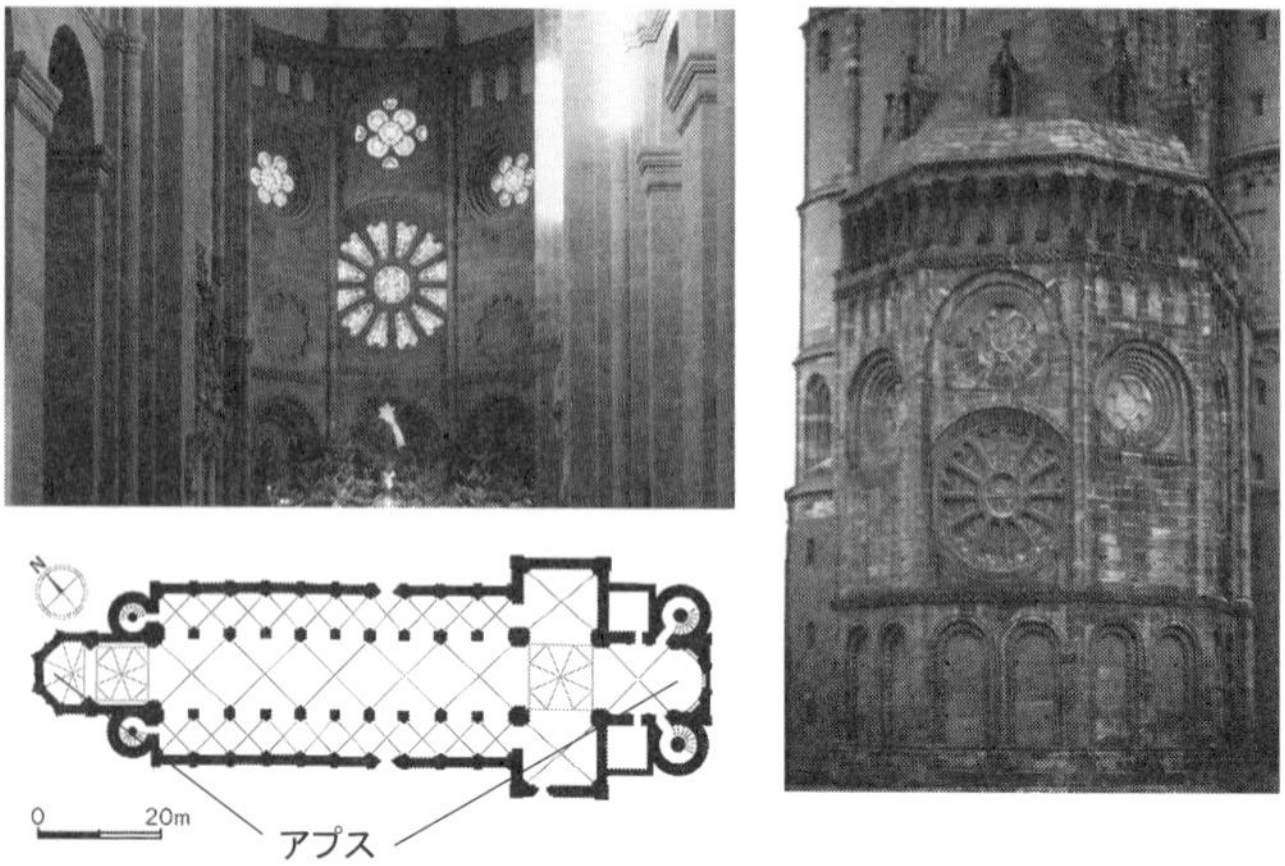

図10　ヴォルムス大聖堂、1130〜1181年主要部建設。西アプス外観（右）、同内観（上）、全体平面図（下）

司教となったボニファティウスは、貴族たちによって新しいフランク王に選出されたピピンに、塗油の儀礼を施したともいわれる。国王は、地域の荘園から得られる国王の収入の一定率を司教座に与えた。

ボニファティウスが新たに創設したり再編した司教座にはビュラブルク、ザルツブルク、レーゲンスブルク、ヴュルツブルク、エアフルトなどがある。その頃の司教座聖堂はその後すべて新しい建物に建て替えられ、残っていない。しかし発掘調査によってそのおおよその姿が把握されている建物もある。たとえばボニファティウスが布教したフルダには、その弟子によって七四四年に修道院が設立された。その後七九一年から八一九年にかけて、きわめて大規模なバシリカ式の教会堂が建設された。発掘からわかるその特徴として、入口を西、祭壇を東とする通常の構成とは逆に、東に入口、西に祭壇が配されていることがあげられる。四世紀に建てられたローマのサン・ピエトロ教会堂（一七頁図3）も正面入口が東を向いており、これを模したのかもしれない。加えてフルダでは、入口のある東側にもアプスが設けられていた可能性がある。バシリカ式教会堂の東西両端にアプスをもつ形式は、後のマインツ、ヴォルムス（図10）、トリーア、バンベルク、ナウムブルクの大聖堂やヒルデスハイムのザンクト・ミカエル教会堂などにも見られる。何か特別な儀礼が西側のアプスに関係していたと考えられるが、確かなことはわかっていない。

カロリング朝

同じ頃ピピンの子カールはローマのサン・ピエトロ教会堂で教皇の戴冠を受けて西ローマ皇帝を称した（八〇〇年）。カールがアーヘンに建てた宮廷礼拝堂は、八角形の中心部分を二層の周廊が取り囲む集中式の建物で、周辺にあった建物は後世の建物に入れ替わってすでになく、礼拝堂それ自体も部分的に改変を受けているが、当時の状態を比較的よく残している（図11）。復元によれば、東に方形のアプスが突き出していて周廊と同じく二層をなし、その下層部に聖母マリアの祭壇があったとみられる。階上廊の西側には玉座が置かれており、東の祭壇の方を向いていたと思われることなど、注目すべき特徴がみられる。ラヴェンナに残るサン・ヴィターレ教会堂（二八頁図6）との類似や、また付属施設についてはローマ教

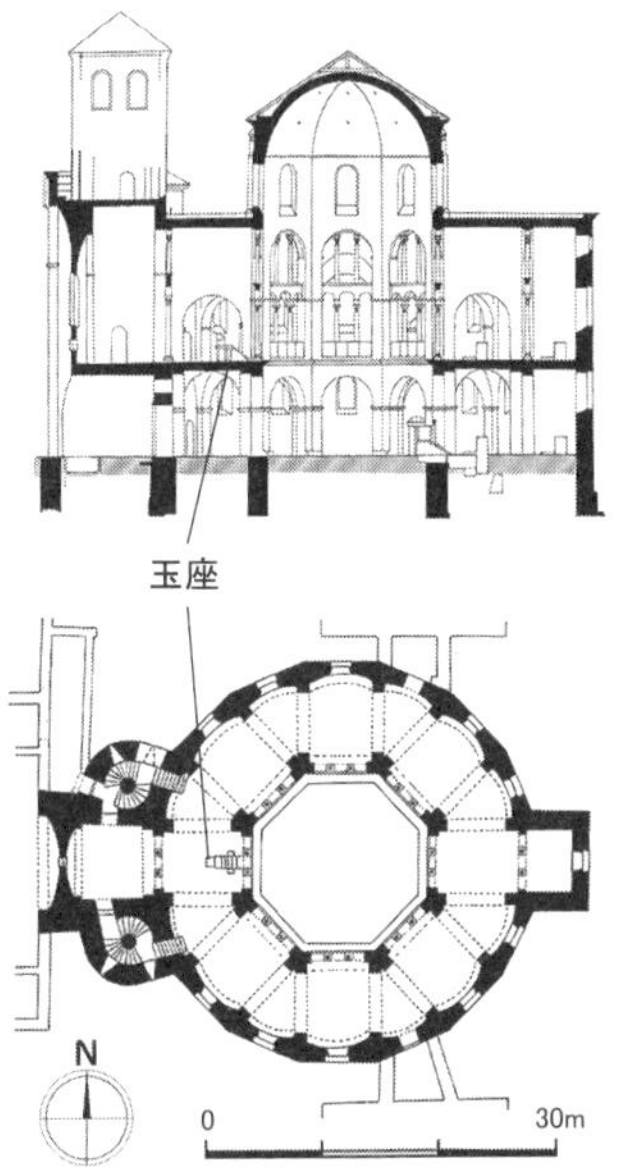

図11　アーヘン宮廷礼拝堂、796年頃建設開始。復元断面図（上）、復元平面図、二階（下）。

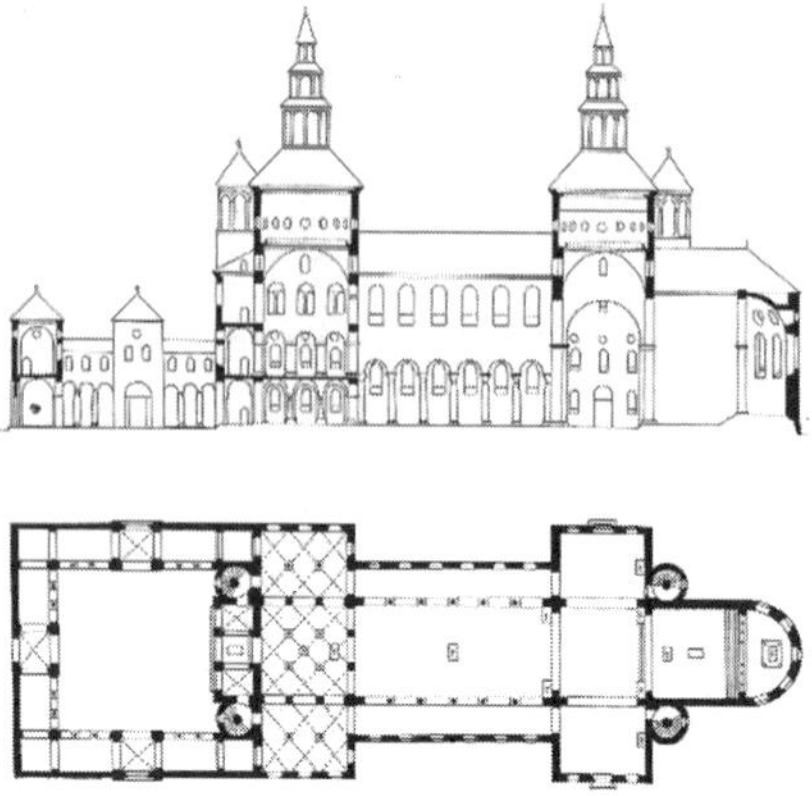

図12　ケントゥーラ修道院教会堂。断面図（上）、平面図（下）（エフマンの復元による）

皇のラテラノ宮殿との関係が指摘されている。[*27] カール大帝がローマ教皇からうけた戴冠の意味については諸説あるが、古代ローマ帝国とのつながりが意識されていたことは、この建物からもうかがえる。そしてこのような国王宮廷を拠点の一つにして、ラテン語を使うことができる教会や修道院のネットワークと王国との共同で行政機構の整備が進められたとみられる。

七九九年献堂のケントゥーラ修道院教会堂は現存しないが、一七世紀の銅版画その他の史料により、バシリカ式の教会堂の西側に大規模な構造体「西構え（ヴェストヴェルク）」を備えていたことがわかっている（図12）。その内部は、階高の低い一階の空間の上に二層の階上廊を備えた広間を備えており、広間には身廊に向けて開口が設けられていたとみられる。コルヴァイ修道院には、八七三年から八八五年にかけて建設されたとみられる古い西構えが現存している（教会堂本体は十七世紀の再建）。やはり上階に矩形の広間があり二層のアーケードを備えている。

東のビザンツ帝国で一〇世紀に編まれた『儀典の書』には、皇帝が参列する儀礼の際、皇帝が二階の階上廊で総主教の聖餐を受けたことが記されている。[*28] この儀礼が行われた聖使徒教会堂は現存していないが、皇帝の墓所でもあった重要な建築で、ヴェネツィアのサン・マルコ教会堂にも影響を与えたとされる。[*29] 先述のアーヘン礼拝堂の階上廊の玉座や、西構え上階の広間とあわせて考えると興味深い。西構えはその後姿を消し、それがどのように使われたのかについても諸説があるが、皇帝の関係する儀礼に使用された可能性も指摘され、教会と世俗権力との関係が構築されていった過程を示唆する手掛かりとして注目される。[*30]

カール大帝の後、フランク王国は分裂する。遺産の相続を軸にした慣習・規範だけでは、数多くの有力者がひしめく広い地域を王国の領地として、世代を超えて維持し続けることは困難であった。かといって、古代ローマの官僚システムはすでに民族移動の混乱のなかズタズタになっている。そこに主従関係と教会組織が組み合わさった新しいシステムを加えて安定した秩序が形成されていくのには、さらに数世紀を要することになる。

ヨーロッパ世界の形成

分裂したフランク王国のうち、西のフランクはカロリング朝からカペー朝に交代し、その基盤の不足を補うために教会とのつながりを強め、司教区ランス、ラン、ラングル、シャロン、ボーヴェー、ノワイヨンとの封建的関係を結びながら勢力を広げ、フランス王国を形成していった。他方フランク王国の東側ではフランス王国ほど勢力の一極化が進まず、一応ローマ帝国の継承を名乗りはしたものの、皇帝の選出は有力司教と諸侯の手に握られた。これら諸勢力の利害が複雑に交錯するなか、ローマ教会とフランス王国や神聖ローマ帝国（この名称は正式にはようやく一三世紀に現れる）その他の諸勢力の微妙な力の均衡を大枠とするヨーロッパ世界が形成されていく。東方からの異民族の侵入も一段落し、生産物や文化の蓄積も始まった。

この間、農業技術が発展し、共同作業が生じ、集村化が進んだ。人の集まりとともに墓地や教会堂が整備され、村の教会とその主任司祭を単位とする小教区の区分が密になっていく。キリスト教は遅れて秘跡に加えられた告解とともに、誕生から死までの全生涯にわたって人々の生活に深く浸透していった。領地における裁判権など、より強い権力を手にする領主も現れる。地域の富の集積地として各地に都市も発展した。その多くは領主の主導のもとに発生、発展していくが、同時に、領主権力の拡大に抵抗する住民組織もまた形成されていった。これらの社会変化に伴い、一一世紀に身分制が確立し、祈る人、戦う人、働く人の三身分といった社会理念が生まれた。

修道院の役割

修道院は原則として俗世から離れ、純粋に信仰のための生を全うするための場所である。そのため、日常的に在俗信徒とかかわりをもつ教区教会に比べ、社会との直接の接触は限られるが、それにもかかわらず修道院は、ときに教区教会よりも社会形成に大きな影響を与えた。孤高の共同生活を追求することで、かえってヨーロッパ社会につながりを生み出す普遍的価値の苗床としての歴史的役割を果たし、また現実には、富を蓄えた修道院の近くに人が集住し都市に発展したり、都市と修道院が融合していくことも多かった。

修道院は、四世紀のエジプト、メソポタミア地方に発し、それまでの生活を捨て、別の生き方を求める人々の有力な受け皿として急速に発展し、他の地方へと広がっていった。[*31] キリスト教が国教となった四世紀末には、修道士が率先して異教徒やその神殿を襲撃するという事件も起きたが、修道生活が徐々に戒律などによってその形式を確立していくなか、修道士の存在は、世俗の社会生活全体の秩序にも寄与するものとみなされるようになっていった。こうして修道院は修道の場としてだけでなく、生きる場所を求める人々の受け皿として、また外部の信徒にとっても、信仰の具体的な対象や信仰生活の指針となる「聖なる人」の集いとして、大きな社会的影響力を獲得していった。先にみたアウグスティヌスもまた修道院で修行をし、そのなかで培った思想を通じて、後のヨーロッパに甚大な影響を及ぼした。

古代ローマ帝国に発し、強い影響力をもつに至ったこれら修道院やその修道神学は、やがてイタリアの修道院や、トゥールのマルムティエ修道院、レランス島、モンテ・カシノ、またアイルランドなどの修道院を介して、ヨーロッパ世界に継承されていった。レランス島やマルセイユの修道院[*32]には危険な地域から避難してきた古代ローマのセナトール貴族が集まり、数多くの聖職者がここで育成され、古典古代の知識をヨーロッパの教会に伝える役割を果たした。また、ヌルシアのベネディクトゥス（四八〇頃〜五四七年）が建設したモンテ・カシノ修道院の会則は「聖ベネディクトの戒律」として、後のヨーロッパのほとんどの修道院に採用された。アイルランドの修道院も広くヨーロッパのキリスト教の普及に貢献したが、このようなヨーロッパ北西端の修道院が広くヨーロッパ全体に影響を与えたことに示されるように、修道院を介した影響は必ずしも空間的な中心・周縁関係に縛られない。古代ローマ帝国で培われたキリスト教文化が個々の修道院に凝縮され、それが各地の修道院に分散・継承され、やがて再び生命力を得て新たに開花し、ヨーロッパ全域に広がっていったのである。[*33]

また、中近東よりも土地の貧しいヨーロッパの修道院では、生産に力を置いて共同生活を営む必要があった。ここまでにみてきたようなキリスト教と世俗権力との関係の網のなかで、修道院は、宗教的権威や、古代からの知と技の継承に加えて、経済的な発展にも大きな役割を担い、社会的により複雑かつ重要な役割を果たしていった。とりわけ一〇世紀に始まったクリュニー修道院を中心とした改革によって、大修道院と小修道院の関係が階層的に組織化された。その中心であるクリュニー修道院の建造物は数多くの修道院の頂点の一つとして長い年月をかけて増築を繰り返して壮麗なものとなっていったが、後のフランス革命でその大半は破壊された（図13）。

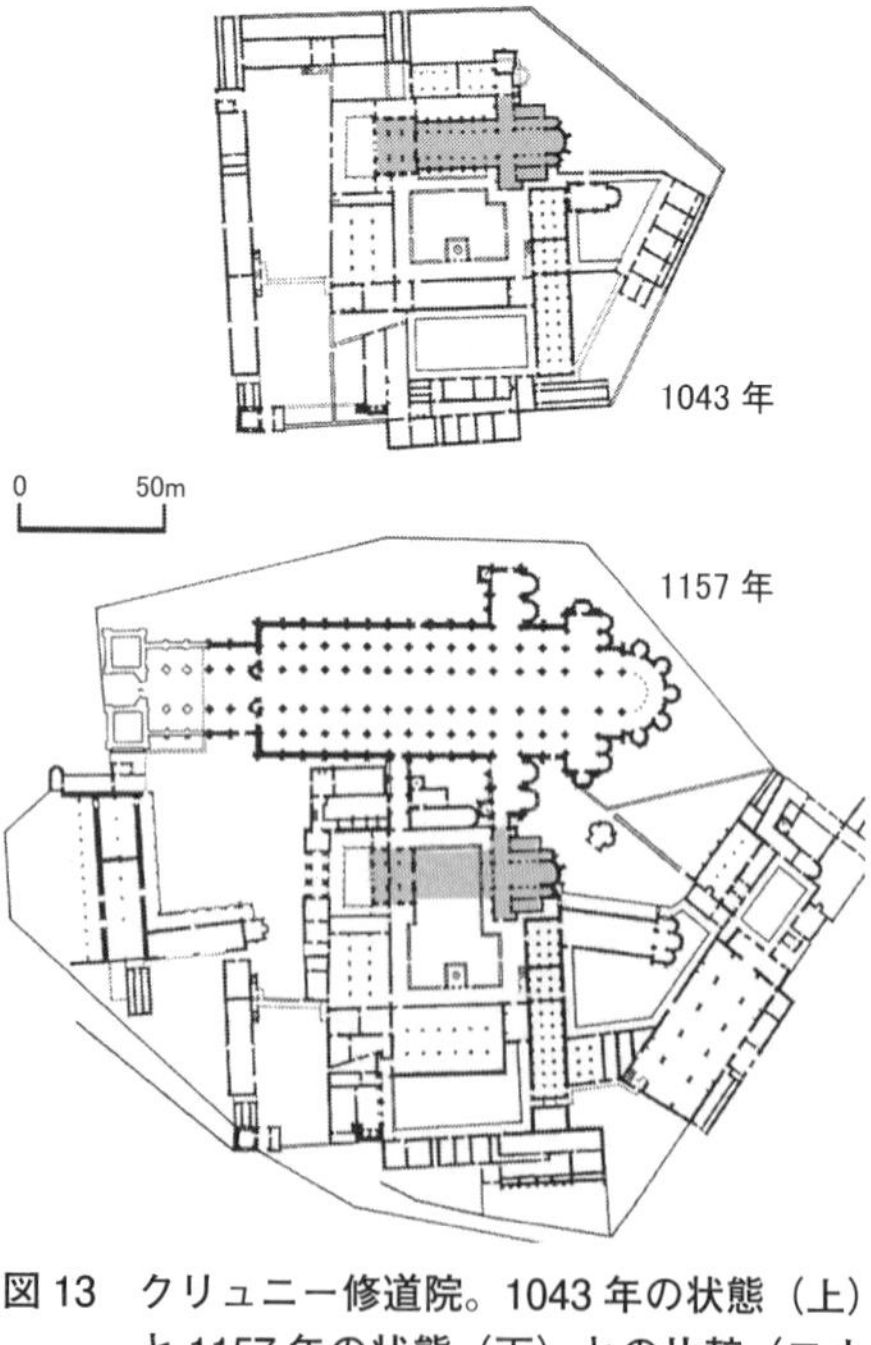

図 13　クリュニー修道院。1043 年の状態（上）と 1157 年の状態（下）との比較（コナントの復元による）網掛：1043 年の教会堂の位置

ローマ教会とラテン語

新約聖書がギリシア語で書かれて以来、キリスト教の重心はギリシア語に置かれ、キリスト教自体がギリシア語圏の社会でより広く浸透していた。しかしキリスト教が国教化される前後の時期にラテン語圏である西方でヒエロニムスやアウグスティヌスを中心としたラテン語の神学が隆盛をみる。その一世紀後に西ローマ帝国はあえなく消滅してしまうが、その後も財の売買、譲渡、貸借や奴隷契約などにおいてローマ帝国の慣行は存続し、文書作成にはラテン語が使用され続けた。[*34] しかし七世紀の間にラテン語と一般の人々の話し言葉との間の隔たりは越えがたいものとなる。七～八世紀には教会の内部でも字が読める者は少なくなり、そのため写本は聖遺物と並べて神聖視され、さまざまな装飾で飾ら

れるようになる。[*35] エミール・マールはこうした写本の装飾や挿図が教会堂建築の入口上部のティンパヌムをはじめとする彫刻類に与えた影響を指摘している。[*36] ラテン語はカール大帝の教会改革の頃からもっぱら教会の言葉となる。ラテン語と俗人の言語世界とが切り離されることでラテン語は宗教的権威となっていった。その一方で、教会と民衆とのコミュニケーションを補うものとして別途、話し言葉や、教会や修道院の内部で醸成されていった音楽のような聴覚的手段、儀礼的身振り、衣装、聖具、彫刻などの視覚的手段が重要な役割を担うことになる。さらに中世末期にむけて、話し言葉の洗練や活字印刷による民間出版などが宗教改革の重要な背景となって社会を大きく動かすことになるが、それについては第三章以降に示す。

グレゴリウス改革

こうしてヨーロッパ世界が一つの大きな信仰共同体としての姿を現すとともに、それまで世俗権力に宗教的な権威を与えるにとどまっていた教会が世俗権力に対する自らの優位を主張し、より具体的な実行力を伴う権力の強化に意欲を示し始める。教皇グレゴリウス七世（在位一〇七三～一〇八五年）は、宗教的行為の厳格化を図るとともに、聖職者の叙任権をめぐって神聖ローマ皇帝ハインリヒ四世との抗争の口火を切り、その後の皇帝との激しい闘争は、幾代もの教皇を巻き込んでおよそ半世紀続いた。

シュパイアーの大聖堂（次頁図14）の建設はこの抗争の期間に重なる。この聖堂は、すでに皇帝ハインリヒ四世の祖父コンラート二世が建設を開始し、ローマのサン・ピエトロ教会堂（旧）をしのぐ、当時最大規模の教会堂の献堂式が一〇六一年に行われた。ところがその一五年後に皇帝となったハインリヒ四世は、ときの教皇グレゴリウス七世と烈しく衝突し破門される。いったんは教皇に屈服し、忠誠を誓うが、その後態

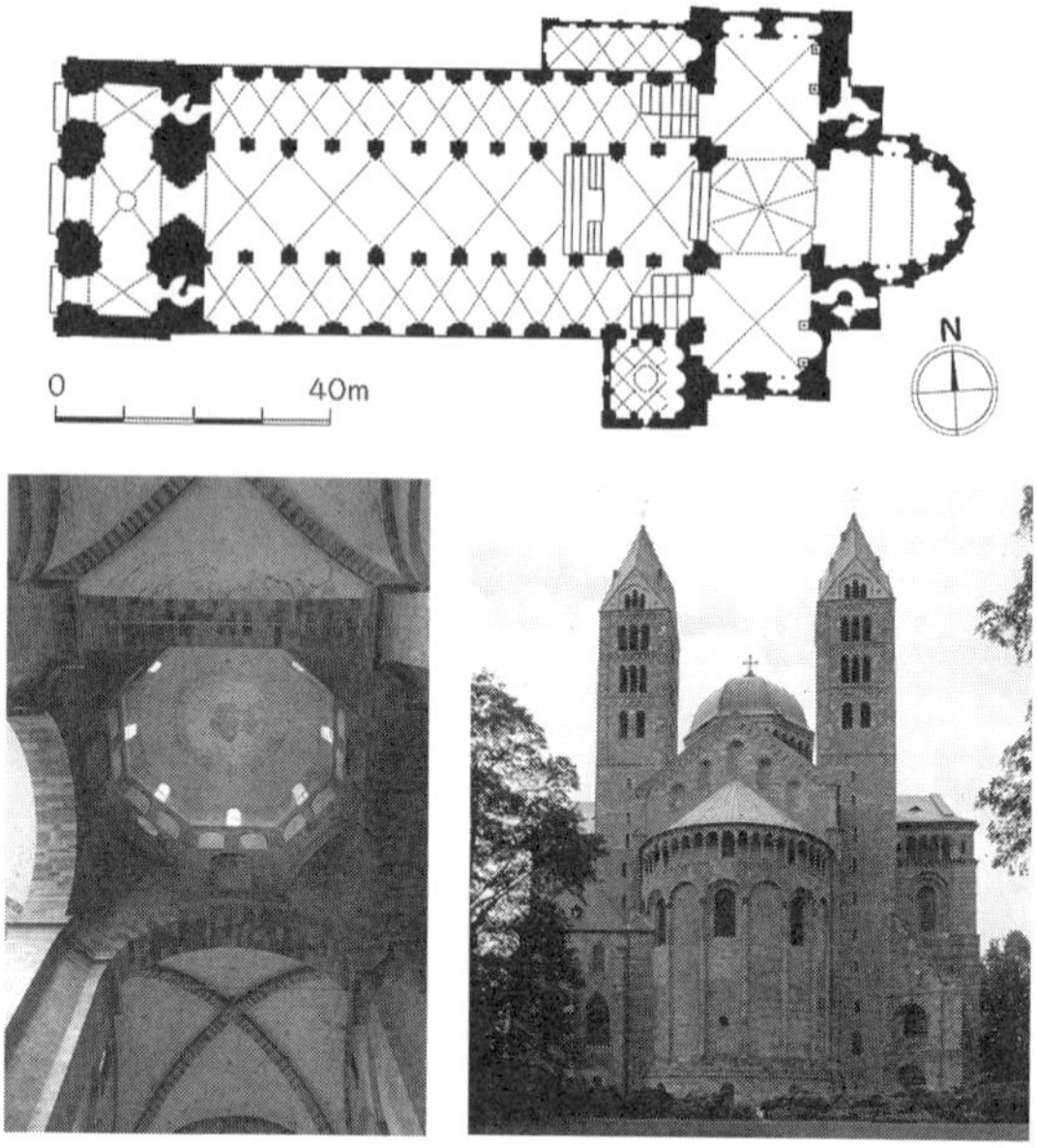

図14　シュパイアー大聖堂。平面図（上）、東側アプス外観（右）、交差部天井見上げ（左）

勢を立て直し、教皇派との武力衝突を含む反撃に出る。その頃に、献堂からそれほど経っていない教会堂は改めて半解体され、大規模な改築が始められたのである。木造の平天井は石造交差ヴォールトに替えられ、交差部にはドームが架けられた（図14左）。この工事が完了したのはハインリヒ四世の死去の年、一一〇六年であった。[*37]

グレゴリウス七世は、イスラム教徒から聖地エルサレムを奪還する聖なる軍隊の派遣にも意欲を示していた。これを遂げることなく、いまだ叙任権闘争の続く一〇八五年にグレゴリウス七世は死去するが、ヨーロッパをキリスト教の共同体として強化しようとする改革の意志を継いだウルバヌス二世の呼びかけで、第一回十字軍が実現し、一〇九九年、聖地に到達してエルサレム王国が建てられた。しかし東西教会の間の溝は古代ローマ帝国の分裂以来それぞれが置かれた社会状況の違いなどから深まり続け、一〇四五年にも衝突し、決裂していた。そんななか、十字軍の到達は分断を解消するどころか、かえって対立を決定づけた。十字軍国家群は数世紀で聖地から姿を消すが、東方教会は一五世紀の帝国滅亡後も存続し、中近東やスラブ人の地域に広がり定着していく。[*38]

フランス王とサン・ドニ修道院

教皇と皇帝との間の叙任権闘争が一段落した頃、ハインリヒ四世の後を継いだハインリヒ五世は、今度はイギリス王と手を組み、フランス王国に攻め入ろうとする。対するフランス王ルイ六世は、このときまずパリの北およそ九㎞の地点にあるサン・ドニ修道院に駆けつけ、軍の団結を鼓舞した。結果的にルイ六世はハインリヒ五世に勝利するのだが、なぜルイ六世はサン・ドニ修道院に駆けつけたのか。

聖ドニは二五〇年頃に殉教したパリの司教であり、フランスの守護聖人とされていた。聖人とは、新約聖書にもみられる「聖なる人」という言葉を根拠に、信仰の規範となる人物を（神への信仰とは区別しつつ）、一般信徒と神とのとりなしを行う存在として崇敬の対象としたもので、誰を聖人と認めるかは教会が定めるものとされた（この点も、聖餐とともに、後の宗教改革で大きな問題となる）。キリスト教がローマ帝国から公認される以前の迫害の時期には多くの殉教者が出たから、多くの聖人がこれらの初期の殉教者で占められている。聖ドニもその一人であった。一三世紀にヤコブス・デ・ウォラギネによって書かれた『黄金伝説』によれば、聖ドニは自らの切り落とされた首を拾って説教をしながら今のサン・ドニまで歩き、そこで倒れたとされる。[*39]

サン・ドニ修道院はメロヴィング朝の時代からフランス王の墓所であった。[*40]一二世紀にサン・ドニ修道院の院長であったシュジェールも、フランス王ルイ六世と終生深い関係を保ち、ルイ六世の業績を書き残した。

それは諸侯との戦争の記述で満たされており、きわめてリアルで仔細にわたるその描写は、シュジェール自身が戦闘に関与したという印象さえ与える。聖職者が武器を取ることは教会会議においても否定されていた。しかし、一一世紀頃までは依然として蛮族との戦いも多く、そういうときに国王や皇帝はキリスト教の守護者を任じ、そのことで他の有力者たちに対して自らの権勢を強めることができたし、教会もまたそれをキリスト教の拡大と安定に利用した。そうしたなかで、宗教的行為と、世俗的実力行使との区別はしばしば曖昧になっていった。そして外部からの攻撃が収まると、今度は逆に教皇を指揮官として聖地奪還の十字軍が異教徒のもとへと送り出されることになる。[*41]

十字軍については、富をたくわえて繁栄するサン・ドニ修道院のようなあり方を批判し、自らは清貧を貫いたクレルヴォーのベルナールもまた、これを熱狂的に支持した。こうした、一見矛盾してみえる態度を宗教的熱狂と呼んでも、それはわれわれにとってあまり有意義な説明とはならない。われわれに矛盾とみえるところに、矛盾とも熱狂とも違う、別の意味が与えられていたと考えるべきではないか。

先に述べた一一二四年の皇帝ハインリヒ五世のランスへの侵攻は、シュジェールの「ルイ六世伝」全体の山場である。ルイ六世は皇帝の侵攻の知らせを聞くと、直ちにフランスの守護聖人の聖遺物をもつサン・ドニ修道院に向かい、サン・ドニ修道院の封であるル・ヴェクサン伯領の旗を受け取ったという。「祭壇から、これによって王が教会に対して封臣となっているル・ヴェクサン伯領に属する旌旗《せいき》を受けて、これを見詰めた。王はこれを、その主君から受けるが如くに、心をこめて受取った」。そしてこの旗を掲げ「少数の手勢を率いて、敵に向かって急ぎ、全フランスが彼に従うようにと力強く誘った」。対するドイツ皇帝は戦わずして退散し、この戦いで「品位を落とし、日に日に凋落し、一年を経ぬうちに最期の日を迎え」たとシュジェールは記している。[*42] 皇帝ハインリヒ五世の遺体はシュパイアーの大聖堂に埋葬された。

このように自らの武運を神の恩寵とし、フランス王は修道院に経済的恩恵を与えた。彼は「喜び感謝にみちて、至聖の殉教者たちである、彼の保護者たちの許へ極めて謙虚な態度で赴き、彼らに神への感謝に次ぐ大いなる感謝を捧げ」、ランディの年市の利益の一部を修道院に与えたという。ランディの年市は聖遺物の祭礼に合わせて行われた有名な市で、巡礼者たちとともに多くの人々を引き寄せていた。

戦いの記述で満たされたこの「ルイ六世伝」に対し、シュジェールの別の著作「サン・ドニ修道院長シュジェールのその統治においてなした事ども」では一転して「富の増大」が主題になっている。「寛大なる神の仁慈が、我々が修道院長位にあった時期に、この教会にもたらし給うた富の増大を、ペンとインクとをもって後代の記憶に資する」ために、所領ごとに、そこから得られる富が仔細に記される。たとえば、聖ドニの所領については、先のランディの年市に触れる。「ランディの年市からは……三〇スーを平穏且平和裡に、三五スーをパヌティエール広場のパン屋の売台からの税として取り、これらを我々は、使徒聖ペテロとパウロの祝日に、兄弟たちの軽食に充てた。私の甥ジラールからは一〇スーを、彼の家からは五スーを、又茜の通貨税としては五スーを。私が八十リーブルで買ったコルニヨンのギヨームの家の広場からは、三軒の住居から一五スーの賃貸料を取っているが、残りの二軒は今なお空き家である……」といった、まるで家計簿のような記述が延々と続く。[*43]

シトー会修道院

先に触れたように、シュジェールの奢侈《しゃし》は、厳密な聖性を唱えたクレルヴォーのベルナールからの批判を逃れることができなかった。ベルナールは、モレームのロベールが真の清貧を求めて一〇九八年ブルゴーニュの沼地シトーに設立した修道院に、一一一二年入会した。一一一五年にはクレルヴォーの修道院長となり、それまでの修道院よりもはるかに緻密な規律化と組織化を進め、修道院間の派遣使節を置き年次総会を設置し、修道院の新設にあたっては明確な指導を行う体制を確立した。[*44] ベルナールの声望とともにシトー会は驚くべき勢いでヨーロッパの各地に拡大していった。それらの建物の形式には地域性を反映した違いもあるが、同時に共通点も見いだされ、シトー会の規則が建築の形式にも表れていることが指摘されてきた。[*45]

その範型となったクレルヴォーの建物は破壊されたが、クレルヴォーの娘院としてベルナールの生前に建設されたフォントネー修道院は往時の姿をよく残している（一一三九年建設開始、一一四七年献堂）。俗世から切り離された信仰生活を全うするというシトー会の思想に従い、回廊を中心に教会堂や食堂、寝室など生活のすべてがそこで完結するように配慮されている。特にその特徴がとらえやすいのは食堂の配置で、南側回廊に直結し、その脇に厨房が配されている。生活のための労働に従事し世俗に接する助修士の食堂は、修道士の空間から画然と分けられ、回廊の西側に配される。その構成も造作もすべて簡潔で、教会堂の内陣は矩形、聖具も最小限にとどめられたため聖具室もごく小さなものしかなく、沐浴室もつくられなかった。このようなクレルヴォーの範型はときに領地や時代を超えて踏襲された。シトー会がキリスト教信仰の精神的基盤を強化するだけでなく、そこに実践的な生活の形式を与えて広く普及させ、ヨーロッパの生活文化の共通性をよりいっそう強固にするのに果たした役割は少なくない。

3　建築の罪

キリスト教と権力

ここまで権力との関係に注意しながら、古代から中世へのキリスト教へのおおまかな流れとそのなかで産み落とされた主な建築物を通観してきた。そこには、古代ローマ帝国における国教化とともに、権力を媒介にキリスト教と建築とが関係づけられていく様が見てとれる。その権力の中心である帝国が解体した西方にヨーロッパ世界が形成される。すなわちヨーロッパ世界の形成は、解体した帝国権力の再建にむけた試行としてとらえることもできるわけだが、しかしそこに生まれたのはかつての帝国とは異なる何かであった。

決定力を欠いた多数の権力が複雑に交錯するなかで、キリスト教が主に権威の付与においてキャスティングボードを握り、広域支配を可能にする行政システムから民衆の日常までのさまざまな関係のなかに深く広く織り込まれていった。たしかにローマ帝国においてもキリスト教と権力との関係は決して単純なものではなかった。ユダヤ教には国家の消滅という政治状況に翻弄されたユダヤ民族が、そうした強大な権力との対峙を小さな集団の精神生活内部に転化した経緯がある。それを継ぐキリスト教もまたその意味でもともと極度の政治性と個人性との両者を内包していた。国教化してから後執拗に続く激しい神学論争も、内外に危機を抱え続けた帝国の政治状況と深いところでつながっている。その関係は、神学の内容が直接、ある特定の政治的な立場を反映する、というような単純なものではない。それはすでに十分複雑である。だがヨーロッパではさらに別種の複雑さが加わる。それは、ヨーロッパにおける権力の分散のゆえに、特定の権力に特別な権威を与えるという役割をキリスト教が担ったということである。その意味で、一一世紀頃までのキリスト教建築の急速な発展は、宗教的情熱からだけではなく、武力がいまだ頻繁に行使されていたなかで砦や市壁を築く必要性によっても牽引されていたとみるべきであろう。世俗権力がキリスト教を必要としただけでなく、キリスト教の側も武力を必要としていたのである。そしてカール大帝やその後の皇帝たちの戴冠だけでなく、フランス王への塗油や、破門、贖宥を通じて、また教区教会で行われる折々の儀式、洗礼や告解その他の行為を通じて社会の裾野のすみずみにまでキリスト教は浸透していくことになる。

小さな権力

キリスト教の大きな権力とのつながりは、記念碑的な堂々たる容姿でわれわれの目を惹く建造物によく表れているといえよう。しかし、それはキリスト教ならびにキリスト教建築の一面を示すにすぎないことにも留意しておきたい。もともとキリスト教の信仰は生活のなかの小さな集まりを核として徐々に広がっていった。それはキリスト教がしばしば弾圧され密かに信仰しなければならなかったという事情とは別に、キリスト教に元来備わっていた性格であった。そしてその性格は、中世ヨーロッパに至っても大きな意味を持ち続けたと考えられる。記念的建築だけがキリスト教建築だと考えると、公認以前の初期キリスト教の在り方を見損なうだけでなく、普及後のキリスト教や、その近代とのつながりについても偏った見方となりかねない。中世にまでさかのぼって、社会の片隅でのキリスト教信仰の様子をうかがわせるような建物はほとんど残されていない。ヨーロッパ各地に残る城砦に付属する小さな礼拝堂の数々や、初期の集落跡から発掘される教会施設とおぼしき建物を通じて、少なくともその存在に注意を向けておこう。[*46] これらは古代ローマ帝国の貴族や、その他の小領主の私的教会であったり、あるいは帝国の教会に属していたり、さまざまなかたちで世俗世界に関係づけられていたと考えられる。

このことを視野に含めつつ権力と宗教と建築との関係をもう一歩踏み込んで考えようとすると、そもそも権力とは何かということが問題になる。権力が高度に集中しているとき、その「強い」権力の存在は比較的イメージしやすい。だがその場合でも、権力がどのようにして集められ、集中状態が維持されているのか、またそうやって集められた権力はもとはどこに分散し、どのように存在していたものなのか、そういったことを考えはじめると、権力というものは意外ととらえどころがない。

それが武力として行使される場面は把握しやすいし、戦争においては力の優劣が結果となって残るので、権力の意味は一見明白に思える。このような意味での力は、城塞や市壁など建築にも視覚化され、また教会堂においてもその規模や堅牢さが同様の力を想起させる。特に一五世紀に大砲がこの種の高い壁を粉砕できるようになるまでは、城塞は高くそびえて人々の目に強く訴えるモニュメンタルなものが多かった。ロンドンのホワイト・タワーのような建物はその一例である（次頁図15）。この城塞はウィリアム一世（征服王）がイングランドのノルマン征服の拠点として建設した城塞の一つで、内部には美しいロマネスク様式の礼拝堂もある。このように、かつては城塞や要塞がその内部に礼拝堂を備えることは少しも珍しいことではなかった。

しかし権力をそのように物理的なものととらえると、それは戦争のとき以外には、実際に出現することがほとんどないものとなる。今見たような城砦もまた現実の戦争がなければ無用の長物にすぎない。実際に現れないときにも前提として常にそれは存在しているのだ（城塞はその事実を示す）という議論もあるが、なら

図15　ホワイト・タワー、ロンドン。外観（上）、セント・ジョーンズ（聖ヨハネ）礼拝堂（中）、平面図（下）

ば不安や欲望といった心的作用が先にあってそれが結果として物質化するという主張もできそうだ。ここで詳しく論じる余裕はないが、少なくとも、現実の権力は物理的な力そのものではなく、物的条件と心的作用との込み入った関係のなかで作動するものだということは直ちに予測できよう。[*47] そのように考えたとき初めて、分散した権力についても語ることが可能となり、同時にそれがどのようにして権力の集中に至り、それを維持し、あるいは解体するのかを語ることも可能になるだろう。

ともあれ、ここでの問題は、キリスト教が、物的条件と心的作用との関係をどのよう特徴づけているか、である。

二つの剣と、悪の存在理由

中世における教権と王権との関係についてはしばしば両剣論が引き合いに出される。これはルカ福音書の、最後の晩餐の場面に現れる二振りの剣（二二：三八）を、物質的剣と精神的剣、あるいは世俗剣と霊剣の象徴として解釈し、これをもとに王権と教会の関係を論じるもので、五世紀末のローマ教皇ゲラシウス一世の主張に依拠する。だが、これを単純な二元論と理解してしまうと、キリスト教社会の現実をとらえ損ねる。教権と王権との関係は、こんにち一般的な意味での聖と俗にも、心と物質にも還元できない。その背景には「悪」に対するキリスト教に特有の世界観があり、われわれはこれとの関係において二つの剣の意味を理解しなければならない。

神が世界のすべてを創造したのだとすると、神が悪や罪をも創ったことになる。だとしたらなぜ神は自ら悪を創ったのか。神の超越性を思想的に徹底しようとすると、これを悪の存在とどう整合させるかという困難な課題が生じる。これに対して、いまだユダヤ教との深い関係にあった一世紀のキリスト教は、悪を、とりもなおさず信仰の有無の問題ととらえた。旧約における悪は、まずなにより神に対する裏切り、不誠実、神の律法への違反であった。

だが、密に閉じた信仰共同体を形成しているうちはそのような考えが事実上有効だったとしても、ユダヤ教からキリスト教が分離し、親密な共同体を超えたより普遍的な宗教になっていくと、それだけでは十分でなくなる。

救世主とはそもそも何か。人に神を磔《はりつけ》にできるのか。神が人になれるのか。処刑されたイエスはやはり人ではないのか。神と救世主と人とはどう関係するのか。それによって正しい信仰の在り方自体が異なってくるから、これらは避けられない根本問題である。また、当時、悪を創ったのは神とは別の存在だとする二元論的な教えも広がっていた。たしかに理屈ではその方がすっきりする。こうしたさまざまな意見に対し、一世紀から四世紀にかけて、アリストテレスやネオ・プラトニズムをはじめとして当時流布していた宗教的・

哲学的概念を総動員した議論と抗争が繰り広げられるなかでキリスト教の正統とされる三位一体の教説が形成されたことはすでにみたが、この経緯に改めて示唆されるのは、三位一体の教説のなかに、善と悪、恩寵と原罪、精神と物質、聖と俗の関係が複雑に織り込まれている、ということである。

罪ある霊魂と朽ちる肉（アウグスティヌス）

悪についてアウグスティヌスは、神はこれを創造していないと主張する。では悪とは何か。神とその被造物があれば、有限で不完全な被造物の間にはおのずと差異が生じる。その差異を有限な世界の内側からみて善だの悪だのと言っているにすぎない。完全なる神にくらべて欠落あるものを悪というなら世界そのものが悪であり、「実際、神が悪魔を造ったとき、神はその将来の邪悪さについて決して無知ではなく、しかもその悪からさえも善いものを自ら造るであろうことを予知していたのである」[*48]。

だからアウグスティヌスはその著作『告白』に自らの肉欲との長く激しい闘いを記したが、しかし罪の原因は、肉ではなく、霊魂のなかにあると論じた。確かに新約には肉が悪、霊が善だと単純に解釈したくなるような記述もある。「肉の業はあきらかです。それは、姦淫、わいせつ、好色、偶像礼拝、魔術、敵意、争い、そねみ、怒り、利己心、不和、仲間争い、ねたみ、泥酔、酒宴、その他このたぐいのものです」（ガラテヤ書五：一九―二一）といった箇所である。しかし肉が罪なのではないとアウグスティヌスは言う。「朽ちる肉が霊魂を罪あるものとしたのではなく、かえって罪ある霊魂が肉を朽ちるものとしたのである。」[*49]

キリスト教の世界観のなかでは、俗人だけが罪を負っているのではない。この世界のすべてが罪を負い、恩寵を必要としている。教会も聖職者もまた原罪から逃れられない。だからこそ洗礼や聖餐をはじめとする儀礼や信仰が必要なのである。逆に言えば、これらの儀礼によって俗人もまた恩寵を受け、聖化される可能性がある。俗人も、王も貴族も、そして聖職者も、救済を必要とする同じ一つの信仰共同体に属している。それは剣と剣でないものではなく、二つとも剣なのだ。教権と王権と建築との関係は、キリスト教の信仰共同体が共有するこの世界像の文脈――世界と神、被造物と創造主、罪と恩寵、悪と善、終末と救済等々との関係のなかで理解する必要がある。

両剣論と同様、アウグスティヌスの言う「神の国」と「地の国」の関係も、物質と精神だけでなく、罪と恩寵の霊的な対比に関係している。「それゆえ、二つの愛が二つの国を造ったのである。すなわち、神を軽蔑するに至る自己愛が地的な国を造り、他方、自分を軽蔑するに至る神への愛が天的な国を造ったのである」[*50]。実際に地上にあるから地の国なのではない。地上にも神の国は存在する。ただしこの地上で神の国を生きる人々は、地上の生を「いわば寄留者として」生きる。

霊的なものや聖なるものから、俗なものや現実的なものを一方的に排すなら、キリスト教と建築との関係を論じようとする試みも底の浅いものにとどまるしかない。この信仰共同体のなかでは、宗教建築にかかわるあらゆる人々は、いずれも罪人《つみびと》とされる。それは地上の尺度における悪なのではなく、そもそも外在的超越性ではないということが悪なのだ。そこでは権力者、聖職者はもとより、出資者、協力者、技術者、業者、職人、商人はすべて罪を負い、また人間だけでなく、同様に被造物である石や木などの自然界のあらゆる物質も、さらにはそれらに手を加え世界を変える行為、これらすべてが罪である。だがその意味での罪は、恩寵と表裏の関係をなしている。罪を自覚することからしか神の恩寵の可能性は開かれないからである。

ヨーロッパの歴史的なキリスト教建築を理解するには、こうした善悪に対する価値観や、その前提として人々が共有していた世界そのものから根底的に理解することが重要である。

三位一体の教説と建築

ジョルジョ・アガンベンは『王国と栄光』で、三位一体の教義を近代にまで及ぶ一種のパラダイムとして、批判的に検証している。[*51] 三位一体の教義の形成において、はじめは「オイコノミア」という語が重要な意味をもったとアガンベンはいう。ギリシア語で一般に「オイコス」は「家」、「オイコノミア」は家の運営、いわゆる「家政」を意味する。また修辞的な素材の配置といった意味にも用いられていた。二世紀から五世紀にかけてこの「オイコノミア」という語を比喩的に用い、神の世界創造や、救世主イエスの出現、つまり神による世界の経営が説明された。そこでは次のようにも論じられた。

御言葉《ロゴス》が肉となり、人となったとき、子は人々の内にあったが、父は子の内におり、子は父の内にいたのである。したがって、兄弟たちよ、聖霊と処女《おとめ》とによる救いの営み（オイコノミア）の秘儀とは、神に対して唯一の子として行為する、この御言葉《ロゴス》その方のことであることを、この言葉（「神は確かにあなたのうちにいます」（イザヤ四五：一四））は示しているのである。[*52]（ローマのヒッポリュトス）

そして、世界の外部に存在してわれわれの世界からはうかがい知ることもできない神が、世界を創ったり救済したりする、すなわち外在的超越性と、その世界内存在への関与という相容れない出来事を、ダブルスタンダードとなることなく説明するために、世界の摂理と結びついた何か「言いえぬ」「神秘」として「神のオイコノミア」が位置づけられていったという。その背景には、さまざまな異なる主張——外在的超越性と、世界に関与する（内在的）超越性とを二元化してとらえるグノーシス的主張や、イエスを外在的超越の側に寄せて（極端には幻影のようなものと）理解したり、あるいは逆に世界内存在の側に寄せて（極端には神に操られた人間として）解するなどのさまざまな主張——が交錯するなかで、これに抗して、これらすべてを退けるような教義を確立させねばならないという歴史的状況があった。その結果、四〜五世紀に父と子と聖霊という三位格の一致という教義が確立される。これに対する異説がニカイア、コンスタンティノポリス、カルケドン公会議で異端として退けられると、「オイコノミアは三位性に関する語彙からは徐々に姿を消し、救済史に関する語彙にのみ保存されることになる」[*53]。

このようにキリスト教の教義が形成されていった過程を検証するなかで、たとえば外在的超越性とその世界への関与を両立させる、つまり必要や義務に縛られないはずの神がとったこれらの行動を説明する必要から、神の自由意志という観念が教義の中央に浮上してきたことなどが指摘される[*54]。その他にも、危うくも刺激的な指摘が多数あるが、さしあたりここで留意しておきたいのは、政治だけでなく、経済、技術、労働などきわめて多様な社会関係が三位一体の教説の直中を横断しているらしいということである。すでにここまでみてきたような宗教と権力との密接な関係から、キリスト教建築がその両者を同時に実現する手段として機能していたことが推測できる。しかし権力だけではなく、キリスト教建築は、経済、技術、労働といったものを介しても、キリスト教と深く関係していたのではないか。

実際にも、一一世紀頃から、キリスト教建築の表現や機能は、いっそう複雑化していく。三位一体の教説のなかに、政治だけでなく、経済、物質、技術、労働等が奥深く織り込まれていたのだとするならば、中世のおびただしい量と質の教会堂を、その表れとしてみることができないだろうか。引き続き次章で検討してみよう。

第二章　恩寵

はじめに——中世キリスト教社会の安定と繁栄

前章にみたように、大小さまざまな部族連合が勢力を競うなか、六世紀から一〇世紀にかけて王や皇帝など、キリスト教会と連携し、権威と実行手段を自らの下に集めた複数の強い権力が生まれ、それらが複雑に絡みあった関係の網としてヨーロッパ世界のかたちが出来上がっていった。これらの権力は聖人や聖遺物とのつながり、高位聖職者からの塗油や戴冠などによって自らの権威を高めるとともに、私有教会やローマ教皇を頂点とする教会ネットワークを通じて領地領民とそこから生まれる財を管理し、長期にわたって維持することが可能な権力システムを構築していった。このとき、超越的存在とこの世の事物とを厳しく峻別しつつ、同時に結びつけ一体化する三位一体の教説は、そのシステム構築にも深く作用したと考えられる。[*1] その影響は、強い権力の形成だけでなく、ヨーロッパ世界で相互に承認された無条件の真理として、人々の日常から非日常、出生から死に至る生の隅々に及んだと考えられる。本章ではそのこととキリスト教建築との関係を考える。

とりわけ、九世紀末に現れた平和運動が一一世紀を通じてヨーロッパ全体に広まり、[*2] 一二世紀にローマ教会の権力システムが確立し、世俗権力もまた皇帝と国王たちを中心に微妙なバランスを獲得し、教会と世俗権力とが臣従という弱い関係を紐帯にヨーロッパとして一定のまとまりを獲得するようになると、権力の重心は、実際の武力の行使から、武力をはじめとする実行手段を実際には使用することなく、それでも力を力として持続させることへと移行していく。このとき宗教建築もまた物質として実現されることそのものから、それがもたらす意味作用へと重心を移していったように見える。建物は物的な力なしには実現せず、その地方の材料や人的資源などの流通やそれらを組織する権力に物的に条件づけられるが、その一方で、建築は社会における意味作用にも条件づけられ、かつ自らその担い手ともなる。なかでも宗教建築は、建物それ自身が発する意味に加えて、宗教を背景にしたさまざまな装飾、彫刻、絵画などの図像、そこで行われる儀礼、聖職者や信者の身振りなどから生じる意味作用をそのまわりにまとっている。ここでいう意味作用とは、単なる伝達の機能にとどまらず、新たな意味を獲得したり、それまであった意味を失ったりといった変化を繰り返していく営みによって、社会そのものを形成し維持していくようなものとしての意味作用である。

現代のわれわれは、それら中世後期のキリスト教建築から発せられる意味作用にときに眩暈《めまい》を覚えつつ、その内容を理解しようとこれまで多大な努力を払ってきた。しかし建築とは元来、人と物とが混然となって繰り広げる葛藤の結果であり、その結果はいったん動かない一つの物体に固定されるとしても、その意味作用はその後も続く流動的な営みとなる。実現した建物から生じる意味は、社会の一要素となって時と場所によって異なる解釈を受け、新たな社会的前提をかたちづくり、再びその建物に帰ってきて新たな葛藤を引き起こす。こうして多くの宗教建築が増改築を繰り返してきた。本書でその一つひとつを追うことはできないが、当時の意味作用のメカニズムの、こんにちのそれとの違いについて考えていきたい。というのは、建築の意味をめぐるわれわれ自身の態度への自覚と反省なしには、キリスト教建築の意味に接近しているつもりでかえって遠ざかってしまう危険があるからだ。

1　技術と神

教会堂の建設をめぐる奇跡

フランス国王ルイ六世が皇帝ハインリヒ五世に勝利（四三頁）してからおよそ一〇年後に、シュジェールはサン・ドニ修道院の古い教会堂の一部を壊し、建て直しを始めた。シュジェールは「サン・ドニ教会堂献堂に関する覚書」のなかで、この教会堂建設の過程で起きた数々の「奇跡」を語っている。[*3]

豪雨のために石工が一人もいなくなり、「通常は百四十人か、少なくとも百人で辛うじて谷底から引き上げる」ような大きな石柱が放置された。しかし、そこにいた牛飼いや少年、聖職者を含む一七人だけでなんとこれをを引き上げることができたというのである。このときの一七人が「身体の弱いものたちや無力なものたち」であること、彼らが石柱を引き上げる前に聖ドニに祈ったことが強調され、そして次のように続ける。「神は、かかる徴しや類似のものによって、神の名と栄光のために働くものたちに、助力をもたらすことを選び給うたのである」[*4]。

また、この地方では森林不足のために見つからないだろうと木材製造業者が口を揃えて言っていた梁用の材が、強い信仰心をもって探したところ瞬く間に必要な一二本が揃い、「主イエズスの賛美と栄光のうちに」建物の天井に据えられたという。しかしその後必要以上の木材は一切見つからず、そこから「神の恩寵は、このことをめぐって過度にわたらず……重量と寸法とに応じて、すべてに均衡をとり給い、すべてを与えるよう定め給うた」と説かれる。[*5]

さらには工事がかなり進み、アーチを架けている途中、激しい嵐に見舞われ、「これらのアーチは惨めなまでに揺れ動き、あちらこちらに振りまわされるようで、突然致命的に崩落するという危険に脅かされた」。このときにも、司教がサン・ドニ修道院の重要な聖遺物の一つである聖老シメオンの腕で十字を切ったところ、「揺らぐ高みに孤立した新造のアーチ」は「神の力が拒み給うて」崩壊を免れたという。[*6]

いうまでもなく奇跡で教会堂は建設できない。まず、このような言説と近代技術が前提とするものとの違いについて考えておこう。

技術と近代

こんにちに一般的な技術のイメージをもって中世社会をとらえることは、思わぬ誤りにつながる。近代社会において技術は、科学や資本と結びついて、世界史的に見てきわめて特異な状況にある。哲学者ハイデガーの近代技術論を参照しつつたとえば次のようにいうことができるだろう。

本来技術というのは、未知な世界に投げ込まれた人間が、自らもその一部であるところの未知なる世界に働きかけ、自らの世界をつくろうとする性質に根差すもので、その過程で目に見える形となって残された工作物は人間が置かれたそうした状況の現れである。このときキリスト教は、この未知なる世界も、そこに人間がつけ加えたものも、すべて等しく神の被造物ととらえた。地上の悪しきものも善きものもすべて神の救済過程の一部とみなされた。そして中世ヨーロッパの権力は、この考えを取り込み、自らの権力を神の救済過程の一部とみなした。

ところが近代は、自然から技術を引き剥がし、見えない神を後ろ盾にして、世界を客体として支配しようとした。この自然と技術との分離によって、近代科学技術が生み出された。しかしこのように、技術の源泉を世界の他者性に見るならば、世界の他者性を創造神話によって人間に把握できる世界へと加工する宗教もまた、行っていることは同じである。たしかにキリスト教の内側からはキリスト教を技術とはとらえないし、また宗教を技術と呼ぶのは言葉の使い方として一般的ではない。しかし、宗教と技術との両者の根底に世界の他者性が存在することを見ないと、近代技術の特徴もまた見えてこない。

こうした文脈で技術を、肉体や道具を使った物理的な作業だけでなく、言葉や身振りを基礎とした儀礼や物語、法や政治、歴史や文化を生み出す作業も含むものとしてとらえるなら、近代国家や近代科学が、近代技術とともに生まれてきたこともよく見えてくる。

> 計算的思考は、技術の根本動向である。史学は、技術的な考え方の一種であり、それは、技術という、つまり技術に固有な算定化という挟み器具で、歴史を責め立てる。現代の史学は、現代の自然科学と同様に、近代の技術を源として発している。[*7]（ハイデガー）

なお、ハイデガーが技術についてこれらの考察を展開したのは一九三〇年代末以降であり、ハイデガーが近代をこのように語るとき、自らも関わることになったナチズムの台頭や世界大戦とその帰結が背景にあることは心に留めておきたい。[*8]

人間活動の歴史的布置

ハイデガーの議論を踏まえてハンナ・アレントは古代ギリシアから近代に至るまでの「西洋の歴史から知られている活動力のヒエラルキー内部におけるさまざまな布置」を論じた。[*9] アレントによれば、古代ギリシアにおいて生活は公的領域と私的領域とに截然と分けられていた。都市国家を保つための成員同士の相互承認を伴う積極的な言論活動は、家と家族の自然的結合のもとで生命維持を主目的とした生活とはまったく異なるものとされていた。アリストテレスもその『政治学』をまず国（ポリス）と家（オイコス）とを区別することから始めている。アリストテレスは国が「自然（ピュシス）によって自由である者たちの支配」であるのに対して、家はポリスの自由人である家長による、妻、子、奴隷に対する一方向の支配であるという。

アレントは古代ギリシアにおいて上位に位置づけられた「自由」な「ポリスの生活」を、他者性や差異性を言動で表明し、互いに相手を人間として承認し承認される、人間に固有の活動だとする。しかしこのポリスの生活のなかからやがて新たに不活動の活動ともいうべき「観照（テオーリア）」が現れ、それが従来のポリスの生活を相対化し、さらには自らの優位を主張して都市国家共同体のなかに緊張を生み出していった。ソクラテスの裁判はそうした緊張の顕在化だったのではないかというのである。だとすると、ソクラテスを受け継ぐプラトンのイデア論も、この観照の位置づけを明確にしようとする試みだったと解されよう。

やがてキリスト教が成立する過程で、この観照という理想は神あるいは神への信仰のなかに取り込まれる。

そして、ポリスの生活と家の生活とは、「社会」という新たに生まれた概念のなかに再編・併合され、キリスト教徒の生活はこんどは神への観照と神の僕《しもべ》としての生活とに大きく二分されることになる。[*10]だとすると、キリスト教が想定する人間生活の布置は、古代ギリシアで峻別されていた自由なポリスの公的領域と、私人としての家の領域とが、互いに互いを入れ子にして組み合わされたようなものとしてイメージされることになる。すなわち、キリスト教における神への観照が、観照の源に自由なポリスを内包する一方で、神は救世主となって家長のように一方向に世界を支配する。神と人間との関係には、ギリシア的な公と私との関係が交差し、家の構成員としての等質性と、公人と私人との異質性という相容れないものが併存させられることになる（三位一体の神秘がそれを可能にするだろう）。

そして教会や、教会から権威を与えられた世俗的権力は、神の代理人として、より小さな権力を支配し、この支配関係はさらに小さな力へと反復され、個人に至るまで連続した支配関係の位階（ヒエラルキー）をかたちづくる。右にみた神と人との関係が、人と人との関係においても模倣反復される。祈る人・戦う人・働く人の三身分が唱えられ、身分制的国制が形成される。しかしその一方で、この位階の最下層にある個人には、一人ひとりがその信仰を通じて、また死後の救済によって、究極の自由存在としての神と直接つながる可能性も与えられているのである。

神のもとでの労働

このようにすでに中世ヨーロッパにおいて人間活動の布置は、古典古代の文脈における公私の区別をもとに語ろうとするといささか入り組んだものになってしまっていたが、近代になるとそこにさらなる再編が加わる。近代においては必要と欲望に支配された活動が社会の主役となり、信教の自由は私的活動の領域に押し込まれる。私的活動であったものが公共の場に、神への想いは逆に私的時間に追いやられるのである。だがこれは公的なものと私的なものとの位置関係の単なる交換ではない。もともと互いを入れ子状に内包する関係にさらに半回転のひねりが加えられ、古典古代の理念はもはや機能しない。

古代ギリシアは、自然（ピュシス）をおのずから成る世界の根源と考えていた。キリスト教が想定する神の外在的超越性はこれを根底的に否定することになるが、しかしすでに古典古代にも、ピュシスの外部にあってピュシスそのものを生み出す、ピュシスを超える何かを想定する考えはあった。たとえばプラトンの『ティマイオス』は世界の製作者（デミウルゴス）の存在を説いている。[*11] いうまでもなくユダヤ教も世界を創造した神を信奉する。しかしキリスト教はそれらに加えて、新たに可知と不可知との関係についての考え、すなわち世界そのものを創った不可知なるものの存在が、救世主イエスを通じて可知化されるという考えを説く。

このような考えが近代における科学や経済の発展の牽引力になったという見解は近代自身の口が繰り返し語ってきたことである。たとえばヘーゲル（一七七〇～一八三一年）は、古代ローマ帝国からキリスト教を引き継いだ「ゲルマン民族の使命とは、キリスト教の原理の担い手となることにある」と述べている。そして続けて言う。

真の自由の概念を、たんに宗教的共同体のうちに実現するだけでなく、この世界においても主観的自己意識を出発点として自由につくりあげること。[*12]（ヘーゲル）

つまり世界創造神への信仰から、人間自らが世界の創造に参画するという考えへの転換である。

しかしそれは近代の側からの見方であって、中世のキリスト教は、そもそも人間による創造を認めない。世界を創造した神を讃えはしても、それを人間の建設行為に直接結びつけることが許されていたわけではない。神の創造と、人間の工作との間の越えることのできない隔たりが強調されていた。人間が建物を建てるように、神がさまざまな材料や道具を用いて世界を作ったという考えは伝統的なキリスト教では、はっきりと退けられていた。神は無から有を創ったのであり、道具を使い素材を加工するデミウルゴスではないのである。

これに対して、人間が行っているのは、神がすでに創造した事物を関係づけることでしかない。それは必然と欲望に支配された家産的活動である。しかしそれによって、それまでにない新たな何かが生まれたとしたら、それは信仰の助けによって神から与えられた恩寵に違いない。自らの意志で創造し世界を統治する真の自由は神が占有するところのもので、人間の自由意志は原罪と救済に規定された限定的なものにすぎなかった。シュジェールもそういう前提で建設の奇跡を語っていたはずだ。こうして神の恩寵に浴すとき、建設行為は物質の支配を逃れ、古代ギリシアの自由人の観照にもつながる活動となる。

教会堂の建設は、地上の家長としての神との関係においては、地上の必然に支配された私的活動であり、天上の超越者との関係においては神を想う公的活動であった。つまり中世の宗教建築は、物質や神の罰を含む地上の必然に支配された私的活動と、神の国につながる魂の公的活動との、こんにちの公私関係からは逆転してみえる関係を背景にして生み出されている。シュジェールは聖職者として、当然、後者の立場にたった公的見解を述べるだろう。それを個人の迷信と思うのは近代の見解である。

サン・ドニ修道院教会堂の内陣奥周歩廊

シュジェールが記すところの数々の奇跡を得てサン・ドニ教会堂[*13]の内陣は完成し、献堂式がとり行われた。建物の現状を見てみよう。

教会堂の正面には元来二つの塔があったが、一九世紀に損傷により片方は取り壊され、今は向かって右側の塔だけが残る（図1）。シュジェールの時代にこの西側を構成する構造体の建設が開始された。この部分では全体に壁面の平坦さが優勢なロマネスク様式の特徴を示す。堂内に足を踏み入れると、支柱と天井の全体を秩序立ったリブとシャフトが支配し、構造体は主要部を屋外に出すことでその姿を半ば隠し、ぎりぎりまで広げられた開口がステンドグラスで埋め尽くされ、これらの相乗効果によって石材の物質感が希薄になっている。長堂の突き当りの上部に見える内陣のステンドグラスは宝石のような濃い色彩を放ち、堂内に足を踏み入れた人々の意識は奥の方へと引き寄せられる。

実はこの内陣の主要部（図2）は、シュジェールの時代からおよそ一〇〇年後に、工匠ピエール・ド・モントルイユの手によって増改築されている。しかしその奥にある周歩廊と七つの放射状祭室からなる東端部には、シュジェールの時代の状態がほぼそのまま残されている（図3）。周歩廊は二重になっており、七つの祭室に接する部分の天井は祭室の天井と合体して、リブによって五つに分割された五分ヴォールトとなっている（図4）。リブが空間に活気を与えていることに加えて、構造の要となる厚い控え壁がステンドグラスの向こうの屋外に追い出され、室内から見える支柱はリブに連続する軽快なシャフトの束として造形され、ステンドグラスの光と交錯して印象深い一体性を生んでいる。これらの要素の一つひとつは前世紀からさま

図1　サン・ドニ修道院教会堂、西側正面

図2　同、13世紀に改築された内陣

図3　同、周歩廊と放射状祭室

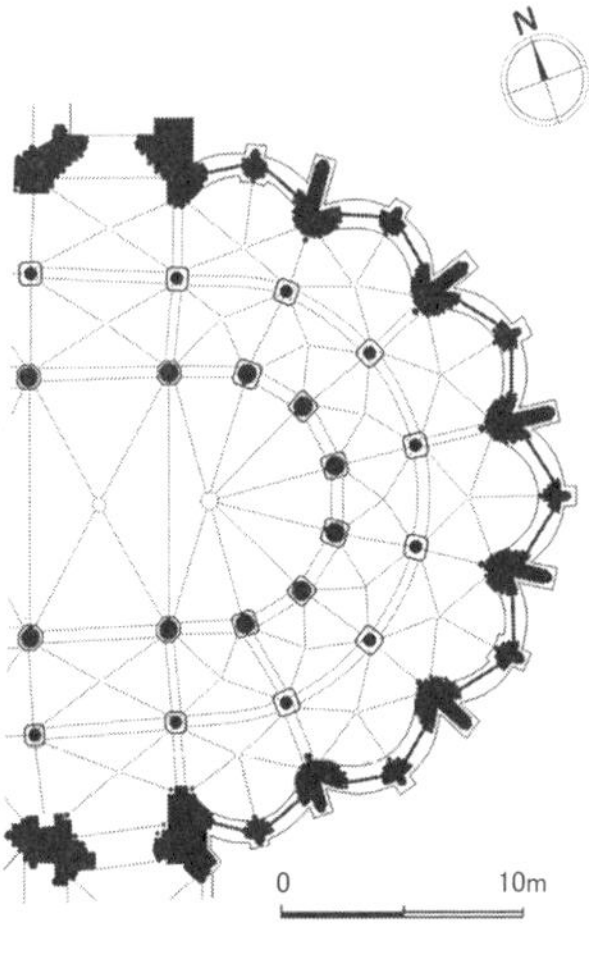

図4　同、内陣平面図

ざまな場所で徐々に形成されてきたものであるが、それらの組み合わせによってそれまでの空間とは異なる印象が生み出されている。一三世紀の改築以前の内陣主要部のステンドグラスについてシュジェールの記すところでは、ステンドグラスの下半分には、粉を引くパウロの図像が、その上部にはモーゼの律法や黙示録からのモチーフが配されていたという。これは、パウロの手によって旧約から新約の福音が精製されていることを表現していたものとみられる。[*14]

シュジェールの約半世紀後に、意匠の一貫した発展を示す教会堂がイル・ド・フランス地方に相次いで建設された。パリのノートル・ダム大聖堂（図5、内陣一一八二年献堂）、ソワッソン大聖堂の南袖廊（一一八〇年頃着工）、ランのノートル・ダム大聖堂（一一六〇年頃建設開始）などである。これらは北フランスを中心に模倣・発展させられ、その影響はヨーロッパ各地の教会堂建築に広がった。徹底した清貧を唱え建物の意匠にも禁欲を貫いたシトー派の修道院でさえその勢いには抗しきれなかった。

図５　ノートル・ダム大聖堂、パリ。東部後陣外観（上）、身廊部天井見上げ（下）

ゴシック様式

序章でも触れたように、これらの教会堂を指していう「ゴシック」という形容は、一五世紀イタリアで古代建築の復興を唱える人々が、排除すべき悪しき伝統として「ゴート風」という言葉を使ったのに始まる。以後ゴシックは否定的な形容として広がるが、近代に積極的な意味へと転換し、その後熱心にゴシック建築の形成過程や特質に関する研究が行われた。

そのゴシック様式の形成過程を見るうえで、サン・ドニ教会堂は、イル・ド・フランスの一連の初期ゴシック教会堂が出現する少し前の時期の建設であり、かつ後のゴシック様式の主要な特徴を先取りする面があるなど、立地、時期その他の条件から見て注目すべきポジションにある。特に美術史家アーウィン・パノフスキーがシュジェールの著作のなかの神学的発言を拾い出し、サン・ドニ教会堂の意匠の特徴とシュジェールの思想との関連に注意を喚起して以来、[*15]サン・ドニ教会堂はゴシック様式の生成の神学的意味を解明する重要な手がかりとして多くの研究者の関心を集めてきた。

しかしシュジェールとゴシック様式との関係は、何重もの意味で不確定である。第一にシュジェールの言説とサン・ドニの建物との関係。シュジェールが書き残した文章の多くは年代記の類であり、その神学を体系的に論じたものではない。建物の方もその後改変を受けており、内陣の主要部は推定復元に頼らねばならない。第二に、当初のサン・ドニ教会堂とゴシック様式とを直接関係づけることにも危うさがある。前後の時期の建築と比べてもゴシック様式の形成をサン・ドニ教会堂だけに帰することはできない。ゴシック様式につながる試行はサン・ドニ教会堂以外のさまざまな建物にも認めることができるからである。そして何より、ゴシック様式の概念それ自体が当時のものではなく、論者の立場によって異なる不確定なものであることを考慮しなければならない。さまざまな研究や議論が重ねられてきたにもかかわらず、歴史の現実においてはきわめて多様な展開を示す建築的要素の何がゴシック様式の本流なのかについて完全な合意があるわけではない。

一二世紀は、都市の拡大および増大の時期でもあった。領主は積極的に都市の形成や発展に働きかけ、他方住民が形成した組織のなかから領主の支配に抵抗し自治を求める動きも現れた。修道院の近くに都市ができ、都市の近くの修道院が都市を併呑したり、逆に都市が修道院を合体させた。また、聖堂参事会がその役割を拡大し、都市参事会をはじめとする世俗組織と関係を深めながら、都市の教会堂建設に必要な政治や財政や技術の組織化に重要な役割を果たすようになっていった。こうして実現した教会堂の多くは、街に不釣り合いなほど大規模かつ高密度だが、それはシュジェールもその一人であるところの施主や、教会組織、聖堂参事会、都市参事会、建設の管理業務を行うその他の人々、そしてもちろん、建設それ自体の技術的諸問題を処理する専門家、石工、彫刻家、木工大工、瓦工、鍛冶屋、ガラス職人などや、その他に労力や時間を提供した一般人もいたかもしれない、こうした多種多様な人々を含んだきわめて複雑な体制のもとで実現されたはずである。一二世紀頃に発生したとみられる自発的な信徒の団体である兄弟会[*16]は特定の守護聖人のもとに集い、宗教的な祝宴や葬儀を行ったが、中世後期には同業者の兄弟会も多数生まれた。この種の職業別の兄弟会と同業者組合との関係については議論があるが、兄弟会は元来宗教的な集まりで、一つの職種にも多数の兄弟会が存在し、また一人が複数の兄弟会に加入することも可能で、全体に流動的であったとされる。同じ石を扱う職人の間にも区別がある。時代は下るが、一六世紀ドイツの石切工兄弟会などの規約には、石切工（シュタインメッツ）と石積工（マウラー）といった職域の区別への関心の高まりが窺える。[*17] 大規模な教会堂の建設に際しては、これら都市の同業者組合や兄弟会に加えて、広域にわたる組織も必要となったであろうから、それらがどう関係し合ったのかなど、いまだ解明が待たされる事柄は多く、ここではキリスト教建築に関わる人間や組織が中世の間にも複雑な変化を辿ったであろうことだけ頭にとどめておきたい。

ゴシック教会堂の設計技術

こうした多様な関係者についてわれわれに詳細な事実を伝える史料は少ない。あってもそれは施主や企画者にあたる有力者や組織に関するものに偏っている。そうしたなかで何よりも建物それ自体が建設という行為に関して圧倒的な情報をわれわれに伝える資料となるかに思われる。ところがそれにも限界がある。建物はまぎれもない現実として目の前にありながら、抽象的な数的比例や幾何学的関係の分析からだけでは、その柱や壁の位置が、どのような計測単位を使い、どのようなやり方で決定されまた施工されたのかを確定することは意外と難しいのだ。同じ一つの結果に至る多くの過程が想定できてしまうからである。そこで、現実の設計プロセスの復元には、数学的システム以外にもその根拠となるものを積極的に探し、考察に組み入れる必要がある。

一例としてケルン大聖堂を見てみよう。この大聖堂の建設は、建て替えの常套として、同じ敷地にある旧聖堂を解体しながら進められた。一二四八年に建設を開始し、一三二二年には内陣を完成させて旧聖堂から祭壇が移された。一三六〇年頃には西正面部にも着工し、南側（正面向かって右）の塔が第二層まで完成した。しかし一六世紀に工事は中断し、以後一九世紀に至るまで、立派な内陣と未完成の西正面部の間を仮の長堂がつなぐというアンバランスな姿を留めていた（図6）。一九世紀に入り、ドイツの民族主義が台頭するなかで工事再開の機運が高まり、一八八〇年にようやく今見る姿となった（図7）。第二次世界大戦後教会堂の修復にあたった大聖堂建築家ヴィリー・ヴァイレスは、最も古い部分である内陣（図8）を調査計測し、その設計方法の復元を試みている。[*18]

ケルン大聖堂の内陣には七つの祭室を伴う周歩廊がある（図9）。東端部には六本の支柱が半円状に並ぶ。これらが正十二角形を半分にした図形から導き出されていることは一見して推測される。この正十二角形は、一見すると袖廊・身廊へとつながっていく支柱のグリッド状の配列にぴったり接合しているように見える。しかし実際には、正十二角形によって定められた中央部の六本の支柱の位置と、グリッド状に配された柱の間隔とはかなりずれている。周歩廊の支柱の位置も同様で、放射線状祭室のうち左右両端の祭室の形状はわずかに歪み、他の五つの祭室のように完全な左右対称形となっていない。柱の並びや多角形の配置はきわめて正確に施工されており、ヴァイレスによれば最大でも数センチの誤差しかない。したがってこのずれは施工誤差ではなく、きわめて正確に施工された結果と考えねばならない。

ヴァイレスが推定した方法は図10のようなものである。ここで注目したいのはヴァイレスの考察が施工手順にまで及んでいることである。現場ではまず測量をし、杭や板、縄を使って配置や高さについてのしっかりとした基準線が確保される（地縄張り）。ケルン大聖堂の現場では、基礎のために一〇mに及ぶ掘削が行われていた。杭はこの巨大な穴をうまく避けて打たねばならない。これについてヴァイレスは正三角形を用いた方法を示した。正三角形は、同じ長さの三本の縄の端部を合わせることで現場でも簡単につくることができるというのである（図11）。実際にこの三角形の拠点となるいくつかの場所では杭打ちの痕跡らしきも

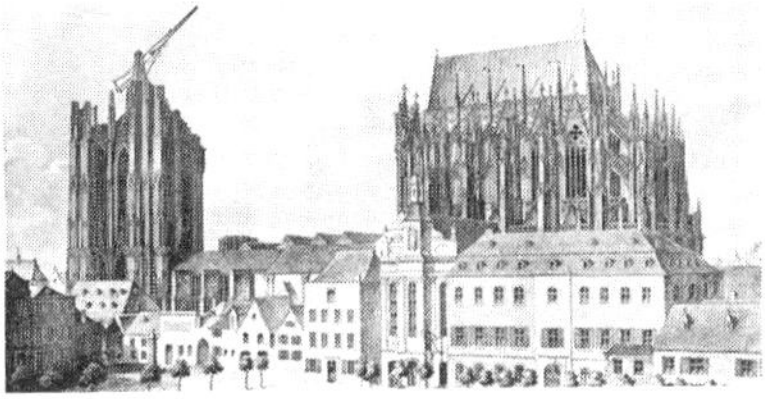

図 6　ケルン大聖堂、1824 年の状態

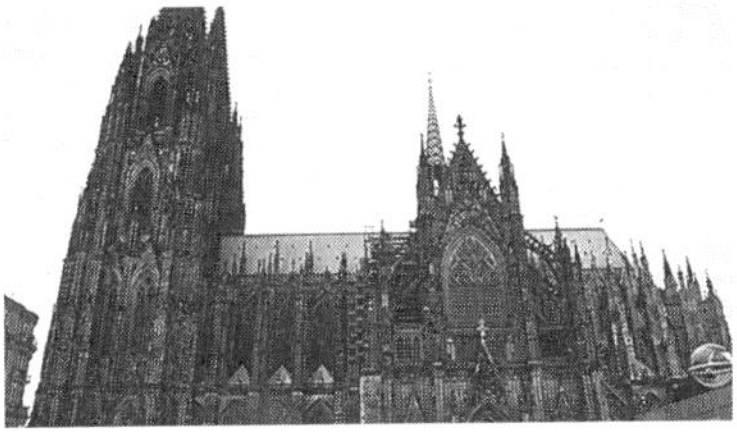

図 8　同、内陣

図 7　同、現状

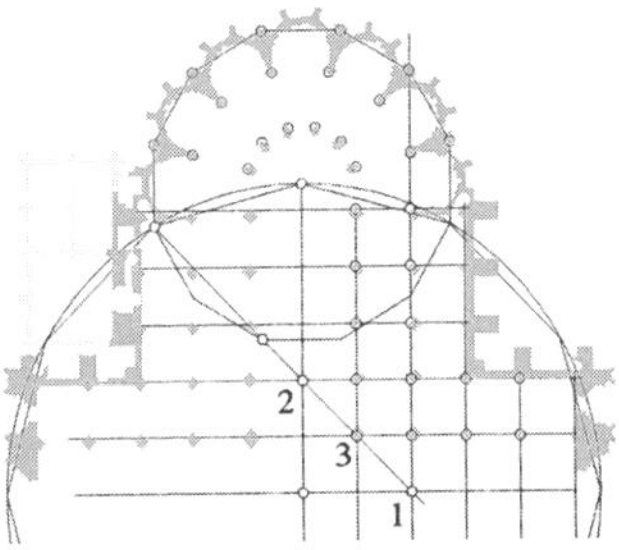

図 10　同、内陣の設計計画（ヴァイレスによる推定）

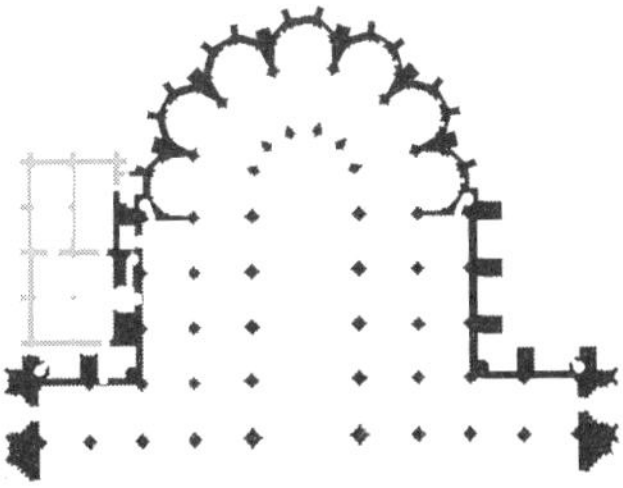

図 9　同、内陣の平面図

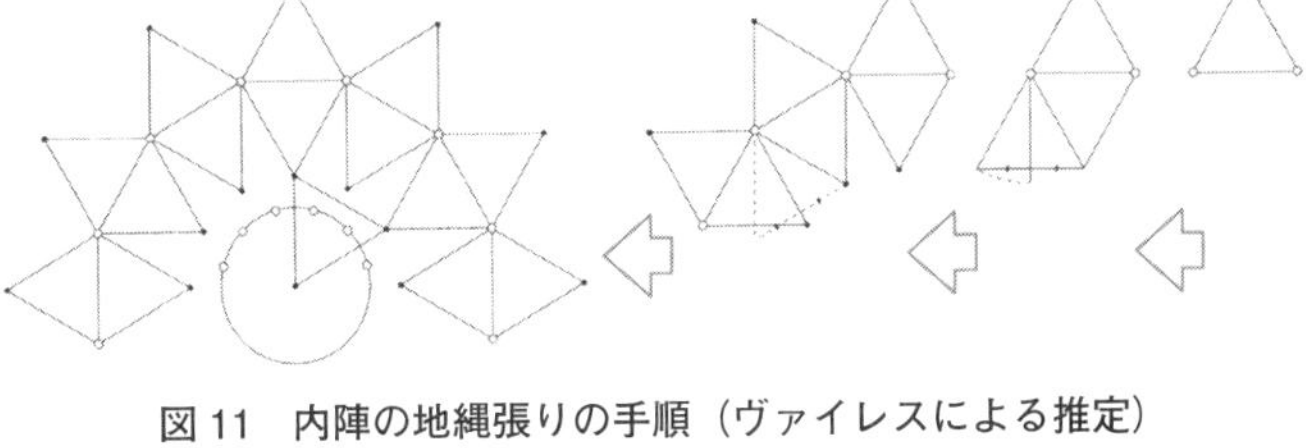

図 11　内陣の地縄張りの手順（ヴァイレスによる推定）

のも発掘調査により発見されたという。ヴァイレスの仮説が必ずしも決定的なものでないとしても、設計方法を復元するには、このように施工やその他建設事業に関わるさまざまな条件と関係づけた考察が必要になってくるのである。むろんこれはほんの一例にすぎず、大規模な宗教建築の実現には、そのほか企画・敷地・資金・設計・施工・管理運営などについて、それぞれさまざまな条件のもとでさまざまな人物の判断が関わっていたはずである。しかし、中世の建築について正確にそれらを把握するのは、残された資料の制約から、非常に難しい。それを考えると、さきほどのようなシュジェールの数少ない著述から当時の神学とサン・ドニ教会堂の意匠とゴシック様式の形成とを直線的に結びつけて理解することには慎重にならざるをえない。

実際、建築に対するシュジェールの具体的な影響に疑問を呈す研究者も少なくない。[*19] たしかに、専門技術をもつ職人の役割との関係のなかでシュジェールの行ったことを考えねばならない。シュジェールは、職工たちがもたらした新しい創意にただ宗教的文飾を施しただけなのかもしれないのだ。

ケルン大聖堂のような宗教建築の設計や施工には相当に合理的な技術的経験と知識が必要である。そのような合理的、経験的な知と、シュジェールの素朴な奇跡譚との間には大きなギャップがあり、現代のわれわれの感覚では、それが矛盾なく両立することは困難であるように感じられる。そこでわれわれは、このギャップがシュジェールからケルン大聖堂までの間に流れた一世紀以上の時間の隔たりによるものと考えたくなる。シュジェールの素朴な宗教的言説は一二世紀の特徴を示し、ケルン大聖堂の合理的な技術力は一三世紀から一四世紀にかけての特徴を示すというわけだ。だがそれで納得したとたん、矛盾する両者を両立可能とする中世社会特有の仕組みがそこにあったことが忘れられてしまう。

本節のはじめにハイデガーやアレントの議論を参照しながら中世の社会の人間活動の布置についてその特徴を述べた。それは古代の文脈からみるなら、家的な支配とポリス的支配という両立しえない支配が組み合わさった、矛盾をはらんだ布置であった。それを可能にしているのは、死後の世界を支配する神の参入によって生じる、キリスト教特有の宇宙の布置である。神の前では、シュジェールの奇跡譚に登場する、豪雨で建設現場から引き上げてしまった石工も、それを信仰心で運んだ少年や牛飼いも、その他木材業者も聖職者もシュジェール自身も、みな等しく自らの生命維持に奔走する罪人《つみびと》であり、神を家長とする自然という家の私人であある。だが他方でかれらは、神の恩寵と信仰によって死後の救済につながる者としてはポリス的な自由人なのである。キリスト教の世界観のなかで両者は厳密に区別されつつ、同時に結びつけられている。それは古代社会の政治と家政の区別を、現世と来世、原罪と恩寵、悪と信仰の絶対的な区別へと変質させつつ、同時にその境界が消滅する死後の奇跡を説くのである。[*20]

したがって、宗教建築の建設活動を行うなかでも、経験を越えた奇跡と、世俗の職人の実用的・経験的な技とは、厳密に区別されると同時に相互に作用しあうべきものと考えられていたであろう。[*21] しかし繰り返しになるが、聖と俗、信仰と生活、超越と経験とは無条件に混交が許されるものではなく、その区別と結びつきとの両面には三位一体の教説にもとづく制約が設けられていた。

神による配置

この構図は中世後期になっても本質的には変わらない。中世の後期には、人々の知識や経験が急速に増加し、聖職者の間でも自然学への関心が高まり、古代ギリシアやそれを継承・発展させたイスラム圏の書物が渉猟され、それが信仰との間に緊張を生んでいく。そして神学はこれらを整合させるという課題を負う。[*22] 神学の、哲学や自然学との融合を目指したいわゆるスコラ学者のなかでも、ドミニコ会修道士トマス・アクィナスは積極派に属したが、それでも、神の創造と人間の工作とははっきりと峻別した。

まずトマスは、古代教父アウグスティヌス同様、神は悪を創造していないと説く。彼は神の創造についてさまざまな角度から論じるなかで、古代の自然学に導かれつつアリストテレス哲学の用語である形相（エイドス）と質料（ヒュレー）、可能態（デュナミス）と現実態（エネルゲイア）のラテン語訳となるフォルマ、マテリア、ポテンツィア、アクトゥスといった言葉を動員しながら、物体的被造物についても詳しく論じていく。[*23] だが、物体は不均質で時とともに崩れ去り、しばしば有害で霊的被造物を神から引き離そうとする。そのようなものもまた神の被造物なのかと問うなかで、トマスは建築を喩えにあげる。すなわち、建築家は「同種類の石を建物の種々異なった部分に置くのであるが、それは決してこれらの石と石との間に何らかの差異性があらかじめ存在しているがためではなく、却って彼が建築物全体の完全性というものを考慮するからにほかならない（中略）ちょうどこれと同じように、神はやはり、最初に、宇宙に完全性の存在するよう、さまざまな不均等な被造物をその智慧に従って設定した……」[*24] ここでの論旨が建築家と神との類似そのものではないとしても、これは地上での工作と神の創造との混同ではないのか。しかし他方で、「創造するということは、ひとり神のみに固有な働きでしかありえない」[*25] と断定もされる。

トマスが背負う課題の困難さが議論を複雑なものにしているが、「道具的因果性」についての説明のなかで「配備的な仕方で dispositive 働く」[*26] という表現が使われていることにジョルジョ・アガンベンは注目し、次のように指摘する。「ディスポシティオー dispositio はギリシア語のオイコノミアのラテン語訳であって、神がみずから三位一体的に分節化することをつうじて人間の救済のために世界を統治する様式をさしている」[*27]。先に述べたように（五四頁）オイコスは「家」、オイコノミアは「家政」を意味する。アガンベンによれば、「オイコノミア神学の歴史は二世紀から五世紀にかけて壮大な発展を遂げたにもかかわらず、その後は表に出ることがなかった」[*28]。しかし救済史の領域でその命脈を保ち、やがて近代において政治的オイコノミア、すなわち政治経済学（ポリティカル・エコノミー）や、動物的オイコノミア、すなわち動物生理学などへと姿を変えて出現することになるだろう。

2　光

聖別

シュジェールは、教会堂の完成した諸祭壇を聖別したときの様子をエゼキエル書（三：一二）の言葉を引きながら次のように記している。

……それらの音の協和自体と、よく合った調音から来る、人のと云うよりはむしろ天使の合唱とも評すべき快いメロディーとによって、すべてのものの心と口から、次の如き叫びが起ったのである。「その御座からの主の栄光は祝されてあれ」。主イエズス・クリストゥスよ、汝の名は讃えらるべく、高きに掲げられて祝せられ、それを父なる神は歓喜の油を塗り給うことによって、汝に従うものたちの前に、至高の司祭をし給う。汝は秘跡の至聖の聖油を塗ることにより、また至聖の御聖体を受けることにより、物質的なるものを非物質的なるものと、肉体的なるものを霊的なるものと、人的なるものを神的なるものと、緊密に一体化したまう。汝は秘跡によって、より純粋なるものたちを、その初源へと改め給う。汝はこれらのこの様な可視的な祝福によって、不可視的に復し給う……。[*29]（シュジェール）

聖餐をはじめとする聖職者の手による秘跡が、物質的なものと非物質的なもの、肉体的なものと霊的なもの、人的なものと神的なもの、可視的なものと不可視的なものとを「一体化」することがここに語られている。そこに物質である建造物も含まれると考えてよいだろう。

パノフスキーがこれらのシュジェールの言葉とサン・ドニ教会堂との関係に注意を喚起して以来、神学とゴシック様式の生成との関係について研究者たちが特に注目したのは「光」であった。建物の光の効果と、神学における光の位置づけとの間に関係があるのではないか、というのである。しかし宗教において光に象徴的意味を見いだすことはキリスト教に限られたことではなく、そこから常にゴシック建築が生まれるわけでもないし、より厳密な条件が示されたとしても、そこから直ちに神学的内容と建築形態とが架橋されるわけでもない。ここでできるのは、キリスト教の特質から引き出される前提条件と、最終的に残された建築とを引き比べたうえで、われわれ自身の在り方をじっくりと振り返りながら、粘り強く考え続けることである。

イエスと光

神と光とを結びつけている箇所は旧約聖書にもすでに散見されるが、新約、とりわけヨハネの福音にはその傾向が強い。

その光は、まことの光で、世に来てすべての人を照らすのである。（ヨハネ一：九）

イエスは再び言われた。「わたしは世の光である。わたしに従う者は暗闇の中を歩かず、命の光を持つ。」（ヨハネ八：十二）

等々。中世を通じてカトリック神学の権威でありつづけたアウグスティヌスも、しばしば神と光とを結びつけている。たとえば『三位一体論』のなかでヨハネ福音書や使徒行伝を引きながら次のように述べている。

これは理性の光であり、人間は精神によって動物と異なる。……それゆえ、この光は空に輝く光や、地上の火で点じられて目に見える光、物体的な光ではない。……しかし、その生命は「人間の光であった」。それは私たち各人から遠いところにあるのではない。「私たちはその中に生き、動き、在るのである」。[*30]（アウグスティヌス）

ここで「精神」の光が「物体的」な光とはっきり区別されていることが重要である。ところが同時に、地上の光を喩えとして用いることにも躊躇《ためら》いはなかったようだ。たとえば、『自由意志論』では次のように言う。

人々は進んで見、見て喜ぼうとするものを太陽の光の中で選ぶ。彼らの中には、太陽ほど見て喜ばしいものはないというほど頑強な目をそなえた人もいるだろうが、しかし太陽は、もっと弱い目の喜ぶほかのものをも照らすのである。これと同じく、精神のつよい鋭いまなざしは、確実な理性をもって多くの真なる不変の真理を見るとき、すべてのものを照らす真理そのものへ自らを向けるのである。[*31]（アウグスティヌス）

一三世紀のスコラ学では、霊的な光を理解するのに物質的な光を手掛かりとする傾向はますます強くなる。たとえば、一三世紀のオックスフォード大学総長、リンカン司教のグロステスト（一一七五頃～一二五三年）は、次のように論じている。

したがってアウグスティヌスが明らかにしているように、いかなる真理も至上の真理の光の中でしか見られることはないというのは真実である。しかし虚弱な肉眼は、太陽の光が注がれない限り色のついた物体を見ることがないにもかかわらず、太陽の光をそれ自体としてはみることはできず、色のついた物体に注がれた光を見ることができるにすぎない。[*32]（グロステスト）

一三世紀の神学者ボナヴェントゥーラ（一二二一頃～一二七四年）も右の言説に似た語り口で、次のように言う。

弱い目にとっては、空を覆っている雲や明るい光を受けている大地が太陽を見るときの媒介だからである。

われわれの知性も同様であって、知性はまさに梟の目が自然の最も明るいものに対するような関係にあるのである。[*33]（ボナヴェントゥーラ）

ゴシック様式の最盛期のころの著述に、この種の、物理的な光を手掛かりに不可視なる神へと思いをめぐらす言説があふれていたことは事実だ。

三人のディオニュシウス

そこでゴシック様式の創成期に建設されたサン・ドニ修道院教会堂と修道院長シュジェールと、この光の神学との関係に関心が集まることになる。このとき研究者に注目されたのが、サン・ドニ修道院と「偽ディオニュシウス文書」（本書二七頁）との関わりである。

「偽ディオニュシウス文書」はギリシア語のテキストで、九世紀に東ローマ皇帝からフランク王に贈られ、直ちにラテン語に訳された。その後幾多の翻訳や解説書が著された。偽ディオニュシウス文書の一つ「天上位階論」の冒頭には、パウロの言葉「すべてのものは、神から出て、神に向かっている」（ローマ書一一：三六）が引かれ、続いて光という言葉を印象的に用いて、次のように記されている。

われわれは、父の光であり、実在する光であり、「世に来るすべての人を照らすまことの光」であるイエスの加護を祈って、「この方によって」光の源である父に近づいたのである……父からの根源的な、しかもあらゆる根源を越えた光の贈り物を、知性の非物質的な揺るぎないまなざしをもってわれわれは受け

入れて、それによって逆にその光の贈り物からその純一なる輝きへ向かって上昇しよう。*[34]（偽ディオニュシウス）

当時、「偽ディオニュシウス文書」の著者は、新約使徒行伝に登場する、パウロのアテネ伝道によってキリスト教に従ったとされる「アレオパゴスの議員ディオニシオ」（使徒行伝十七：三四）だと理解されていた。だがこれらが五〇〇年頃に書かれたもので、使徒行伝のなかのディオニシオではありえないことが後に実証され、以後「偽」をつけて「偽ディオニュシウス文書」、その作者も偽ディオニュシウス・アレオパギタと呼ぶようになるが、シュジェールの時代はまだ著者は新約のなかの人物だと信じられていた。他方、フランスの守護聖人聖ドニはラテン語では聖ディオニュシウスとなる。このパリのディオニュシウスと、文書の真の著者と、使徒行伝に登場する「アレオパゴスの議員ディオニシオ」の三者は、フランク王国では早くから同一視されていた。シュジェールは三者が同一人物だという前提で「偽ディオニュシウス文書」に記された思想を自らの教会堂建設に反映させようとした、つまり、サン・ドニ教会堂にみられる特徴は、神の恩寵としての光の表現だというのである。*[35]

天上の位階

すでに見たように、キリスト教において光は、一方で神の存在を暗示し、他方で地上に降り注ぎ、そこに存在するすべての物質をわれわれの目に見えるように照らし出す恩寵を示すものと解されていた。その源流には、プラトンのイデア論を基礎に、世界を一なるものからの流出としてとらえたネオ・プラトニズムの影響があり、偽ディオニュシウスの著述においてそうした一なるものからの流出の一つとして、光が特別に論じられたのである。

キリスト教には、ヨハネ福音書が示すように、早い段階からネオ・プラトニズムの影響があった。特に古代ラテン教父アウグスティヌスは、ネオ・プラトニズムの一なるものとキリスト教の神とを結びつけ、一なるものからの流出を神の無限の愛に重ねた。そのなかにも光が現れる。たとえば、ネオ・プラトニズムの創始者プロティノスの、宇宙の源泉は宇宙の「創始者である光」であり、「宇宙の魂は、その光に知性的に照らされることにより、知性的な光芒を放っている」という主張を紹介しながら、それがヨハネ福音書の「教説と軌を一にする」と述べる。[*36]

このネオ・プラトニズム的な流出の過程に、偽ディオニュシウスはより具体的なイメージを与えた。偽ディオニュシウスは、イエスと聖書とを、光の源である神から贈られた光としつつ、「その照明の下で象徴的かつ神秘的にわれわれに開示される天上の知性の位階を、できる限り観想しよう」と述べる。[*37] 位階とは、「できるだけ神に似たものになるところ、また神から自分に与えられた照明に応じ自分の能力に従って神を模倣すべく上昇するところの聖なる秩序であり、知識であり、活動である」。[*38] 著者はこの位階を各三隊から成る三つの階級の、計九つに分けて記述していく。すなわち、座天使、智天使（ケルビム）、熾天使（セラフィム）からなる第一の隊、主権、力、能力からなる第二の隊、権勢、大天使、天使からなる第三の隊である。これらはすべて、自らの上位のものの「使い」として、上位の発出するものを下位のものに分与していく。そこでも光が登場する。

……彼らは自分たちより下の諸存在を自分と同等なものになるように善に似た仕方でできる限り引き上げ、自分たちに訪れた光を下位の諸存在に惜しみなく分与する。そして次には、下位の諸存在が下位のものに分与し、それぞれ順に先のものが与えられた光を後のものに分与し、かくて神の光はそれぞれのものに応じた摂理に従って諸存在全体に広がっていくのである。[*39]（偽ディオニュシウス）

これらはあくまで天上の秩序であり、地上のそれではないが、神から注がれる光に照らされて神へと近づくことを強調するネオ・プラトニズム的観点は、この秩序が地上にも届くことを暗示する。一なる輝きは、「自分に向かって力の限り昇ってくる者たちをそれらの本性に応じて自分のところに引き寄せ、自分自身の純一化する一性によって一つにまとめるのである[*40]」。

宝石の輝き

サン・ドニ修道院長シュジェールが蓄財のそしりを恐れる風もなく自らの教会堂に蓄えられた宝石を公然と讃えることができたのも、こうした教えが後ろ盾となっていたからであろう。シュジェールは、サン・ドニ教会堂の主祭壇や聖器類の装飾を見て旧約エゼキエル書（二八：一三）の一節を唱える。

そして私は云った。「すべての宝石は汝の覆いである。紅玉髄、トパーズ、碧玉、橄欖石、縞瑪瑙、そして緑柱石、サファイア、紅玉及びエメラルド」。[*41]（シュジェール）

シュジェールは続けて言う。

こうして私は、神の家の飾りへの愛から、時として多彩な宝石の美が、私を外界への配慮から引離し、さらに真摯な観想が、物質的なものから非物質的なものに移行させせつつ、多様な聖なる諸徳を追究するように説得した時に、私は私があたかも何処かこの地の外の他の空間にいる思いがした。この空間は、ことごとく地の汚泥の中にあるでもなく、ことごとく天の清浄の中に存在するでもなく、この下の世からかの上の世へと、神が与え給うて、上昇の方法によって移行させられ得るのである。[*42]（シュジェール）

金の杯で、雄山羊や子牛の血を受けるのなら、イエス・キリストの血を受けるには「全被造物のうちで最も高価なもの」が使用されねばならないというのである。

光と数

だが、光への注目の背景にこのような肉体の眼と精神の眼との三位一体的関係があるなら、肉体の眼を魂の眼へと向けさせるものはなにも光に限らない。実際、数もまたしばしば象徴的に扱われる。そしてその建築との関係も注目されてきた。アウグスティヌスに次のような議論が見られる。

七プラス三は一〇で、現在だけでなく常にそうであり、かつて一〇でなかったことや今後一〇でなくなることは決してありません。それゆえ、この数の不滅の真理は、私にたいしても、思惟するすべての人にた

図12　ル・トロネ修道院、回廊

いしても共通であると、私は先に述べたのです。[*43]（アウグスティヌス）

また偽ディオニュシウスの「天上位階論」も、天使の持つ道具の一つに「基礎を作り、建て、完成させる」「幾何学と建築の道具」を認めている。[*44]

クレルヴォーのベルナールもピュタゴラス的な音響理論に基づく数の調和に強い関心をもっていたはずだとジムソンは主張する。[*45] シトー会修道院の禁欲に厳格さを取り戻し尊敬を集めたベルナールは当時の華美を批判して、「今日、いかに多くの祭壇が宝石や黄金で輝いていることだろう……天使たちが粗布をまとった人たちには目もくれず、そちらに向きを変えるとあなたは思うのか」と述べている。サン・ドニの宝石を賞賛していたシュジェールは、これに対して、次のように言う。

しかして誹謗するものたちは、この務めには聖なる心と、清い魂と、忠誠な志があれば充分である筈だと反論する。そして我々は特に、このことが不可欠にして適切な条件であることを承認する。[*46]（シュジェール）

シュジェールもまたベルナールの清貧を否定することができない。だが、サン・ドニの宝石が天使に見せるためのものではなく、自らの魂を正しく神の方へと差し向けるための導きの光なのだとしたらどうか。たしかにベルナールは、それを宝石の半透明のあやしげな輝きではなく、愛や理性の透明な感覚に求めた。その点でシュジェールとベルナールは対照的に見える。しかしある種の感覚を通じて自らの魂を上昇させたいという願いにおいては、両者は共通している。

　このようにキリスト教のなかに息づくネオ・プラトニズム的な光や数への愛は、シトー会修道院の建物にも、またその後のゴシック建築にも共通して一定の影響を与えたと考えられてきた[*47]（図12）。ただし、それが建築技術的な決定に直結したことを直ちに証拠立てるものでないということには留意しておきたい。さしあたりここで確認しておきたいのは、数的調和と建築とのつながりが、不可視なる天上の世界から数々の位階を伝わって地上にやってくる形而上学的な光の一つであるというような、まずは弱いつながりだということである。それは寸法その他の具体的な数として建築に現れるより前に、まずは、それぞれの位階に可能な範囲で分有される神の恩寵とみなされていたのである。

3　宗教建築の「意味」

図像と建築

サン・ドニ教会堂に正面から近づいていくと、入口の周囲に彫られた図像が目に入る。シュジェールの記すところでは、扉も当初は金に塗られ、次のような文言を含む銘が刻まれていたという。「クリストゥスこそその真の扉たる真の光に到らんがため」「その中が如何なるものたるかを、黄金の門は明らかにする[*48]」。扉

図13　サン・ドニ修道院教会堂、東正面中央入口上部ティンパヌム

上部のティンパヌム（図13）には、中央のキリストの周囲に、受難の道具を手にした四人の天使、聖母マリア、十二使徒の浮彫が彫られ、その上部アーチの四重の弧帯のうち、一番内側の弧の左側に天国へ導かれる者たち、右側には地獄へ堕ちる者たちが示され、その外の弧には、白い衣と金の冠をつけて神の御座の周りに座すと黙示録に記された二四人の長老たちが彫られている（ヨハネ黙示録四：四他）。この教会を訪れる者は、最後の審判の中心に座すキリストの図像にまず対峙することになるわけである。こうした図像は、生と死の聖なる儀礼を人々の心に呼び起こし、黙示録に記された事柄と教会堂とを結びつけて、建物全体に宗教的な意味を付与するような作用をもたらしたかもしれない。

たとえば黙示録は、終末のとき、キリストの千年の支配と最後の裁きの後に、天から聖都エルサレムが降《くだ》ってくると語る。その様を黙示録記者は次のように描写している。

> 都の城壁は碧玉で築かれ、都は透き通ったガラスのような純金であった。都の城壁の土台石は、あらゆる宝石で飾られていた。第一の土台は碧玉、第二はサファイア、第三はめのう、第四はエメラルド、第五は赤縞めのう、第六は赤めのう、第七はかんらん石、第八は緑柱石、第九は黄玉、第十はひすい、第十一は

青玉、第十二は紫水晶であった。また、十二の門は十二の真珠であって、どの門もそれぞれ一個の真珠でできていた。都の大通りは、透き通ったガラスのような純金であった[*49]（ヨハネ黙示録二一：十八〜二一）。

建築空間に配された彫刻やステンドグラスに、このような言葉を通じて宗教上の教えを読み取ることができると、これを手掛かりにしてその建物全体の意味を推定し、さらには神学的な解釈にまで発展させてみたいという誘惑にかられる。しかしそれがどこまで許されるのか、その範囲を確定するのは難しい。というのは、その不確実さもまた、謎や秘跡として、宗教を根底で支える力になっていると考えられるからだ。とりわけキリスト教は、ユダヤ教の厳格な律法に「愛」を対置し、「オイコノミアの神秘」としてキリストの出現を位置づけている。三位一体の教説のなかには、律法主義へのアンチテーゼとなるある種の不確実さがいわばプログラムとしてあらかじめ組み込まれているとも考えられる。だとすると、われわれはこれらの図像からどのように宗教建築にアプローチすべきか。

類比（アナロジア）

天上のエルサレムといった特定の対象に、あまりにも直に建築を結びつけた解釈にはジムソンも反対している[*50]。ジムソンは、聖書や神学でいわれる光が「物理的な光であるのか、それとも物理的な光の諸特性を象徴的にのみ授けられた超越的な光であるのか」という問いに対して、「中世の心を理解しようとする時に無視しなければならないのは、まさしくこの区別なのである」という。だが経験と超越の区別が存在しないわけではない。それどころか、この区別なしにキリスト教の神は成り立たない。しかし同時に、両者を架橋するのも神なのである。この関係のもとに体系づけられた可知の類似がアナロジアである。「このアナロジーの観念はシンボルを扱う詩的な遊びでは決してなく、逆に正当であるとみなされる唯一の認識論的方法なのである。一片の木や一つの石のなかに〈神〉を知覚するときにのみわれわれはその木や石を理解する、と中世のある著述家が述べている。[*51]」たしかに、不可視なる神が肉として地に降ったのがイエスだと信じることがキリスト教の根幹ならば、不可視なるものと可視なるものとの間に通路は開かれてはいる。しかしそれは建築から物質的な表現を除去することで簡単に開かれるような通路なのだろうか。それを開くことができるのはあくまで神の恩寵だけなのではないのか。シュジェールはサン・ドニ教会堂の聖別の言葉を記している。

汝は現存する教会を、驚異的に天上の王国に改造し給うが、これ即ち汝がこの王国を父なる神に引き渡し給う際に、我々を天使的な被造物となして、天と地とを、力強く御慈悲をもって、一つの国家となし給わんがためである。神たる汝が、すべての世々にわたって生き且治めたまわんことを、アーメン。[*52]（シュジェール）

建築の「自然な」意味

パノフスキーはその有名な著作『イコノロジー研究』で、美術作品の意味について、特別な知識なしに理解できる「自然な意味」と、文化習慣の知識を必要とする「狭義のイコノグラフィー」に加え、さらにその先の「内的意味・内容」の理解を「最終目的」に定め、一九五五年の序文の改訂に際してその最終目的に「イコノロジー」という呼称を与えた。[*53]

だが、建築の場合、この最終目的イコノロジーに至るはるか手前、慣習的意味はもちろん、「自然な意味」の段階で早くもつまづきを覚える。われわれは先にサン・ドニ教会堂に足を踏み入れる際、入口周辺の彫刻類に、聖書の「知識」を頼りに理解することのできる最後の審判や天上のエルサレムといった「意味」を確認した。しかしその内部に足を踏み入れ、その光に満ちた非物質的な空間に強く印象づけられたとき、それが果たしてシュジェールやこれを実現した技術者、あるいはこの聖堂の建設を支えたその他の人々がかつて抱いたのと同じ印象なのかという疑問に突き当たる。人々はゴシック様式の教会堂に、天から降りてきた神の国を見ていたのだろうか。それとも、冷たい石の塊やそれを組み上げた人たちの労苦や技術を見ていたのだろうか。あるいはそれ以前に、二〇世紀の美術愛好家のように、光と色彩とフォルムが喚起する純粋な印象を見たのだろうか。それらのどれが「自然」な理解だったのだろうか。もちろん絵画においても「自然な意味」には慎重な検討が必要だと釘を刺すことをパノフスキーは忘れていない。だが建築の場合には、その検討のために有効な、慣習的意味についても確かな手掛かりが少ない。

そもそも、黙示録は、天上のエルサレムに神殿を見なかったと告げている。

わたしは、都の中に神殿を見なかった。全能者である神、主と小羊とが都の神殿だからである。（ヨハネ黙示録二一：二二）

後にプロテスタントがカトリックの視覚的演出を批判するときに用いることになる一節である。たしかに、キリスト教神学は神の不可視を強調する。黙示録の天上世界の記述もまた写実的な描写ではなく、あくまで可視なるものを介した不可視なるものの暗示にすぎないとされてきた。それにしては黙示録が喚起するイメージにはあまりに迫真力があり、その扱いには教会も慎重にならざるを得なかったとみられる。だが一つ確かなのは、キリスト教の前提では、何が「自然」であるかは神が世界に与えた布置によって決まることであって、われわれが自らの感覚で決めることではない、とされていたということである。

ロゴスと魔術

イコノロジーはパノフスキーが初めて使った新しい言葉ではない。こんにち図像学研究の基礎的史料として重用されるチェーザレ・リーパの一六世紀末の著作の題も『イコノロジーア』であった。[*54] しかしパノフスキーはこの言葉に、現代の状況に応じた新しい意味を与えようとした。パノフスキーによれば、イコノロジーは「経験を積んだ観察者」だけが理解できる意味であり、しかも、それを理解するには多数の関係する作品を観察し、それを統合し、「時代・国民性・階級・知的伝統などについての全般的な知識と関連させて解釈」することが必要である、この第三の段階は、「統合的」で「本質的」である点で、はじめの二つの段階と異なるという。[*55]

しかしパノフスキーは「イコノロジー」という言葉の導入について、「『思考』あるいは『理性』を意味するlogosに由来する」接尾辞を与えられたこの語が「ある危険性を引き起こす可能性をもっていることは否めない」とつけ加えてもいる。[*56] このパノフスキーの危惧について、ディディ＝ユベルマンは次のように述べる。

イコノロジーが占星術〔astrology〕のようなものになる危険に曝されるのは、その非常に高尚な要請――カント的理性の姿をしたロゴス――が、その究極の操作性を、多面性を、あらゆる謎に別の謎によって、つまり言説的な謎によって答える能力を、魔術から借りているからではないだろうか。おそらくこれがパノフスキーの危惧であった。（中略）つまり彼は、芸術的イメージに特権的対象を、思考の「理想的《イデアル》」対象を見出したと考えた後で、さらに先へと進みながらそこで身動きが取れなくなり、埋没し、踏み迷うことしかできなかったのである。[*57]（ディディ＝ユベルマン）

イコノロジーという語に含まれるロゴスの魔術に惑わされることなく建築とキリスト教との関係を問うていくには、その関係そのものがはらむ魔術性から目を離すことなく、それがいかなる曲折を経て近代につながっているのか、あるいはつながっていないのかを考える必要がある。

建築の意味作用

建物の一部に、キリスト教の聖典・教義学・神学などの言葉と結びつく図像や細部を発見したとき、われわれは一瞬、建築の宗教的な意味を理解したかのように思う。しかし図像と建築との関係を考えると、そもそも記号のようなものとして何らかの対象を指示することが建築の意味作用なのだろうか、という疑問がわいてくる。だが記号ではないとすると、宗教建築の「意味」とは何か。

建築に限らず、絵画や言語においても意味とは必ずしも記号が指示する対象のことだけではない。[*58]指示行為にせよ、それ以外の行為、たとえば暴力のような行為でも、それは人と人との相互作用であり、相互に予想と行動と結果とが絡み合いながら連鎖していく過程でさまざまに変化するものである。その変化は期待通りのときもあれば期待はずれのときもあり、歓迎されるときもされないときもあるが、そこに生じるそれらの心的・物的偏差のすべてを広義に意味だととらえることもできる。そこからみれば、指示行為によって生じる意味は意味の一様態にすぎないことになろう。[*59] 意味の論理を展開すること自体はここでの目的ではないが、少なくとも確かなのは、キリスト教自体が意味の解釈と深く関わっているので、単なる指示行為に限定してはキリスト教の特質は掴めないし、キリスト教建築をめぐる本格的な議論に辿り着くこともできないということだ。ヨハネ福音書はイエスをロゴスとしているし、アウグスティヌスも神の啓示を考察するにあたって、知らない言葉を初めて理解する瞬間との類似を手掛かりにするなど、言語に関わる考察を随所に展開している。[*60] 偶像崇拝の禁止や聖画像をめぐる議論など、表象をめぐる事件にキリスト教が事欠かないのは、それが神と世界の関係に直結するからである。

見ること

中世キリスト教における可視と不可視の関係のなかで、あくまで見て触ることのできる物質である建築はどのような位置を占めることができたのか。これを問うとき、われわれは、光にせよ、比例にせよ、そもそも「見る」ということを、われわれがこんにちするように、光学、生理学、心理学の知識を前提に理解してしまわないよう、慎重に考える必要がある。アガンベンも言う通り、「近代人には、おそらく認識過程の理性的で抽象的な側面を強調する習慣が身についているため、かなり前から、内的イメージのもつ神秘的な力に驚くことができなくなっている」[*61]。光学、生理学は一七世紀以降、心理学は一八世紀後半に現れる知の様式である。したがって、それ以前の時代の作品については、それ以前の見方を前提に論じなければならない。

アリストテレスは眼から得られる感覚と、その刺激を受けて生じる「表象」とを明確に区別しており、[*62]ほとんどアリストテレスに支配されていた中世の自然学において「表象」は、霊魂論の文脈のなかに位置づけられ、さらにネオ・プラトニズムの真理論に彩られて「中世精神の天蓋の中心を占める星座」となっていた。[*63]たとえば一一世紀のイスラム圏で活躍し、中世ヨーロッパのスコラ学にも多大な影響を与えた大学者アヴィケンナは、アリストテレスの霊魂論を基本的な枠組みとし、さらに人間の内的感覚を共通感覚、想像力、思考力、判断力、記憶と想起などの五つに分けた。アガンベンはこの内的感覚の五つの段階が、知覚したものから質料を順次「剥ぎ取って」いく過程として描かれていることを指摘している。[*64]こうして物質的感覚から物質的なものが除去され、われわれの魂のなかに非物質的なものとして取り込まれる。こうした過程が、ネオ・プラトニズムの位階論と結びつくと、表象は地上の物質を照らす光と、魂を照らす知の光とを結びつける紐帯として、大きな役割を与えられることとなる。そこでは幻想であるか現実であるかに関わらず、心の中に像が浮かぶということそれ自体が神の恩寵であった（超越性）。それに比べれば、個々の表象と物事との結合（世界）は不確かなものだと思われた。だからこそ神の配慮（オイコノミア）が必要であり、それは御言葉《ロゴス》＝キリストとして降臨し、教会はそれを受け継ぎ、保守管理する存在だとされたのである。

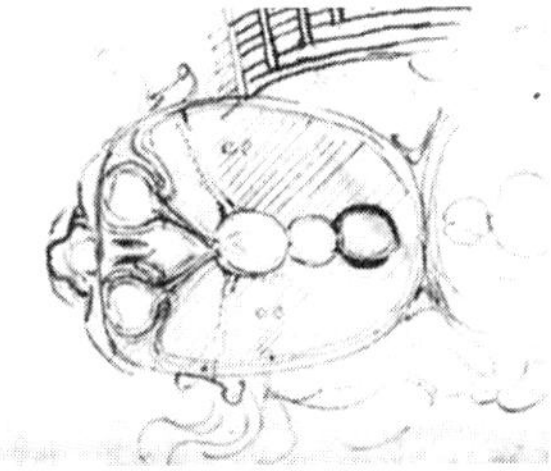

図 14　レオナルド・ダ・ヴィンチ、頭部断面の素描（部分）

レオナルド・ダ・ヴィンチによる一四八九年頃の、頭部断面の素描（図14）は、想像で描かれたものとみられるが、そこには眼から脳にかけて存在する三つの房が示されている。アガンベンによれば、先の五つの内的感覚は中世の多くの著作で三つに単純化されており、レオナルド・ダ・ヴィンチもこの慣習的な見方の圏内にいたことをこの素描は示しているという。[*65] 第四章で述べるように、このような視覚のとらえ方が近代のそれへと転換するにはなお一七世紀まで待たねばならない。

4　キリスト教の改革と危機

托鉢修道会と修道院改革

一三世紀に入ると新しい修道会運動が起きる。ドミニコ会、フランシスコ会をはじめとする托鉢修道会である。[*66] 教会は元来托鉢を禁じていた。それにもかかわらず、所有を悪とみなす過激な禁欲思想のもと、托鉢によって生きる修道運動が広がる。ローマ教会ははじめこれを認めなかったが、一二一六年にドミニコ会が、そして一二二三年にフランシスコ会が正式に認可された。

彼らは使徒の模倣を理想とし、修道院にこもることなく各地をめぐり歩いて宣教にいそしんだ。だがフランシスコ会では早くから厳格派と穏健派との乖離が生じ、聖霊派と呼ばれる厳格派の修道士はラディカルな所有の否定を唱えた。所有の放棄と貧しき使用との関係が、可能態（デュナミス）と現実態（エネルゲイア）、質料と形相といったアリストテレスの概念で論じられた。あるギリシア教父の「デュナミスに即して見る限り、神は唯一である。オイコノミアに即して見る限り、……三様の現出がある」といった言葉[*67]を想起するなら、このような所有と使用をめぐる議論が超越と内在との三位一体的関係に深く切り込むものであったことが予想されよう。対立は壮麗なアッシジのサン・フランチェスコ教会堂建設の是非や、異端とも取られかねない言動を含むフランチェスコの伝記の内容をめぐって拡大し一四世紀まで続くが、最終的に聖霊派は弾圧され、最期まで妥協を拒んだ信徒たちも一三一八年までに異端宣告を受けて処刑された。[*68]

こうした対立のなかで一二二八年に建設を開始し、一二五三年にイノケンティウス四世によって聖別されたアッシジのサン・フランチェスコ教会堂（図15）は、上院・下院の二層をなす単廊式バシリカで、所有を

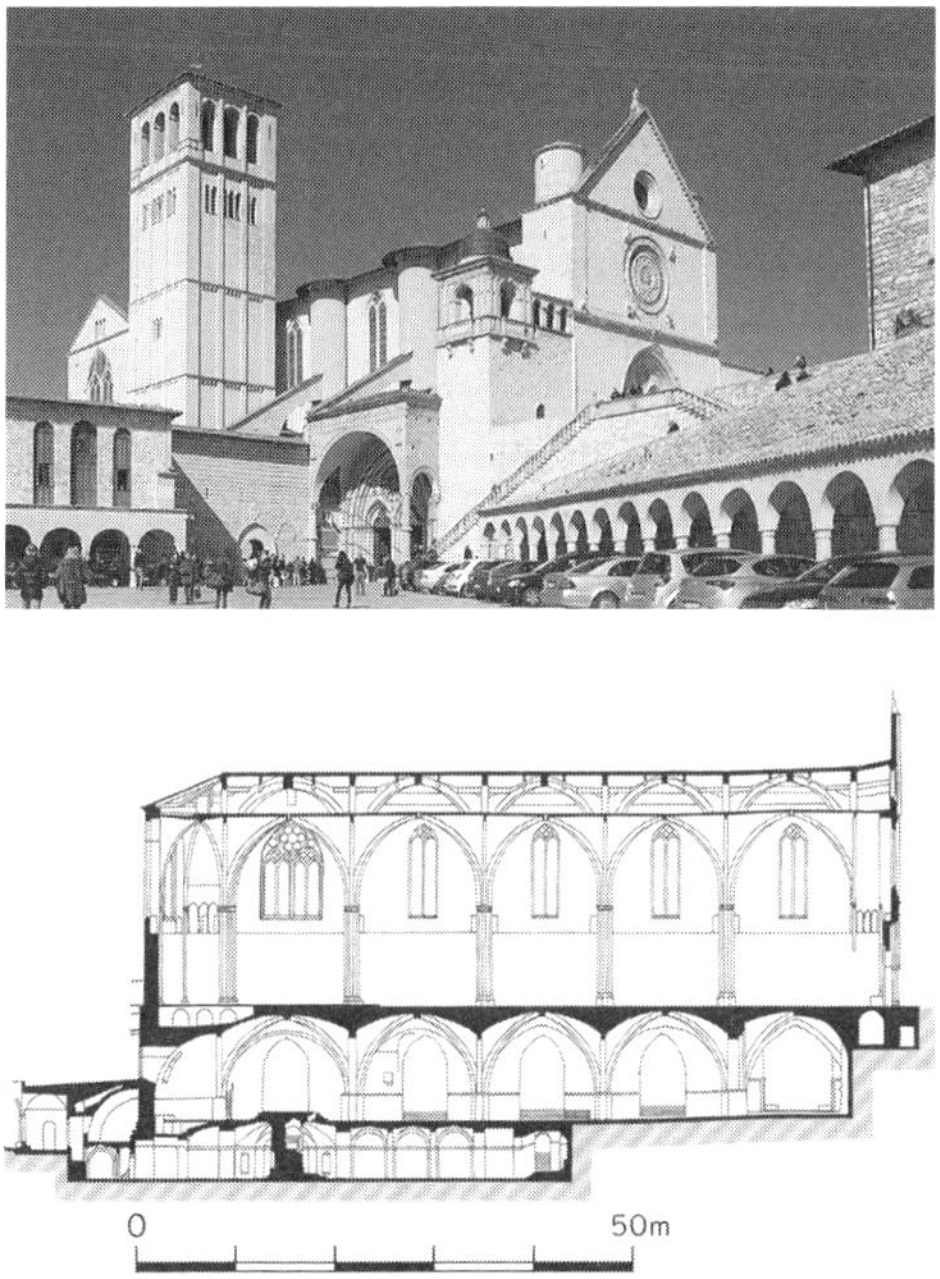

図 15　サン・フランチェスコ教会堂、アッシジ。外観（上）、断面図（下）

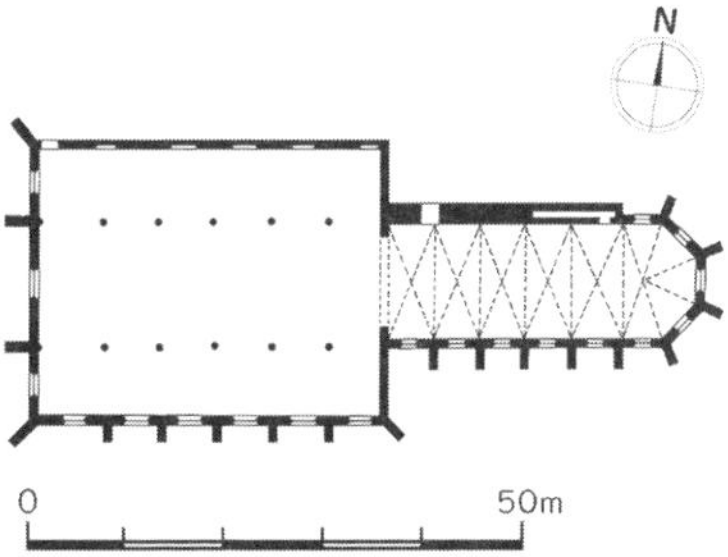

図 16　ドミニコ会教会堂、コルマール、1283 ～ 1291 年建設。平面図

拒否する聖霊派の意に染まない大規模・壮麗なものとなった。リブの意匠や尖頭アーチにイル・ド・フランスから始まったゴシック様式の影響がここにも及んでいることを見て取れるが、構造的アクロバットは避けて壁面が十分とられ、高さの極端な強調もない。アルプス以北とは違い地震の多い地域のため経験的に選ばれた形式だったかもしれないが、それでも一九九七年の地震で天井が崩落し大きな被害を受けた。完成後一三世紀から一五世紀にかけてフレスコ画が描かれ、堂内は聖フランチェスコをテーマとした説話をわかりやすく表現したフレスコ画で埋め尽くされた。偶像崇拝を禁じ、聖像についても節度を求めてきたキリスト教の伝統から逸脱していこうとしているかのようにもみえ、世界そのものを我が家とし、自らの居所さえもとうとしなかった聖フランチェスコの生を追いかけようとする改革の意志が、かえってある面では禁欲からの解放をもたらすという逆説的な展開がここに見られる。

同じ頃誕生したドミニコ会は、宣教と同時に学問に力を入れ、修道院よりも都市の教会堂を活動の拠点とし、大学の発展などに貢献した。神学と哲学との統合に腐心し、神学から自然学に向けて扉を開くことに貢献したトマス・アクィナスも、周囲の強い反対を押し切ってドミニコ会士になったのであった。托鉢修道士の活動は社会と経済の発展していった時代によく適合する側面があり、教皇も彼らを宣教、異端審問、教区の管理等に重用した。コルマールに残るドミニコ会の教会堂（前頁図16）は一二八三年から一二九一年にかけて建設されたゴシック様式の比較的小規模な内陣と、一四世紀後半に造られた簡素な外陣からなる。装飾をほどこさない禁欲性はかつてのシトー派に共通するが、その空間の印象はかなり異なる。初期のシトー会修道院の空間は装飾を避けるかわりに徹底的な石造とヴォールトの使用にこだわり、清貧を通じて神の愛を追求しようとした。そこにこんにちのわれわれから見て詩情的とも感じられる空間印象が生じた（八六頁図

12)。他方、コルマールのドミニコ会教会堂はそのような詩情よりも、増大した世俗的都市住民を対象にした効果的な宗教指導に関心の向けられていることが、広く簡素な木造天井の外陣などに感じられる。これらの托鉢修道会は、先に触れた在俗信徒たちの兄弟会の活動にも刺激と影響を与え、都市の兄弟会の増加や組織化を促したと考えられる。

教会の危機

キリスト教の原点を問い清貧を唱える改革が起きる一方で、教会堂の建築は壁を極限まで減らしたり、リブの装飾的効果を高めたりしながら複雑化、多様化していった。より複雑化していく王、諸侯、領主、都市などの世俗権力と教会との関係も続き、建築にもその背景に応じた表現が与えられた。たとえばパリのサント・シャペルはフランス王ルイ九世が東ローマ皇帝から購入した聖遺物を収め、自らの礼拝堂とするためにつくられた比較的小規模な単廊式バシリカであるが、頑丈な支柱で支えた壁面の大半を鉄材で補強した細いトレーサリーと美しいステンドグラスで覆い、巨大なガラス箱の中にいるような空間を実現した、いわゆるレイヨナン式ゴシックの代表作である（次頁図17）。この空間はかつて存在した王宮に接続する上階にあたり、階下は階高の低い教区礼拝堂となっていた。イギリスでも、フランスに次いで早くから大規模で高度な技術を誇るゴシック教会堂が発達した。イングランドの伝統ある大司教で後に英国教会の中心となるカンタベリー大聖堂は一二世紀から一五世の長期にわたって改築・増築を重ねている。このような長期にわたる増改築はこの時期の大規模な宗教建築には一般的で、そのために異なる工匠や時代のさまざまな様式が混在し、一つの建物といってもその自己同一性さえ定かでないものもある。ここではその多様性を強調するに留め、むしろ、当のキリスト教が、中世後期にも人々の心と社会に平安をもたらすものとして宗教的役割を安定して保ち続けることができたのかどうかということを考えてみたい。

フランシスコ会聖霊派の修道士が処刑されたとき、教皇庁は使徒ペテロの地ローマを離れ、南仏アヴィニョンにあった。一三〇五年に教皇に選出されたクレメンス五世が、ローマに入ることなく暫定的にアヴィニョンに待機すると、教皇は以後七〇年間、七代にもわたってそのままアヴィニョンに留まり続けることになった。はじめアヴィニョンに留まったのは当時ローマを襲っていた騒乱を避けてのことだったが、その長期化には神聖ローマ帝国とフランス王国との覇権争いにくわえ、教皇庁にとっての経営的・政治的・地理的利害計算も関係してその理由は複雑である。いずれにせよ信徒たちにとって教会とローマとの結びつきは強固で、教皇は結局一三七七年にローマに帰還することになる。ところがその翌年教皇が死去すると、次の教皇の選出をめぐる対立が生じ、今度は二人の教皇が並び立つ事態となる（教会大分裂）。この状態も一五世紀まで続

図 17　サント・シャペル、パリ、1248 年献堂

き、収束するどころか一四一〇年には教皇が三人にまで増えてしまう。一四一七年にようやく統一教皇が成立したのもつかのま、一四三九年から一四四九年にかけて再度分裂状態となる。教皇がアヴィニョンにあった頃、イギリスではジョン・ウィクリフが後の宗教改革を先取りするようなラディカルなローマ教会への批判を展開していた。続く大分裂の頃にはボヘミアでウィクリフ派と反ウィクリフ派の対立が騒乱に発展していた。それには並立教皇による混乱も影響していた。このとき三人にまで増えていた教皇の統一をめざして公会議が主導権を握ることになるが、この公会議は同時にウィクリフを異端と認定し、ボヘミアでウィクリフ派を代表したヤン・フスの処刑を決定する（一四一五年）。その二年後にようやく統一教皇マルティヌス五世の選出に成功するのである。

また、一三四七年にはイタリアに黒死病が上陸しヨーロッパのほぼ全域で猛威を振るっていた。イタリアはローマ教会とフランスと神聖ローマ帝国といった巨大権力の狭間で不安定な政情となり、都市の自治組織コムーネを含めた大小さまざまな権力がひしめく緊張状態が続いた。そのなかから多様な都市文化が生まれ、特に美術・文学・学問においてイタリアがヨーロッパに広く影響を与えていくことになる。

他方、ウィクリフおよびフスが異端とされてからおよそ一世紀後、ドミニコ会、フランシスコ会、カルメル会に続き一三世紀半ばに公認された托鉢修道会である聖アウグスティヌス隠修士会の修道士であったマルティン・ルターがローマ教会を批判する。ルターのこの批判は、かつて異端とされたウィクリフやフスの教説に通じるものとして問題視されたが、これを端緒にローマ教会に対抗する動きが各地で起こり、ローマ教会のもとでのヨーロッパの精神的統合が大きく揺らいでいく。その原因については諸説あるが、先立つ数世紀の間に超越性の境が徐々に侵食され、中世に保たれていた来世と現世、神の国と地の国、二つの剣などの区別と統合のバランスが損なわれつつあったことは間違いない。キリスト教と社会との関係の再編は避けられない状態になっていたのである。

第三章　審　判

はじめに――キリスト教共同体の危機と改革

本章では、一五世紀から一六世紀にかけてイタリアを中心に起こった文学・思想・美術などの古代文化の復興（ルネサンス）、一六世紀にルターの教会批判をきっかけに起きた宗教改革運動と、ローマ教会の枠内での改革のそれぞれを背景とする建築を通観する。

この時期は、中世と近代の間に挟まれて、中世の終わり、また、近代の始まりと位置づけられることが多い。しかし本書では、さまざまな時代の条件と可能性と行為とが相互に作用して生み落とされていった出来事の累積に、われわれがどう参画するかを考える手掛かりの一つとしてキリスト教建築を見ようとしており、それには結果として残された歴史の事実を時間軸に沿って整序するだけでは十分ではない。

ここまで見てきたように、三位一体の教義はヨーロッパの人々が互いに承認することのできる世界認識の前提となり、中世を通じて一定の社会秩序の実現を可能にするような信仰共同体の支保として機能した。その機能は必ずしも安定したものではなく、ローマ教会の指導からはみ出す動きを武力で鎮圧しなければならないときもあった。それは単にローマ教会にとって危険なだけでなく、共有し得る前提の衰微により、その「世界」を共有する人々のつながりの喪失、ひいてはヨーロッパ社会の存続さえも脅かしかねないものとして危険視された。結果としてヨーロッパ社会は現在に至るまで存続したが、キリスト教は少なからぬ変革を被った。

その変革は宗教改革がはじめてではない。キリスト教はそもそも形成の段階から大小の変革を繰り返してきたとさえいえる。ある意味ではルターも、またより急進的であったカルヴァンも、それらの一つといえる。かれらの思想が中世の枠組みを残していることもこれまでに多くの研究者が指摘してきた。にもかかわらず、宗教改革が歴史的特異点を形成するのは、それが中世の形成してきたヨーロッパの宗教共同体の分裂につながったからである。そうだとすると、それはルターの意図したことでも行ったことでもない。ルターをきっかけにして始まった今回の変革が、ついに宗教的統合の決定的な破たんに至ったと人々が認識するのは、一七世紀が近づいてからのことであった。たしかにすでに早くから宗教対立は血なまぐさい暴力にまで発展していた。しかしこの段階での暴力は異端と見なす対立者の排除による旧秩序の回復を目指していた。他方、対立者間の調停を目指す者は、対立をあくまでカトリック内部の争いと考えていた。いずれにしても、中世以来の世界観の枠内での統合が前提になっていた。

そのような対立と調停の努力は一七世紀も続く。だが一七世紀になると分裂状態が前提となり、それを結合する新たな力や枠組みの模索へと主題が移っていく。近代に直接つながる変化はむしろここから本格化するのである。それについては第四章で述べるが、一七世紀の意味を明確にするために、本章では一六世紀の段階での宗教改革の性格を確認する。

他方、一六世紀イタリアを舞台としたルネサンスもまた、かつての歴史記述では、近代の起点として近代に通じる側面が強調された。しかしルネサンスにはかえって近代から隔たって見える側面もあり、その連続と不連続の両面から近代との関係を検討することが肝要で、それが近代そのものに向けた新たな視点を開くことにもなる。本書の関心では宗教と建築の関係が問題となるが、一般的な建築史記述ではルネサンス建築の評価は宗教的な意味や価値とほとんど交差することがない。まずは、そのことの意味を考えてみよう。

1　ルネサンス

ブルクハルトの「ルネサンス」

中世のイタリアは、ローマ教会と不即不離の関係を保ちながら権力地盤を固めたフランスと、ローマ教会からローマ帝国の継承者の立場を承認されたドイツ諸侯の複雑な連合勢力とに翻弄された。その不安定で厳しい政治環境のなか勝ち残った諸勢力の間で一四五四年に和平が成立した。毛織物産業を中心に経済発展を遂げたフィレンツェ（次頁図1）では、一五世紀初頭にブルネレスキ（一三七七〜一四四六年）が大聖堂の巨大なドームの難工事を成し遂げ（次頁図2）、また古代建築を彷彿とさせる明澄な建築を建てて古典主義ののろしを上げると、アルベルティ、ブラマンテ、ラファエッロ、レオナルド・ダ・ヴィンチ、ミケランジェロと続々と天才的造形家が現れ、聖俗を問わず建築に新しい形式をもたらした。

この時代について、古代復興を契機に中世を脱していくという西洋史のパースペクティヴが定着したのは、

図１　フィレンツェの眺望

図２　フィレンツェ大聖堂。ドーム（上）、ドーム上部から交差部と外陣を見下ろす（下）

ずっと後、一九世紀のことである。スイスの歴史家ヤーコプ・ブルクハルトは、少し前から学界に流通していた「ルネサンス」という語をタイトルにした書『イタリア・ルネサンスの文化』を一八六〇年に出版した。そのなかで次のように書いている。

イタリア人を早くにして近代的人間に造りあげた唯一のと言わないまでも、きわめて有力な理由がどこにあるかといえば、それは、共和国と専制国家とを問わず、これらの国家の性質のうちにある。[*1]（ブルクハルト）

だがここではキリスト教はまったく副次的なかたちでしか言及されない。この書では建築も扱われていないが、それよりも前に出版された、イタリア美術の詳細な案内書『チチェローネ』（一八五五年）には、おびただしい数の建物の仔細な解説が含まれる。しかしそこでもルネサンス建築はもっぱら「古代建築の再生」と「独特なイタリア的感情」の観点から語られる。そこに登場する宗教建築の数は世俗建築に少しも劣らないのだが、しかし宗教建築について語るときのブルクハルトの口調は世俗建築について語るときと少しも変わらない。たとえば「自分が欲するものを完全に意識してローマの廃虚を熱心に研究した後、古代の建築形式を再び覚醒せしめた最初の男」であるブルネレスキについても、そのフィレンツェ大聖堂の円蓋は「最大の力学的傑作」、サン・ロレンツォ教会堂（図3）は「バシリカあるいは円柱聖堂の形式」に「一気に生命を吹き込」んだとされる。[2] 他方捨子養育院の柱廊は「都市の装飾建築として寡欲な美の真の模範」、パラッツォ・ピッティについては（その後の増築の結果ではあるが）「量塊の配分では超人的なものが計算を行ったのではないかという気持ちにさせられる」と述べる。[3]

図3　サン・ロレンツォ教会堂。正面外観（上）、内観、正面入口側から内陣方向を見る（下）

　ミケランジェロによるメディチ家礼拝堂に至っては「かつていかなる芸術家に対してもこれ以上の自由裁量が許された

ことはなかった」とまで言われる。それは「ブルネレスキの聖具室の原理をきわめて才気溢れるやり方で拡張し高めて表現した軽快で素晴らしい建築である」[*4]。

もちろん、このようにキリスト教それ自体への言及がほとんどないのは、ブルクハルトがこれを見落としたからではない。むしろ意識して宗教から離れたところでルネサンスを記述したことは、同書の第六章「習俗と宗教」を一読すれば明らかである。権力が教会と世俗権力との協働によって集約され、それによって支えられてきたヨーロッパの社会がバランスを失い、教会がその役割を十分果たせなくなっていくなかで、善と悪とがいわば剥き出しとなった社会のなかに人々は放り出された。その渦中から新たな文化の芽が生じたとブルクハルトは見る。

中世においては意識の両《ふた》つの面——外界に向かう面と人間自身への内面に向かう面——は、あたかも共通のヴェールの下で夢想しているか、もしくは半ば目覚めたような状態にあった。（中略）イタリアにおいて初めてこのヴェールが吹き払われて消え失せる。[*5]（ブルクハルト）

そこから、「ここまでヨーロッパを束ねていた教会のかたちに、新しい精神的媒介物が生じ、これがイタリアから広がっていって、高等教育を受けたすべてのヨーロッパ人が身にまとう生活上の雰囲気となる、という」「あの大きな出来事」が起きたと言うのだ。[*6]

イタリアにとって古代は、「彼ら自身の、往時の偉大さを想起させるもの」であった。加えて「ラテン語が容易に理解できること、古代の記憶や記念物がなお大量に残されていること」がそれを「強力に促進」した。これによってイタリアは古代の再生を主導しただけでなく、そこにヨーロッパの独自性、「ゲルマン的・ランゴバルド的国家組織」やイタリアが置かれた厳しい政治環境などが加わり、そこに「一つの新しい渾然たる姿」「全ヨーロッパの指針となる模範たるべく定められていた近代イタリア精神」が現れたという。[*7] そこでは完全に自立した個性的な人格が次々に現れ、異教的な古代の文学、思想、美術を個性的なやり方で再生した。むろん人文主義や、民衆の祝祭もまたキリスト教から切り離されているわけでないことはブルクハルトも知っている。ただ、それらが含むキリスト教にブルクハルト自身がもはや副次的な意味しか見いだしていないのだ。ブルクハルトがキリスト教に大きな意味を見いださないのはイタリア・ルネサンスに限らない。中世の建築について述べるときでさえもその宗教性のほとんどが否定的に語られる。[*8] このような立場から語り出されるブルクハルトのルネサンスに偏りがあることはその後多くの研究者によって指摘されてきた。それは事実であろう。しかしブルクハルトの文化史には現代に対する批判が含まれている。ブルクハルトはむしろ現代にこそ偏りを見ていたのである。

ルネサンスの神学

ブルクハルト以後、ヴァールブルク研究所を中心に図像学研究の流れが生まれ、創設者のアビ・ヴァールブルクやハンス・ザクスルは、ルネサンスの文化のなかの、古代異教的な占星術の影響に注目する。イタリア・ルネサンスはキリスト教から離反して近代的合理性へと直進したのではなく、そこに神秘的な呪術性への拘泥をより強めていった面もあることに関心が向けられた。古代的異教性がすでに中世から存在するものであることにはブルクハルトも触れていた。ブルクハルトはそれとキリスト教とが相反するものであるかのように語った。だが、古代の文化とキリスト教とは全面的に相反するともいえないことは、本書の第一章で祖述した古代キリスト教の成立背景からも推測できる。また、キリスト教がゲルマンの異教的な要素を内包し続けてきたことも、一一世紀以降キリスト教会堂に急速に増殖していった彫刻類の様子を思い起こしてみればさして意外ではない。そこにはキリスト教の教義からも聖典からも解読できない奇妙な怪物、魔物、架空の生き物がいくらでも見いだされるからである。[*9] その多くはキリスト教化される以前から存在していた伝承や信仰の名残と考えられる。そうしたものがキリスト教建築に配されることになるのは、キリスト教が否定する異教的呪術や多神教もまた、絶対的唯一神が創造した不完全なる世界の一部に織り込まれ、罪や悪とともに、あらかじめ創造主によって計画されていたとする考えと矛盾せず、それどころか、かえって神による世界の創造と統治を積極的に表現すると見なされたからであろう。これら異教的なものは、新たに生じたものというより、キリスト教の内部に当初から巣食い蠢《うごめ》き続けていたのだ。

ヴァールブルクが残した膨大な図像学の資料を基礎にその後研究が進み、ルネサンスの神学を特徴づけるネオ・プラトニズムの基礎に、ヘルメス主義やキリスト教化されたカバラ研究が予想以上の役割を果たしていたことが示された。[*10] これらのテキストは古代のプラトン主義者や神学者によって言及されていることもあって、古代の隠された知ではないかとルネサンス時代の人々は考えたのだ。カバラはユダヤの神秘主義思想であるが、もともとキリスト教はユダヤ教の聖典を旧約として聖典に含め、プロテスタントも一部の教派を除いて旧約を否定していないから、モーセにさかのぼる神の啓示が旧約聖書の本来の言語であるヘブライ語という謎めいた言葉の裏に隠されているのではないかという考えを否定する決定的な理由はなかった。古代の異教それ自体ではなく、キリスト教の時を超えた真理が、古代の異教のなかに潜在していると考えれば、そのような観点から古代の異教を研究することは直ちに反キリスト教的とはならない。近代科学とは異なり、中世の知においては旧約の言葉に真理を想定することは典型的な在り方であった。カバラやヘルメス主義と混交したルネサンスの神学的ネオ・プラトニズムは、中世のアナロジアをいわばヘルメス主義やカバラによって拡充したものなのである。

たしかに、ルネサンス時代に反キリスト教的な面がなかったわけではあるまい。しかし、それは依然としてヨーロッパ社会がキリスト教を前提とすることと矛盾せず、とりわけイタリアには非宗教的にみえて同時に熱狂的なカトリックとして振る舞う人々をいくらでも見いだすことができた。つまりルネサンスの風は、中世のヴェールをたしかに波立たせることはあったとしても、吹き払ってはいなかったのである。

ルネサンス期の宗教建築

そうしたことを念頭にルネサンスの代表的な宗教建築をいくつか見てみよう。

初期ルネサンスの建築について、ブルクハルトは「彼ら自身によって創造された構成（コンポジション）を古代的細部形式によって装ったに過ぎなかった」と述べている。[*11] ブルネレスキは先に触れたサン・ロレンツォ教会堂（一〇七頁図3）の身廊に古代的な円柱を配し半円アーチを架けた。古典様式の列柱による身廊は、ブルネレスキがローマを訪れたときには、建て替えられる前のサン・ピエトロ大聖堂がまだ建っていたし、サンタ・マリア・マッジョーレ教会堂（二七頁図5）もあってブルネレスキはこれを目にしている。しかしこれらの円柱は半円アーチではなくエンタブラチュアを支持していた。ブルネレスキはこれと、中世から受け継いだ支柱と尖頭アーチによる教会堂の構成とを合成して新しい空間をつくり出した。尖塔アーチは支柱の間隔と高さとの関係を自由に調整できるが、半円アーチはそれができない。しかも古典様式の柱には適切な比例関係があって、これを勝手に引き延ばしたり縮めたりもできない。ドームの架かる交差部は正方形なので、身廊と袖廊の幅はおのずと等しくなる。側廊にも交差ヴォールトを架ければ、側廊の幅とアーケードの支柱の間隔も等しくなる。コンパスが描くままの半円に規定されるこのような幾何学的関係は、実際の物質であり厚みも重量もあってそれらを支えることが必要な建築ではしばしば整合性に問題を起こす。ブルネレスキがその解決に腐心したことは、そのほかのより小規模な建物、同教会堂の旧聖器室や、パッツィ家礼拝堂の細部などに示されている。もっとも多くの場合、複雑な建設の経緯に不明な点が残り、すべてをブルネレスキの意図とすることはできない。[*12] それはブルネレスキに限ったことではない。いわば建築の性質でもある。

図４　テンピオ・マラテスティアーノ、リミニ

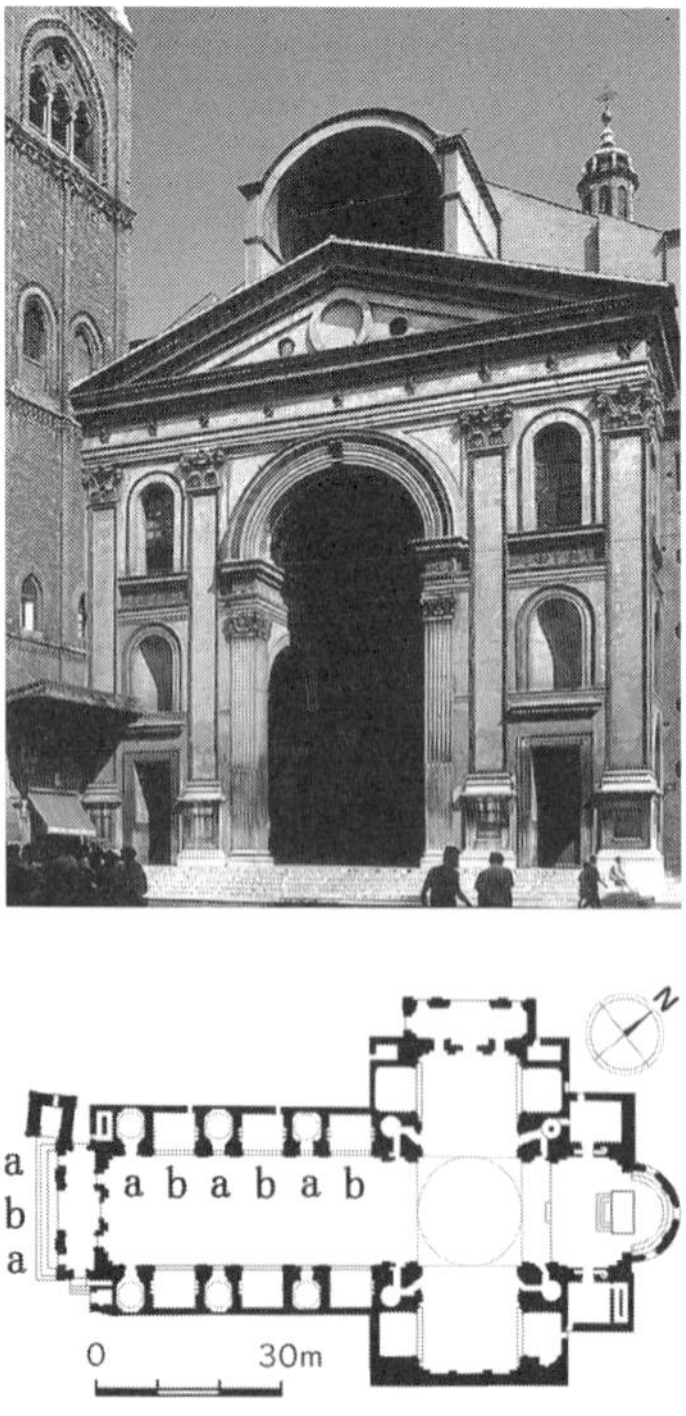

図５　サンタンドレア教会堂、マントヴァ

レオン・バッティスタ・アルベルティ（一四〇四〜一四七二年）はブルネレスキが解答を示すことなく終わった、教会堂の外観への古典様式の適用を試みた。身廊の両脇に低い側廊を配した教会堂の正面に、古典様式の柱やエンタブラチュアやアーチを満足のいく整合性をもって配した例は、古代からキリスト教の教会堂があったにもかかわらず、知られていなかった。[*13]

ゴシック様式で建てられたリミニの教会堂の改造を手掛けたアルベルティは、その正面の全幅のエンタブラチュアを支える、壁に半分埋められた四本の円柱を置き、その柱と梁の枠の中に、アーチの起点が同じ高さの三つの半円アーチを配した（図4）。中央と両脇との柱間隔の違いによってアーチの頂部に高低差が生じるが、それが山の字形の安定した構成を生み出す。前例は古代ローマのコンスタンティヌスの凱旋門など身近に見いだせた。しかしこのファサードは上部が未完成に終わった。マントヴァのサンタンドレア教会堂でもアルベルティは同様のモチーフを展開し、特筆すべきこととしてそれを内部にも適用した（図5）。すなわち正面のa-b-aのモチーフを内部ではa-b-a-b-a-bの反復するかたちにしたのである。ただしこの正面も教会堂の正面をすべて覆いきれてはいない。もっとも、ここでも全体の完成までにはアルベルティの死後相当の年月を要していることを念頭に置かねばならない。[*14] フィレンツェのサンタ・マリア・ノヴェッラ教会堂の正面（図6）も、すでに着手されていた化粧張りに合わせるという制約の多い仕事で、古

図6　サンタ・マリア・ノヴェッラ教会堂、フィレンツェ

図7　テンピエット、ローマ。外観（右）、内観（左）

典様式の本格的な適用はされていないが、全体は不思議と古典的な印象を与える。ファサードは大きく上下に分割され、身廊よりも低い側廊の屋根を隠す渦巻装飾（ヴォリュート）が付された。この方法も後に広く利用されることになる。

ドナート・ブラマンテ（一四四四頃～一五一四年）はローマのテンピエット（図7）やサン・ピエトロ大聖堂の初期設計（一一七頁図9上）によって集中式の建築を一つの頂点へと導いた。ヨーロッパの教会堂の大半はバシリカ形式で建てられたが、集中式は古代から中世を通じて、主に小規模な礼拝堂、洗礼堂、霊廟などに用いられた。ピサやフィレンツェには大規模な洗礼堂も建てられていた。そしてより近い時代にはすでにブルネレスキがフィレンツェの大聖堂の巨大なドームで街全体を制圧するようなモニュメンタリティを実現したり、パッツィ家礼拝堂などで、半円を伴う幾何学と建築の構築性との整合という課題に取り組んでいた。

ブラマンテが一五〇二年に実現したテンピエットは、聖ペテロが十字架に架けられた場所と伝えられるジャニコロの丘のサン・ピエトロ・イン・モントリオ修道院の中庭に建てら

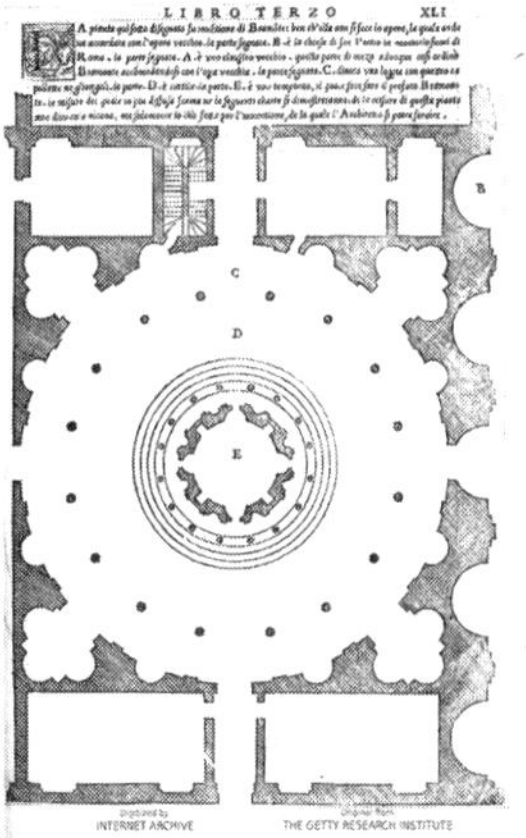

図8　同、セルリオの示す平面図

れた、円形の堂である。ローマにはヴェスタ神殿や、そのほかにもこんにちすでに失われたものも含めて、いくつかの古代の円形の神殿が残っていた。しかしテンピエットでは円柱の周廊の上にドラムが突き出し、その上にドームが架かっている。セルリオはこの建物の実施されなかった当初案として、中庭全体が円柱の回廊を伴う円形となった平面図を示している（図8）。この平面図の詳細や意図はともかく、現実に残された建物についてだけ見ても、これが幾何学的整合性と建築的課題をこれまでになく両立させていることは確かである。そしてこの統一感の演出が生みだす建築の堂々とした存在感に当時の人々が強い刺激を受け、これを継承発展させていったことは後の集中式建築の展開を見れば明らかである。やがてサン・ピエトロ大聖堂の建て直しが計画され、同じブラマンテの設計によって建設が開始されたのも集中式の教会堂であった。

サン・ピエトロ大聖堂

ヨーロッパにおけるキリスト教信仰の中心であり、建設もコンスタンティヌス帝にさかのぼるこの教会堂が、伝統的なバシリカ形式ではなく、集中式の教会堂に建て直されたことには驚かされる。しかし先に見たように、ヘルメス主義やカバラを土台としたネオ・プラトニズムでさえキリスト教に包摂してしまおうとする神学が準備されたこの時期にあっては、周到な神学的口実に事欠かなかったと思われる。ヴァザーリの伝えるところによると、発端はユリウス二世の墓碑の計画であった。[*15] ジュリアーノ・ダ・サンガッロがこの新しい墓碑のために礼拝堂を建てることを提案し、さらにそこから計画が肥大して教会堂そのものの建て直しへと展開したというのだ。サン・ピエトロ大聖堂はもともとペテロの墓の上に建てられ、それ自体を霊廟と見なすことができたし、今回の再建プランも墓碑に始まり礼拝堂を経て教会堂そのものの建て直しへと膨らんでいったというこの伝承は興味深い。ヨーロッパにおける集中式の建物はほとんどが小規模で、フィレンツェやピサに見られるような大きな洗礼堂も特定の地域に限られたものであった。原理的には大規模な集中式教会堂は、ヨーロッパの伝統的バシリカの内陣や周歩廊の技術を拡張すれば可能なはずである。ブルネレスキのフィレンツェのドームをはじめ、一五世紀末から、中規模な集中式教会堂はすでに実現されており、そうした実績を背景に一五〇六年にブラマンテの計画による大聖堂の工事が開始された。

ところが一五一三年には教皇ユリウス二世が死去し、続けて一五一四年にブラマンテも死去する。建設は四本の巨大な支柱とその上のアーチまで進んでいた。メディチ家出身の教皇レオ一〇世はラファエッロ・サンツィオ（一四八三〜一五二〇年）を指定し、外陣を付加して伝統的なラテン十字型に計画が変更される。しかしラファエッロは間もなく亡くなり、ジュリアーノ・ダ・サンガッロ、フラ・ジョコンド、アントーニオ・ダ・サンガッロ、バルダッサーレ・ペルッツィらが関与して細々と建設が進められた。そんななか、一五二七年、イタリアでの利権をフランス王と皇帝カール五世とが争い、教皇クレメンス七世がフランスと手を組むとローマに侵攻した皇帝カール五世の軍がローマで略奪をはたらいた。実害はもちろんだが、精神的な衝撃も大きく、ルネサンスの転換点と見る歴史家もいる。サン・ピエトロ大聖堂の工事も停滞した。

それでもファルネーゼ家のパウルス三世が一五三四年に即位すると、建設は再び活発化する。アントーニ

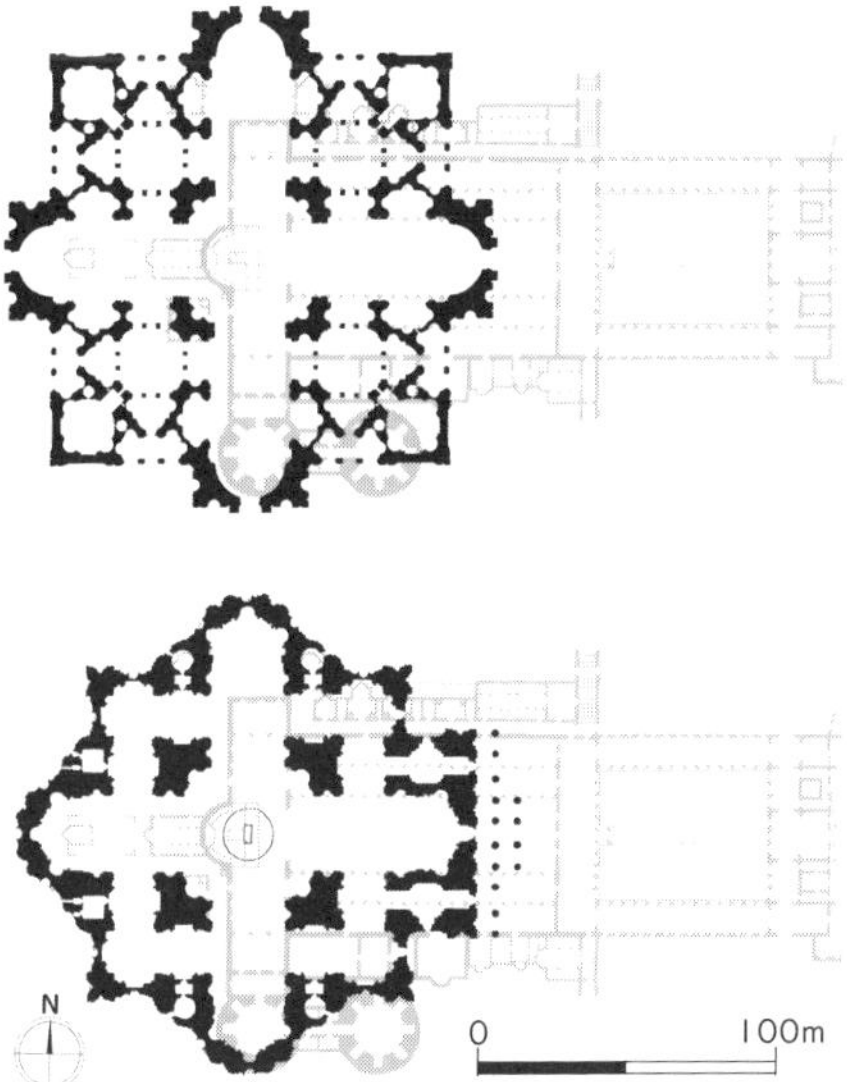

図9　サン・ピエトロ大聖堂の建て替え計画、グレー部分は旧建物。ブラマンテによる当初計画（上）、ミケランジェロによる修正案（下）

オ・ダ・サンガッロが一五四六年に死去すると、すでに老齢のミケランジェロ（一四七五〜一五六四年）が登用された。ミケランジェロは肥大化していた平面と意匠プランを整理してブラマンテの当初の方向性を再生させ、より強い統一感のもとでシンプルかつ壮大な計画案へと修正した（図9）。

そのミケランジェロも一五六四年に死去、以後、ヴィニョーラ、ジャコモ・デラ・ポルタ、ドメニコ・フォンターナが受け継ぎ一五九三年、頂塔（ランタン）まで完成させた。並行してバチカン宮殿も拡張されていったが、すでに教会堂の建設にラファエッロが関わっていたときに宗教改革が始まり、これが決定的な宗教分裂に発展していく危険性に気づかないまま、教会堂の建設が進められていた。大聖堂が完成する頃には宗教分裂はもはや後戻りすることのできない歴史的事実となっていたのである。

ルネサンスの建築と宗教

ルネサンスの宗教建築に見られる古代の意匠や技術の再生、幾何学的整合性や、より強固な統一性の追求、その一つとしての集中式建築の展開などは、必ずしもキリスト教の背景を念頭に置かずとも辿ることができる。実際一般の建築史においてはこうした事実が意匠の変化として、特に宗教に触れることなく記述されることがほとんどだ。その後の推移も、マニエリスム、バロック、新古典主義と、建築形態の変化だけから語ることも可能であり、多くの場合そのようにされてきた。それはルネサンスにおいてブルクハルトが言うように自立した人格が生まれて以降、それが近代的主体へと成長しつつそこから生み出された建築を辿るのにキリスト教とのかかわりは副次的な意味しかもたないという前提があるからである。ブルクハルトの後継者となったヴェルフリンが、ブルクハルトのあまり評価しなかったバロック様式を再評価したときにも、やはりキリスト教は表立って主題とならなかった。ヴェルフリンがこのとき基礎とした分析方法に基づいて、ヴェルフリンの弟子であったギーディオンは近代の時代様式としてモダニズムの建築を位置づけた。むろんそこにも、キリスト教はかけらも姿を見せない。

しかしルネサンスに突然、中世のキリスト教世界を脱したわけではなく、むしろこの時代はキリスト教精神のより深い危機の始まりに位置していたのである。これまで存在していた秩序の危機を前にした人々の試行錯誤はむしろここから始まるし、そのような文脈から見ればルネサンスもまた宗教的危機への対処の一つだったという見方もできる。個々の建築の形態と宗教や思想の内容とをあまり直接に結びつけることは避けたいが、しかし右に確認されたルネサンス様式の統一性へのあくなき希求がネオ・プラトニズムとまったく無関係だとするのもかえって不自然である。またネオ・プラトニズムにヘルメス主義やキリスト教化したカバラも加わっていたことに、単なる神学の流行の推移ではなく、すでにキリスト教がヨーロッパ社会を秩序立てる十分な精神的作用を失っていたなかでの切実な要請を見るなら、建築における数々の大胆な変革もまた、強い個性を持った天才の出現と一括りにするのでなく、それを宗教的な要請の結果と見ることは決して無理な解釈ではない。そのことは、このような宗教的な要請が以後いつどの段階でどのように変化し、それが様式史的な変化とどう関係するのかを検討していくことで、より明らかになるだろう。

ただし、ルネサンス期の魔術への関心が、一九世紀や二〇世紀のメンタリティと不可分であることも自覚しておく必要がある。少なくともヴァールブルク研究所を創始したアビ・ヴァールブルク自身はブルクハルトの企図について、次のような見解を示しているのである。

われわれはブルクハルトとニーチェを、記憶の波動の受容器として認識しなければなりません。……しかし、そこには大きな差異もあります。ブルクハルトは過去の領域からの波動を受信して危険な衝撃を感じたときには、自らの地震計の土台が強化されるように配慮しました。……彼は、自分自身が崩壊しなければならないという自らの職務の危険さを肌で感じていました。[*16]

実はブルクハルトにとって、この超人〔ニーチェ〕の精神崩壊は、彼が高く評価していたこの同僚に対して以前から恐れていたことでした。[*17]（ヴァールブルク）

そして締め括りに、ブルクハルトが「われわれの手本となるもの」をもっていた、「すなわち、それは、われわれの熟慮〔ソプロシュネ〕を通して、彼自身の使命の限界がなんとあまりに過酷なものであるのかと感じとる能力、いやむしろ、その限界を超えていくことなどそもそもできないと感じとる能力のことであります」[18]と述べている。

少なくともブルクハルトはルネサンスにただ近代につながるものだけを見いだしたのではなく、そこに近代を——少なくとも現状の近代を——超えるものをも希求したのである。これに対してヴァールブルクは、その企図の可能性と同時に限界をも深く感じ取りつつ、両者の狭間でルネサンスの魔術性に関心を寄せていったという背景は心にとめておくべきであろう。

いずれにしても、ルネサンスで突然古代が蠢き始めたわけでないことは確かであった。[19]むしろ西方教会は常にその内部に異教を抱えていたともいえる。そうした内部の他者を安直に同化するだけではキリスト教の生命線である超越的なるものの外在性が脅かされる。事実、中世を通じて教会の危機が幾度もあったのだ。他者とは結ばれつつ、決して同化してはならない。そのために神は一にして三となった。このような考えのもとで外在的超越性は中世を通じて繰り返し修復されたが、ルネサンスにおける古代学芸の興隆と併行するかのように、アルプスの北から起きた宗教改革の火の手はついにこれまでにない変動を社会にもたらすことになる。しかも、サン・ピエトロ大聖堂の建設費のための贖宥状の乱発がその重要なきっかけになったのである。

2　宗教改革

ルター

アウグスティヌス隠修士会の修道士でヴィッテンベルク大学神学教授のマルティン・ルターは、贖宥状への疑問から、一五一七年一〇月三一日、「九五箇条の論題」を提示した。[*20]
カトリック教会による度重なる説得、討論、審問のなかで、ルターの主張は教皇の権威への否定として断罪され、これに対してルターは聖書を根拠として反駁した。このような討論や有力者たちの対応を経験して、ルターはかえって改革への信念を固め、一五二〇年に重要な三つの論説「ドイツ国民のキリスト教貴族に与える」「教会のバビロン捕囚について」「キリスト者の自由」を公にし、「恩寵」「信仰」「聖書」のみによる救済を前提に、従来のキリスト教会の聖職者の位階をはじめとする諸制度や儀礼の在り方を批判し、改革を提案した。
ルターの書いた文章は、教会による文字文化の占有状態を当時変えつつあった印刷活動の力によってたちまちヨーロッパ各地に拡散し、社会問題に発展する。その背景には、カトリック教会に不満を抱く多くの人々、古典古代の文献から受けた刺激によって現状への疑問を膨らませていた人文主義者、神聖ローマ帝国と教皇との結合による権力の強大化を望まないドイツ諸侯の政治的な思惑など、ルターを支持するさまざまな社会の空気があった。そのなかでルターと教皇との対立は激化し、四年後に教皇はルターを破門するに至る。しかしルターは、ザクセン選帝侯フリードリヒ三世によってヴァルトブルク城にかくまわれた。
その後もルターの主張は、当時の社会に不満をもつ人々を刺激し、ときには過激な社会改革の思想と運動を覚醒させていく。ルター不在のヴィッテンベルクではカトリック教会制度が解体され、聖画像が破棄された（ヴィッテンベルク騒擾事件）。またフッテンやフランツ・フォン・ジッキンゲンといった騎士がルターの名をかついでトリーア大司教に攻め入って鎮圧された。ルターは自らの名を掲げたこれらの動きからは距離を保ち、改革を諸侯の主導ですすめるべきだという方向性を表明した。しかしさらに一五二四年シュヴァーベン地方の農民が蜂起し、ルターを信奉する説教師トマス・ミュンツァーは千年王国の実現を唱えてチューリンゲン地方の反乱を指揮した。しかしこれもまたルターによって否定され、ルターを支持する諸侯は容赦なく農民軍を鎮圧した（農民戦争）。

ルターは教会の行いではなくただ信仰のみが義をもたらすとして、信仰の根拠を聖書に求めた。しかし信仰による義を原理としても、聖書を根拠としても、個々具体的に何を行うべきかの判断にはかなりの幅がある。当初ルターはこのことにさして関心を向けておらず、ただ明らかな誤りと見なされる行為を廃することに傾注していた。[*21] 根拠のない儀式を教会が勝手に増やして、それを信仰に関わることだと主張することで、真の信仰が見失われている。聖書を根拠に本当の信仰に必要なことだけに単純化し、それ以外のことは廃止すべきだと主張したのである。

ところが、これに対して教会の名のもとにルターを異端として断罪しようと論争を仕掛けてくる者がいたために、議論は異端の嫌疑に関わる微妙な論点へと流されていく。そうした危険な議論に引きずりこまれつつも、ルターはたびたび、重要なのは哲学ではなく信仰であり、明らかに信仰に反する行為を廃すことだ、という抗争の原点を確認しようとした。

しかし、ルターに刺激を受け、同じ改革を目指していたはずの者たちの間でも、その具体的な行動や見解に看過できない違いが生じてくる。特に聖像破壊や過激な解釈が拡大し混乱と暴力が引き起こされるのを見て、ルターは伝統的なやり方をとりあえず維持しながら徐々に改善を進めるという方針へと転換した。それでも教会が自らの権威を主張し、ルターがそれを否定するという本質的な構図は変わらない。ローマ教会による破門宣告にしても、ルターはそもそも誰かを破門する権利がローマ教会にはないと考えている。[*22] 理論的にはこの対立は決して解消しない。実力行使が残され権力が問題となる。農民戦争の鎮圧後も反教皇の諸侯を中心にして、ローマ・カトリック教会から分離した領邦教会がルターとともに着々と組織されていく。しかし神聖ローマ皇帝カール五世はこの段階ではまだ、ルター派と教皇派との調停を望んでいた。

スペインやアラゴンの国王でもあり、歴史的にみてもヨーロッパ最大の地域を支配していたこの皇帝は、当時フランスとの覇権争いに忙しかった。フランス王フランソワ一世との争いはすでに皇帝選挙のときに始まっており、勢力争いの帰趨はイタリアの領有にかかっていた。そうしたなか、教皇がフランスと手を組むと、皇帝は一気にローマに進軍する（一五二七年五月）。このとき統制を失った皇帝軍がローマで略奪を行うという先にも触れた事件が起きた。この事件はフィレンツェを含め、当時ルネサンスのピークにあったイタリアを震撼させた。他方の皇帝カール五世は教皇から戴冠を受け、ローマ教会の権威を自己の統治にも利用していた。こうしたなかで、教皇とルター派との対立は帝国を解体させる危険をはらんでいたのである。

だが、度重なる帝国議会での議論にもかかわらず両派の折り合いはつかず、一五三一年にルター派諸侯はシュマルカルデン同盟を結び、既往の教会カトリックに対する新しい教派の抵抗＝プロテストというヨーロッパ全体を巻き込む対立に展開していく。そして一五四六年にシュマルカルデン同盟の諸侯とカール五世の軍事衝突に至る。

聖餐論と建物

これらの鋭い対立にまで至る各派の相違が建築にどのように反映されているかを具体的にいうのは簡単ではない。むしろそれを具体的に特定できないことがすでに当時において事態を混乱させていたという認識から出発するべきではなかろうか。

ルターに共鳴した領主たちは、修道院をはじめとした古い教会組織を解体し、新しい領邦教会組織をつくった。従来のミサが廃止され、新しい聖餐式に変更されるのに伴い、建物の使われ方も変わっただろう。しかしそれによって早急に建物を新しく建て替える必要まではなく、礼拝には従来の建物が使用された。

先に触れたように、ルターの改革は従来の教会の明らかな誤りを糾弾することから始まったため、それに替わる何をもって正しい宗教行為とするかは、烈しい論争のなかで一つ一つ具体的に議論し提示されていくことになった。だがその過程で、この論争はローマ教会とルターとの間だけでなく、ルターとその追随者との間にも直ちに大きな対立を引き起こした。それがキリスト教の根本に深く関わる対立であることは、とりわけ聖餐をめぐる議論によく表れていた。

ルターは「教会のバビロン捕囚」のなかで従来のカトリック教会の儀礼を批判し、改革の必要を訴えた。堅信式、司祭叙階式、結婚式、終油式の秘跡は否定され、洗礼と聖餐についても見直しが主張された。カトリックの聖餐では、信徒はパンのみを口にし、ワインはキリストに捧げられていた（一種陪餐）。これに対してルターはパンもワインも全員が分け合う儀式を主張した（二種陪餐）。複数の福音書に繰り返され、パウロの手紙にも確認されている（一二三頁）このパンと杯による「記念」のうち、後者の杯をカトリック教会は使徒から奪っている、とルターは主張した。

聖餐はカトリックの説明では、司祭の聖別の言葉によってパンがキリストの肉と血に変化する秘跡とされていた（化体説。一三世紀ラテラノ公会議で確立）。ルターはまず第一に、この儀礼が司祭による秘跡とされることで、信仰が人々の手から教会に奪い取られていることに抗議したのである。そして聖書を優位とする自らの立場に則って、聖書の記述に率直に従おうとした。聖餐は救世主の存在を確認する重要な行為であるため、ルターのこの提案は直ちに大きな対立に発展する。そして聖書の解釈をめぐる論争とともに、そもそもパンがイエスの体であるということをどう解するかといった議論へと展開する。しかしこの論点に至って、より鋭い対立はカトリックとの間にではなく、宗教改革の内部に移った。かつての盟友カールシュタット、そしてスイスのチューリッヒでルターに共通する改革を展開していたツヴィングリは、パンはイエスの体ではなく、ただそれを象徴するだけだと主張した。ルターはカトリックと対立しつつも、聖餐式におけるイエスの体の実在は固く信じていたから、この点ではむしろツヴィングリとの間の溝の方が大きいといえる。[*23]

ともにローマ教会に対抗しようとする者同士の対立は望ましくないから、意見の調整がたびたび試みられたが、この争点は最後まで妥協できずに残った。一五三〇年にメランヒトンの尽力でなんとか『アウグスブルク信条』をまとめあげたが、その内容は曖昧なものとなってしまった。このことが示すように、この段階ではまだルター派はもとよりプロテスタントなるものさえまだ確立しておらず、個々にさまざまな理由でルターを支持したさまざまな輩《やから》がいたという方が現実に近かった。したがってルター派の教会堂なるものも存在しなかった。そのようなものが生み出されるのはもっと後のことである。しかし他方で、ルターが引き起こした論争が、キリスト教の建築に変化をもたらしたことも事実である。ただしこれらの変化には、自覚的だが多種多様な変化と、キリスト教に対する人々の意識の深い部分から生じた新旧教派の対立を越えた変化とが混ざり合っているので、初期の宗教改革は、両者を次元の異なるものとして区別しながら、それらの予期せぬ混合として解していくのが妥当であろう。

ルターと建築

ルターは結局、信仰の中身を問題とし、外形的な典礼にこだわることはむしろこれを戒めた。そのため典礼の定式化については、それぞれの地域の事情に任されていった。そのなかで、たとえばブランデンブルク選帝侯ヨーアヒム二世の一五四〇年の教会規定は著しく保守的でローマ教会に近いものだったといわれる。

シュマルカルデン戦争直前の一五四三年から一五四四年にかけて、ルターを庇護したザクセン選帝侯ヨハン・フリードリヒ三世はその居城であるトルガウのハルテンフェルス城に新たに礼拝堂を建設し、ルターがその献堂の説教を行った。[*24] 礼拝堂（図10）は北西側を祭壇とする単廊のシンプルな建物だが、周囲を二層の階上廊が取り囲む。右側の階上廊の腰壁の辺りに設けられた説教壇にはイエスの生涯を示す浮彫が施されているが、そのほか室内にはほとんど図像がない。説教壇は堂内にいる者全員に最も近い、中心的な位置を占めている。

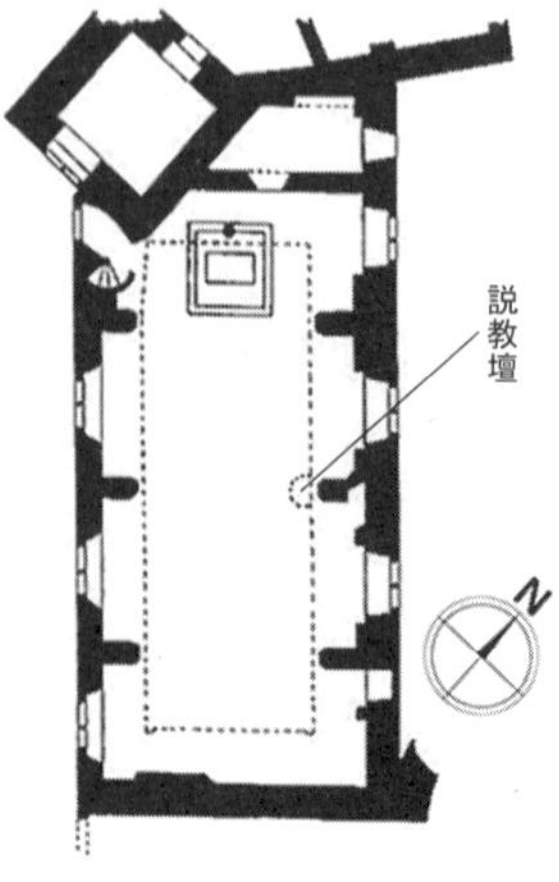

図10　ハルテンフェルス城礼拝堂、1543〜1544年

この礼拝堂は、たしかに安易な聖像崇拝を戒め、説教を重視したルターの考えに適ったつくりとなってはいる。だが、後期ゴシック様式のリブ・ヴォールトの天井、ドイツによく見られた広間型の教会堂や、この地方に特徴的な階上廊の造りなど、既存の建物との連続性も認められる。当時の意識はあくまで教会の改革であり、なにか特別な形式の教会堂を考案するという意図はそれほど明確ではない。しかし、ルター自身が

この建物に関係していたことから、この礼拝堂はその後のルター派の人々の参照するところのものとなったようだ。たとえば、半世紀後の一五八五年から一五九〇年にかけてシュマルカンデンに建てられたヴィルヘルムスブルク城の礼拝堂を見ると、単廊に二層の階上廊をめぐらせる空間が一つの形式として踏襲されていることがわかる。説教壇は祭壇の後ろに設けられているが、説教壇には同様の浮彫が施され、説教を重視する主旨は継承されている。祭壇は四福音書を象徴する生物の彫像によって支えられていた。階上廊の腰壁には一六〇五年に取り払われるまでは、教皇と鋭く対立するルターの信条を示す四〇枚の絵画パネルがはめられていたという。[*25]

このような階上廊はさかのぼれば古代の教会堂から見られ、中世の教会堂にも珍しくはない。特にドイツに多いが、フランスにもある。また、その後、宗教改革に対抗したイエズス会のミュンヘンの教会堂、ザンクト・ミカエル教会堂も階上廊を備えるし、アントワープのイエズス会教会堂も階上廊をもっており、必ずしもルター派だけのものではない。

カルヴァン

そもそもルターの信仰論は近代の萌芽というよりもむしろ中世の伝統に近い。それがカトリックと鋭く対立することは確かだが、そこに示される対立点はほとんどが古くから存在していたものである。カトリックが唱える化体説への批判はルターに始まるのではなく、中世を通じてたびたび主張されていた。ルター自身、自分の言っていることは一四〜一五世紀にウィクリフやフスが言っていたことと同じだとしている。[*26]

これに対してツヴィングリやカルヴァンの主張は、より急進的で、近代につながる面があるように見える。

特にカルヴァンはその後の影響、カルヴァン主義（改革派）の広がりやその政治や経済とのかかわりにおいて近代の成立を語るのに欠かせない存在とされる。しかしカルヴァンとカルヴァン主義とははっきりと区別しておかねばならない。カルヴァン自身については、たしかにそこには近代に欠かせない要素が認められるとしても、同時に近代と逆向きとさえいえる側面も含まれることに留意したい。近代を先取りすると一般に思われがちな合理性と、近代が廃棄したかに見える魔術的なものとが、近代とは異なるかたちで共存しているのがこの時代なのである。そのことを見損ねると、近代への転換の本当の姿が見えなくなる。

一五〇九年生まれのカルヴァンは、ドイツでルターの騒動が広がっていた一五二〇年代にはまだパリ、オルレアン、ブルージュで哲学、神学、法律を学んでいた。しかしカルヴァンは神の「摂理という手綱」によって「突然の回心」に至ったと後に振り返って書いている[*27]。教皇主義の迷信から救い出され、カトリック教会に反旗を翻したというのである。彼の事績から確認できるのは一五三四年に聖職禄を放棄したことで、これはすでに回心を経た後の行動であったろう。その前年パリ大学のニコ・コップの行った講演がルター派の拡大で神経質になっていた人々を憤激させ、コップは解任され逃亡を余儀なくされた。このときカルヴァンもパリを去っている。翌年パリやオルレアンで「教皇のミサ」を酷評する檄文《げきぶん》が張り出され、これをきっかけにフランス国王はプロテスタントへの本格的な弾圧に踏み切った。カルヴァンは聖職を放棄しバーゼルに亡命し、ここで彼の名を広めた『キリスト教綱領』を出版した（一五三六年）。

やがてカルヴァンはスイスの都市ジュネーヴの改革にかかわり、いったんジュネーヴ市参事会に拒否され退去するものの一五四一年に再びジュネーヴに戻って、以後死ぬまで二三年にわたり宗教的理想に合致した共同体の実現を目指して都市共和国の中心で活動した。当時ジュネーヴは、カトリックとプロテスタントの両者を含む周辺諸都市との微妙な盟友関係を模索しながら、サヴォワ公国から独立を獲得したばかりであった。最終的にプロテスタントを選択したこの都市共同体は、人心を掌握し都市の独立を守っていくための強い指導者を必要としていたのだ。カルヴァンが目指したのは厳格な信仰の支配する世俗社会であり、初期のキリスト教にイメージされる宗教と生活の一致であった。万人祭司の理念に立ち、一人ひとりの生活、一軒一軒の家が信仰の単位となり、教会は地区で選ばれた牧師と長老が運営し、教義に従わない者は都市から追放した。ルター同様カルヴァンも、キリスト教の信仰の普遍性を信じ、世俗社会の宗教化を目指した。ただルターが教会の運営の多くを領邦国家の手に委ねたのに対し、カルヴァンはより多くを直接神の権威に委ねようと試みたのである。

カルヴァン主義と予定説

その間、ジュネーヴでのカルヴァンの活動に影響を受けた宗教共同体が、オランダ、イングランド、スコットランド、フランスなどの各地に生まれ、ヨーロッパ社会に動揺が広がる。しかしカルヴァンの改革は、ヨーロッパ各地に飛び火していくその過程でカルヴァンの手を離れ、さまざまな変形を被る。カルヴァン派を名乗る以上カルヴァンから必然的に導かれることを主張しつつ、だが、ときに互いに鋭く対立するグループが乱立する。エルンスト・トレルチは近代社会の形成に関して、こうした排他的な小集団すなわちセクトの出現に注目した。[*28] ルターもカルヴァンも、結果的に孤立したとしても決してセクト化を是とはしなかった。かれらはその宗教的要求がどんなに厳格で実現困難であっても、あくまで普遍的な宗教的国家の実現を目指していた。その意味では初期の宗教改革は中世のキリスト教共同体の枠内に留まるというのである。それどころか宗教と政治の結合はむしろ中世よりも強化されており、もはや二つの剣（五〇頁以下）を区別することさえ困難に思われる。それは近代の政教分離、信教の自由とは逆の方に向かっているように見える。

トレルチの盟友でもあったマックス・ウェーバーは、有名な『プロテスタンティズムの倫理と資本主義の精神』（一九〇四〜一九〇五年刊）で、トレルチとは異なる立場から、「予定説」が近代資本主義の精神に与えた影響を説いた。[*29] そこでもカルヴァンと後のカルヴァン主義とは区別されている。[*30] 実際、予定説なるものはカルヴァンの教義のなかで後世が強調したほどには明確な位置を占めておらず、それが重要な論題となるのはカルヴァンの死後であり、またその議論が先鋭化し、政治的・経済的影響を及ぼすのは一七世紀以降と見られる。

予定説は救済される者とされぬ者とはあらかじめ神の意志によって決定されており、いかなる悔い改めもこの決定に影響しないとした。そこにはキリスト教の初期段階から議論の絶えなかった人間の自由意志について、それを徹底して否定する極端な立場が示されている。これもまた近代的人間主体の成立とは正反対の方向を示している。プロテスタントは結果的には近代社会形成のきっかけになったかもしれないが、きっかけとそこから生じる結果とは別である。きっかけとなった出来事そのものが近代的であるわけではない。必要条件と、その条件が許す可能性と、実際の選択とは別の層に属する事柄なのだ。宗教改革というきっかけから近代的な要素が生まれていく過程が重要であり、それについては次の章で考える。

宗教改革をこのように一つのきっかけととらえるなら、何か統一的な宗教改革の建築といったものを想定すべきかどうかは少なくともこの初期の段階では疑わしい。急進派は聖画像や聖人像を破棄したため、かつて数多くの祭壇が並んだ側廊もその役割を失った。壁で仕切られた古い形式の内陣は使われなくなるか、仕

図11　リヨンの改革派教会堂《パラディ・タンプル》、16世紀

切っていた壁（内陣障壁）を取り壊すなどして使用された。祭壇にかわって説教壇や簡素な聖餐卓が礼拝の中心になったと見られる。[*31]

いくつか絵が残されているリヨンの改革派教会堂（パラディ・タンプル、図11）には従来のカトリック教会のミサとはまったく異なる礼拝が行われていた当時の様子が伺える。一五六四年に建てられた集中式の建物であるが、集中式の建物それ自体は、ルネサンスのところでも見たように、古くから洗礼堂や礼拝堂などに多く見られる。この空間を特徴づけているのはむしろその使い方である。カトリックにおいて聖職者が占めていたような特別な空間や祭壇はなく、それにかわって説教壇が――正確に堂内中央に位置するわけではないものの――礼拝の中心となっている。とはいえ、さしあたり宗教改革の新しい礼拝は従来の教会堂を用いても可能であった。信仰のあり方の変化が建物そのものに根本的な変化をもたらすには、いましばらくの時間が必要であったし、しかもその間に、宗教と建築との間には、信仰のなかで建築がもつ意味の変化を含めた一筋縄ではいかない曲折が生じていくのである。

3　カトリック改革

トリエント公会議

宗教改革への対応のための公会議の開催がパドヴァ、マントヴァ、ヴィチェンツァと場所を変えて模索されたがいずれも実現しなかった。ようやく一五四五年トリエントで開催され、各地に広がる宗教紛争の解決と教会改革などについて討論が進められた。そしてプロテスタント諸領邦のシュマルカルデン同盟と皇帝との戦闘が始まるなか、一五四七年にルターの信仰論の焦点であった「義認」の主題を含む決議が採択され、秘跡は、ルターの主張するように信仰だけでなく、「有効なしるし」によって位置づけられることが確認された。[*32] また教会の堕落に対しても、聖職者の教育、任免、監督の規則などの教会改革をめぐる決議も行われた。

教皇がユリウス三世に代わり、公会議は第二期に入り、聖餐についての決議が実現した。しかしその間も会議は皇帝、プロテスタント諸侯、フランス王などの政治的思惑に振り回され、ザクセン選帝侯がプロテスタント諸侯の側に寝返って皇帝に対し蜂起するなか、決議は教皇の裁可を得ないまま途中散会となった。他方、帝国では、アウグスブルクの和議が一五五五年に結ばれ、領邦君主にカルヴァン派を除いた教派の選択権を与えることで決着し、さしあたり帝国内でのルター派とカトリックとの共存を諮ることになった。公会議の方は一五六二年にようやく再開され、叙階《じょかい》、婚姻などの秘跡、煉獄《れんごく》、聖人崇敬、贖宥などの教義が明確化され、翌一五六三年閉会した。

当初はまだ統合を目的に掲げていた公会議であったが、数十年にわたる会議の間の政治・社会情勢の変化とともに、プロテスタントとカトリックとの分裂はより決定的なものとなり、公会議の決議は結果的に、分裂を前提にしたカトリック教会の体制固めの意味合いをもつものとなった。しかも公会議それ自体は改革の基礎にすぎず、改革の真価はこれを起点として何をどう実現するかにかかっていた。そして改革の実行に際しては、イエズス会をはじめとした新しい修道会が大きな役割を果たしていく。

カトリック改革とイエズス会

しかし改革は、プロテスタントとの対決姿勢だけで決定づけられていたわけではない。改革の試みは中世からカトリックの内部に常に存在していた。ルター以前か以後かを基準にして、ルター以後のカトリック側の改革をすべて宗教改革への対抗措置とするのは図式的に過ぎ、そのような見方はルター自身の意図としても正確とはいえない。そこで今は、プロテスタントへのカトリック側からの対抗という見方だけでなく、プロテスタントの出現に先立つカトリック内部の、とりわけ平信徒を含め、下からの改革という文脈から宗教改革全体をとらえるべきであるとされる[*33]。

イエズス会を創設したイグナティウス・デ・ロヨラ（一四九一頃〜一五五六年）はバスク地方の出身で、ルターより八年ほど遅れて生まれた。ナバラ王国の臣下となり、戦場で重傷を負い、その治療中に信仰に目覚めた。以後、聖地への巡礼や大学での修学に信仰の道を模索し、一五三四年にモンマルトルで仲間六人と清貧と貞潔とパレスティナ伝道の誓願を立てた。そして一五三七年には司祭の叙階を受け、一五四〇年修道会イエズス会として正式に認可された。

イエズス会は教皇への従順を誓い、聖歌隊も、定められた会服ももたず、教皇の指示通りあらゆる土地に行って伝道し、新教徒をもその対象に含めて教育活動に力を入れた。その結果イエズス会は、カトリックの戦士として宗教改革後のヨーロッパ史に一つの役柄を演じただけでなく、大航海時代に入って間もないヨーロッパが、日本を含む海外へと影響を拡大していく先兵ともなった。彼らは当初の誓願に含まれていたものの当時の東方情勢では困難であったパレスティナ伝道[*34]の代わりに、世界各地の異教徒への伝道を目指したからである。日本にキリスト教を伝えたフランシスコ・ザビエルはイエズス会設立当初のメンバーであった。

第二章でも触れたようにキリスト教会の内部では修道会を中心にした改革運動がたびたび起った。一四世紀末に複数教皇が並立した大分裂に際しては、公会議が中心になって解決に取り組んだ。しかし公会議それ自体がまた新たな分裂の火種となり、ヨーロッパ精神の統合の役割を充分果たせなくなっていた。そうしたなかで、一四世紀末から一五世紀にかけて、教会の上部組織の改革ではなく、各地の司祭や修道士や平信徒から、より日常的な信仰生活からの改革を試みる動きが湧出していた[*35]。

ルターも、本来托鉢修道会の修道士で、当然カトリックだったのであるから、その活動も、これらの信仰生活改革の一つと見ることもできる。ただルターの場合は、領邦君主を巻き込んだ改革の政治的展開によってカトリックからの歴史的な分離に至ったのである。そしてこれへの対抗改革の先頭に立ち大きな役割を果たしたとされるイエズス会の創設もまた、その出発点はルターと同じように、教会の上部組織の改革ではなく、自発的な信仰生活の改革だった。

イグナティウスはあのカルヴァンとも交差する。イグナティウスのパリでの修学はカルヴァンのパリ時代と重なり、モンマルトルの誓願はカルヴァンの「回心」とほぼ同じ頃で、いずれも「聖なる軍隊」として「大いなる神の栄光」にすべてを捧げることを唱えた。人文主義を基礎として重視することも共通している。しかしカルヴァンが人文主義から出発しているのに対して、軍隊に所属していたイグナティウスはカルヴァンと対照的に、まず最初に個人的な霊的体験を深め、幾度も異端の嫌疑をかけられ審問を受けることを繰り返し、ずいぶん後になってようやく学問の必要性を認識した。[*36] イグナティウスに感化されたイエズス会士も皆はじめはイグナティウス独自の霊的体験の指南書である『霊操』から出発している。カルヴァンの霊性が人文主義によって浄化され高揚するものであるのに対して、イグナティウスの人文主義は厳しい修行とともに得られる霊的体験を後から支えるような位置を占めることになる。[*37]

このように中世後期に起きた下からのカトリック改革の文脈から見るなら宗教改革は新教・旧教の立場の違いを越えた一つの流れから生じたものという見方もできる。この見方は日本のキリシタンの理解にとっても重要である。日本にキリスト教を初めに伝えたのはイエズス会であった。後に禁教となり、教会組織の支持もないなかで長年にわたってキリシタンたちを支えたのは信徒たちの主体的組織であった。そこに日本の共同体の伝統的な働きもむろん重要な役割を果たしただろうが、キリスト教の信仰がそれに馴化し得た前提には、キリスト教にもともと存在する家政（オイコノミア）の思想と、それを基盤として中世末から高まっていた民衆の主体的な信仰改革運動と、さらにカトリックの枠内でこれを発展させたイエズス会の活動などがあったといえよう。[*38]

しかし世界という家（オイコス）の主である神の救済という同じ信仰をもつ新教・旧教が唯一の正しい信仰を求めて交わしていたはずの議論は、議論を重ねれば重ねるほど対立を深めていく。少なくともイグナティウスの当初の意図は内発的な宗教改革にあった。そのような改革の原点において、またその時期においてもプロテスタントの改革に近接していた。しかしカルヴァン、イグナティウスの両者の死の前後にはすでにイエズス会はプロテスタントとの戦いの先兵となりつつあった。

イル・ジェズ教会堂

イグナティウスの死後一二年経って、イエズス会の本部となる教会堂と宗教施設の建設が始まった。この教会堂の壮麗なのを目にすると、建設開始のほんの十数年前まで生きていたイグナティウスが、かつて托鉢をしながら修行と巡礼を続け、ときにぎりぎりの清貧を生きたというイメージとのギャップに戸惑う。しかし貧しさや弱さに最大の力を認めるのはキリスト教の教えの一つであり、そして実際にキリスト教社会において貧しさが大きな社会的力へと帰結することは珍しくなかった。イグナティウスが理想としたフランチェスコもその一例であったといえよう。

この教会堂の建設に出資したアレッサンドロ・ファルネーゼ枢機卿は、トリエント公会議を招集しイエズス会を認可したあの教皇パウルス三世を祖父とし、サン・ピエトロ大聖堂、システィーナ礼拝堂、カンピドリオ広場、パラッツォ・ファルネーゼ（ローマ）の建設にミケランジェロを登用するなどルネサンスの歴史的建設事業に深く関与した一族の出であった。枢機卿自身もまた、イル・ジェズ教会堂の他にカプラローラのパラッツォ・ファルネーゼをヴィニョーラに建設させている。

イル・ジェズ教会堂もヴィニョーラにより設計された。このときヴィニョーラは、すでに亡きミケランジェロの後を継いでサン・ピエトロ大聖堂の建設に従事していた。しかし建設途中の一五七五年にヴィニョーラは死去、ジャコモ・デラ・ポルタが後を受け継ぎ完成させた（図12）。側廊をもたない単廊式バシリカで、

図 12　イル・ジェズ教会堂、ローマ

図 13　同、1641 年頃の内部を示す絵画

身廊には巨大なトンネル・ヴォールトが架けられ、身廊の両側におのおの三つの祭室が設けられた（図13、14）。コーリン・ロウはこの教会をアルベルティのサンタンドレア教会堂（一一二頁図5）を模範にし、袖廊と内陣の奥行を浅くするという変更を加えたものとしている。[*39] それによって、多数の信徒が収容でき、そこから内陣がさえぎるものなく誰の目にもよく見えるようになった。やがてこのヴォールト天井には一七世紀後半に視覚的なトリックを駆使したバロック様式の壮麗な天井画と装飾が施されることになる。ルネサンスのところで見たように、屋根の高さが大きく

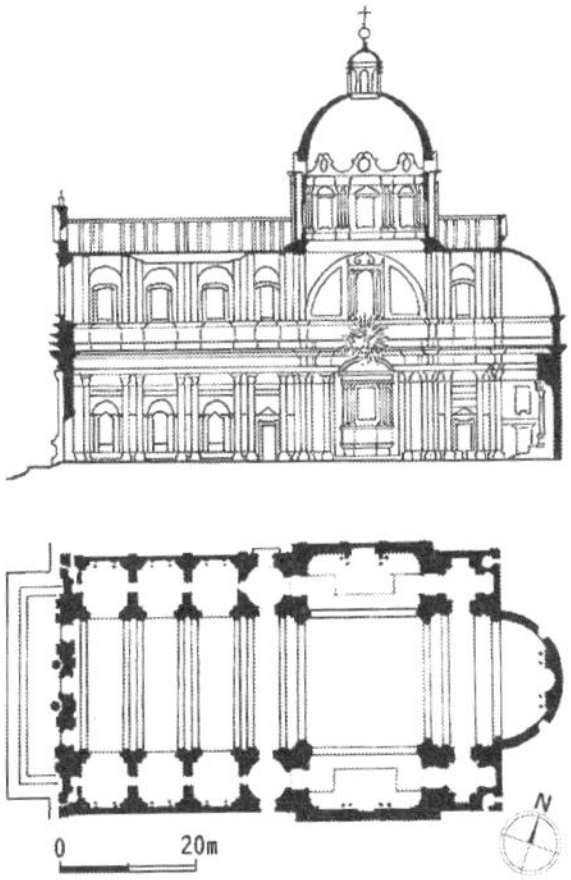

図 14　同、断面図（上）と平面図（下）

違う身廊と側廊とで構成される教会堂の正面に古典様式をどう適用するかについてこの時代にもいまだ決定的な解法はなく、試行錯誤が続いていた。イル・ジェズ教会の場合、上下二層に分割し、身廊と側廊の高低差は渦巻形の装飾で接続するという、アルベルティ以来比較的よく用いられた方法が選ばれた。加えてイル・ジェズ教会堂ではエンタブラチュアを見るとよくわかるように、ペディメント、付柱とともに、中央に近づくにつれて三段階に前に迫り出し、中央寄りの柱だけ円柱にされるなどファサード全体に浮彫的な変化がつけられている。身廊の両脇の付柱の後ろには側廊の柱がわずかに覗いている。理論上は必ずしも不可欠と思えないこの付柱が生み出すにじみのような空間は、ルネサンスが目指した透明なシステムとはまた別の関心がここに生じていることを感じさせる。ヴィニョーラによる初期の案では、身廊部が五間、両側廊部がそれぞれ二間に分割されていたが、実現されたものでは、中央入口のペディメントが三角のものと円弧のものとで二重になり、これを支える柱も各二本存在し、この寄り合う二本の柱がファサード全体の基調になり、身廊部を三間、両側廊を各一間に分節している。この分節の仕方の変更によって、個々の要素は強められているにもかかわらず、それでもまだ全体は曖昧な印象が支配的である。

ヴェネツィアの二つの教会堂

同じ頃パラーディオが関わったヴェネツィアの教会堂も参照しておきたい。サン・ジョルジョ・マッジョーレ教会堂はパラーディオの死後、中断を挟んで一六一一年にようやく完成しており、パラーディオの意図を正確に反映しているかどうかは議論があるということも念頭に置いておこう。その正面（図15）はイル・ジェズのようにすべてを上下二層に分割せず、身廊部の高さに合わせた巨大な四本の半円柱がペディメントを支

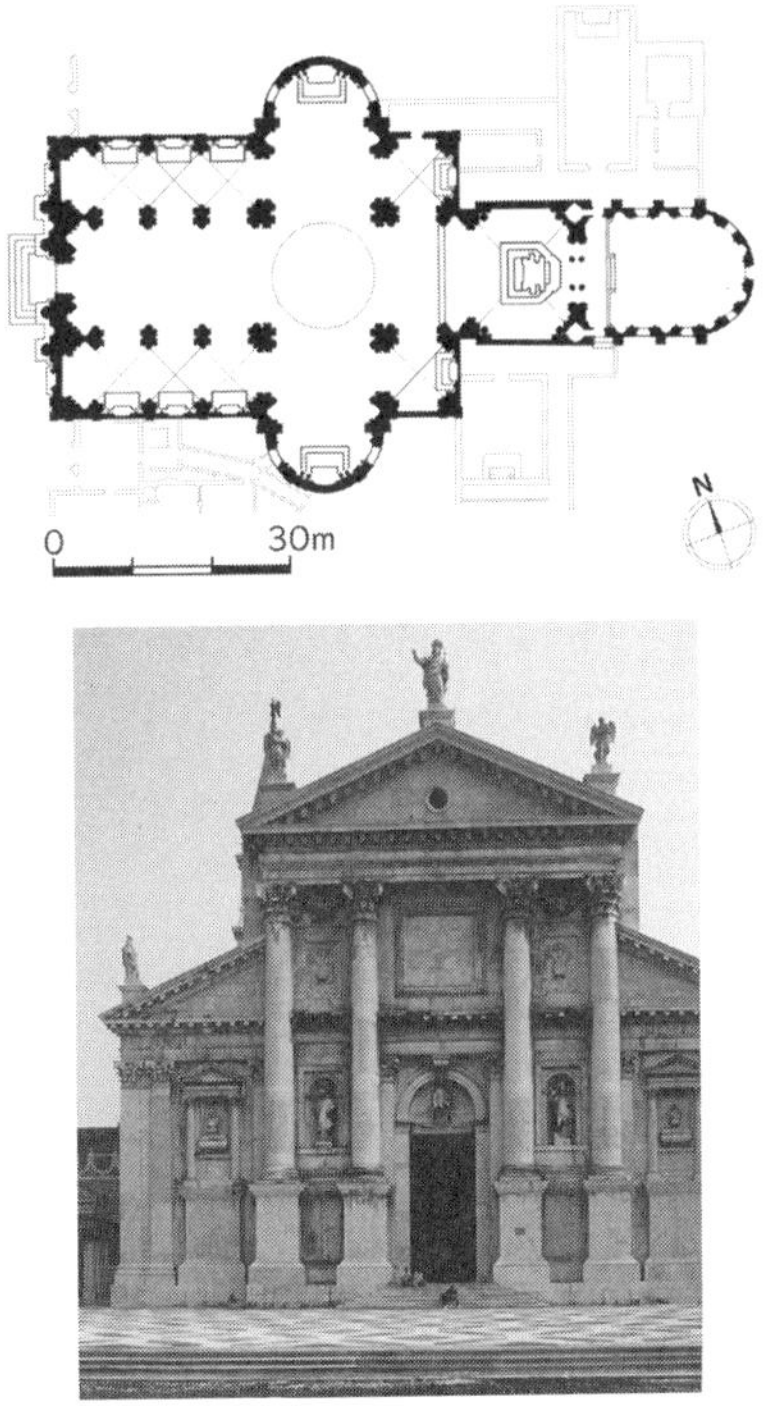

図15　サン・ジョルジョ・マッジョーレ教会堂、ヴェネツィア。平面図（上）、正面（下）

え、より低い側廊には低いが幅の広いもう一つのペディメントが存在するかのような表現が与えられている。[40]低い方のペディメントを支える付柱は上下二層に分割されていると見なしたときの下層に該当するし、それを構成の基本と見るなら、むしろイル・ジェズと同じような二層構成で、その上層部の柱が巨大化したものと見ることもできる。実際、中央の半円柱の土台は不自然に高く、出入りする者を両側から圧迫し、しばしばこのファサードの難点とされてきた。しかしこの構成によってブルクハルトがアルベルティ以来安易に用いられてきたことに不満を漏らしたあの渦巻装飾（ヴォリュート）[41]を使わずに済んでいる。いずれにしても、ここで留意したいのはその是非ではなく、この解決がイル・ジェズとはまた異なった意味での曖昧さを生んでいるということである。その力強い円柱によって最初に見た印象は明確で安定したものとなっているが、しかしその意匠の合理的で巧妙なテクニックを目で慎重に辿ると、たとえば先ほどの高すぎる台座の意味や、両端にだけ姿を現す低い方のペディメントの見えない全体の姿など、そこに存在しているはずなのに存在していないものの存在に気づかずにいられない。このファサードは表向き明解さを装ってはいるが、その秩序は見えないものとの危うい均衡の上に成り立っているように見える。

サン・ジョルジョ・マッジョーレよりもスマートな解決を示すといわれるイル・レデントーレ教会堂も、根本的には同種の曖昧さを維持している(図16)。両教会とも堂内は明るく内陣は舞台のように見透しがよい。イル・ジェズ教会堂と同様に、礼拝を信徒に向けて開かれたものとするための配慮がうかがえる。そして正面のデザインでは、確かにここではサン・ジョルジョ・マッジョーレ教会堂の高すぎる台座の問題は解決されているが、低い方のペディメントは依然として現実と仮象の微妙な境を漂っている。中央のペディメントを支える四本の柱のうち両端の二本は角型の付柱、中の二本は半円柱となっている。その中にはより小さなペディメントと半円柱からなる中央入口があるが、この小さなペディメントは高さも大きさもちょうど側廊のペディメントと同じ位で、これらさまざまな柱とペディメントが非常に巧みな均衡を実現している。しかし見方によっては、大ペディメントを支える柱がサン・ジョルジョほどに強調されていない分、かえってさまざまな見え方が拮抗して、ルネサンスのあの確信に満ちた存在感とは異なる不思議な印象を生み出している。かといってそれはバロックとも明らかに異なる。

先にみたように、イル・ジェズのファサードは様式としてマニエリスムからバロックへと向かう時期の特質を示すものと位置づけられる。マニエリスムは時代的にはルネサンスとバロックの間に位置するが、序にも述べたようにこれらの様式概念はいずれもその様式が行われた当時の人々の意識をそのまま踏襲するものではなく、後になって発見された解釈的概念であり、そのため、それを発見した側の関心をも併せて反映したものと思っておいた方がよい。

まだしもルネサンスには当初から古代文化の「再生」という意識があったが、バロックは否定的な意味合いで用いられていたものを一九世紀末に評価を逆転させて時代様式としての地歩を獲得した。その背景には、一九世紀のヨーロッパ社会に生じていた世界観の亀裂があった。これを再統合する力となり得るものとして視覚的なイメージに期待を寄せるという解釈する側の心性が反映されている。バロック様式は視覚的なイメージを社会統合の武器として最大限に活用した様式として「再発見」されたのである。しかしバロックの再評価からおよそ半世紀の後に新たに関心を集めることになったマニエリスム様式は、バロックのような統

図 16　イル・レデントーレ教会堂、ヴェネツィア。平面図（上）、正面（中）、内部。外陣から内陣を見る（下）

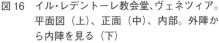

合力としてではなく、むしろ統合の困難な状況のなかでの行動様式を示す表現として注目されることになる。このような問題意識はこんにちなお命脈を保っていると思われる。それだけに一六世紀という時代を見るのに現代の自己投影に引き込まれすぎないように注意する必要があるが、それを加味してもなお重要な背景のひとつとして、ローマ教会の権威というそれまで互いに認め合ってきた大きな前提の崩壊によってもたらされた社会の混迷を無視することはできない。

社会の混迷（オランダとスペイン、フランス、イギリス）

ルターをきっかけに次々と生じる宗教改革運動を前に、公会議を開き、教会の統合を再確認しようと試み、また新旧両派の諸侯を抱えた神聖ローマ帝国でもアウグスブルクの和議が成立（一五五五年）したにもかかわらず、各地でなお次々と新たな紛争が生じた。アウグスブルクの和議は領邦内の内政はともかく、領邦間の関係はこれを制御する宗教的手段をもたなかったので、かえって宗教が紛争の原因や口実になっていった。皇帝カール五世が一五五六年に引退し、皇帝位を弟に、スペイン王位を息子にそれぞれ譲ると、スペイン王となった息子フェリペ二世（在位一五五六〜一五九八年）はフランドル地方でのカトリック政策を強化し、改革派との対立が激化する。フランスでも一五六二年からユグノー戦争が始まる。戦地がドイツ以外の各地に拡大しただけでなく、一般市民の心性が複雑に絡み合った内紛であっただけに、初期の農民戦争からすでに一般市民を含めた血なまぐさい虐殺事件をも伴いつつ、長期にわたって不穏な社会情勢が続くことになる。

その間、カトリックのもとでの国家統合を強力に推し進めたスペイン国王フェリペ二世は、マドリッド郊外に政務宮殿、王家の礼拝所、修道院、歴代王の墓所を兼ねた巨大なエル・エスコリアル修道宮の建設を始めた（一五六三年）。「形態の単純性、総体の厳正さ、気負いのない気品、虚飾なき威厳」[*42]というフェリペの命に従い、中央に教会堂を配し、全長一六二m×二〇七mの外壁にほとんど装飾のない窓が規則正しく並び冷徹な印象を与える外観の建物が建設される（図17）。

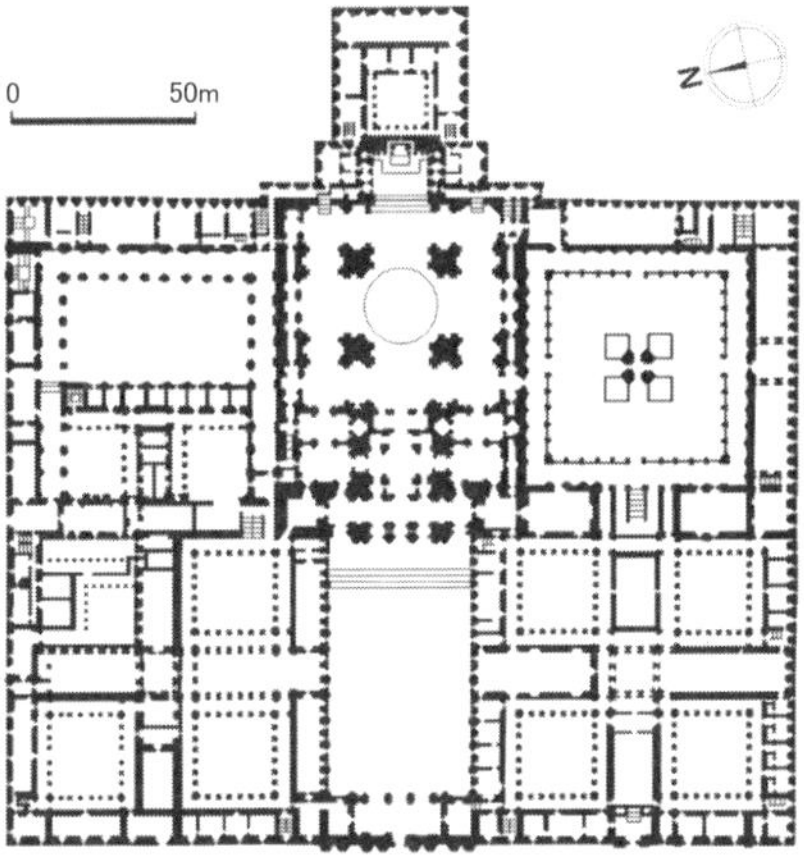

図 17　エル・エスコリアル修道宮、スペイン

イギリスではすでに一五三四年、ヘンリー八世が婚姻問題をきっかけにローマ教会から離脱し、国王至上法を制定して国教会を形成した。修道院は解散し、所領は世俗化された。一五五八年に即位したエリザベス女王の時代に国教会は教義や典礼の方針を示し、その立場を確立していった。しかし信仰の在り方や教会組織をめぐる争いは続き、ときに国内外の有力者の政争と絡んで武力衝突に及んだ。プロテスタント化を旨とする国教会はなかでもカルヴァン派が主流を占め、国教会を拒否するカトリック教徒は弾圧された。だがカトリックだけでなくプロテスタントでも、国教会の改革を不徹底とし国王至上権を認めないなど国教会に対立する者に対しては、同様に厳しい対処がなされた。

このイギリスに対し、スペインが一五八八年無敵艦隊を出撃させる。スペインはカトリックの牙城としてオランダ、イギリスのプロテスタント勢力と対抗していた。しかし予想に反してイギリスが勝利し、エリザベスの治世はこの戦勝にも支えられて安定を得る。フランスでも、一五八九年にプロテスタントの首領だったアンリ四世が国王に即位後カトリックに改宗し、新旧両派を巧みに調停すると、かりそめの和平が実現する。独立したオランダも一六〇九年にはスペインとの一時的停戦に至る。

その間、神聖ローマ帝国の皇帝は、カール五世の弟でスペインに生まれ育ったフェルディナント一世、マクシミリアン二世、ルドルフ二世へと世襲される。いずれの皇帝も一時期スペインに生活するなどスペインとの関係を保ち、カトリックの立場を基本としたが、しかし同時に、神聖ローマ帝国内に根強いプロテスタント勢力との均衡を配慮しながら、微妙な政治的舵取りを余儀なくされた。

マニエリスムからバロックへ

一五七六年に皇帝となったルドルフ二世は統治者としての評判は芳しくなかったが、一五八三年に帝都をウィーンからプラハに移し、学芸を保護して当時の文化の一大中心を形成した。アルチンボルドやティコ・ブラーエを庇護し、ガラス工芸を発展させるなど後世への影響も小さくないこの人物について、初めて本格的なモノグラフを書いたロバート・エヴァンズは「中央ヨーロッパにおけるルドルフ時代は一つの時代の終焉であり、一つの転換期であった」としている。[*43] この転換の背景には、「お互いまったく無関係な現象ではなかった」、「二つのレベル」にわたる時代の動揺があった。その一つは、三十年戦争のきっかけとなった、一六一八年プラハ宮廷でのカトリックの使者の窓外放擲《そうがいほうてき》事件へと至る政治の動揺であり、第二は「精神的調和体系」の動揺であった。[*44] そしてこの二つは「お互いにまったく無関係な現象ではなかった」という。後者のレベルで揺るがされたのは「神の体系、すなわち世界の一要素としての人間が他の事物と有機的な対応関係を結び、自己啓発しだいで救済の道が開けるあの神の体系」であり、それは「人間の至高の目的は思弁的観想にあるという伝統的な思想と不可分の関係を有していた」[45]。事実ヨーロッパでは、真理の現出が権力につながった歴史の実績があった[46]。皇帝ルドルフが得意としたのは後者の「観想」であり、これによって混迷する中央ヨーロッパの統治を立て直そうとする姿勢はこんにちからは奇妙に見えるかもしれないが、このような「ルドルフのケース」は一六世紀にあって「極端であっても決して例外ではな」かった[47]。ルドルフは政治を捨てて文化の保護者の立場に引きこもったのではなく、統治の一つとして文化事業に専心したのである。それにもかかわらず彼の統治が非難される結果になったのは、その前提がちょうどこのとき失われたからだというのである。

ルドルフ二世のもとに栄えた学芸は様式史の一般的枠組みではマニエリスムに属するとされる。この社会と精神の動揺を背景に、いまだルネサンスの、神学的プラトン主義やカバラやヘルメス主義によって補強された神学の延長にありつつも、しかしルネサンスの確信を失った時代にそれに代わるものを模索しながら行われた創作に、様式と呼べるほどの共通性があるかどうかはここでは問わない[48]。ただそのような背景のもとで創作されたという共通の事実が存在したことは確かである。そのような前提で理解されるべき作品群をマニエリスムの作品とここでは呼んでおこう。

そのマニエリスム芸術の重要な保護者の一人だった皇帝ルドルフは、しかし一五七八年から八〇年と、一五九九年から一六〇〇年にかけて、二度病に倒れている。とりわけ二度目の危機を経てからのルドルフの行動には「順応や妥協を拒む強い決意」が顕わとなり、「皇帝は悪魔に取り憑かれているといううわさが（ローマですら）囁かれ」るほどであったという。エヴァンズはそこに「安寧平穏への希求と周囲への完全な不信感とに引き裂かれた人間の行動」を見いだしている[49]。

ブルネレスキ以降の建築には、形態的統一性とその強調によって生まれる堂々たる存在感の追求が徐々に鮮明になっていく。その過程は、中世的世界観を古代からの刺激とともに強化しようとする、オカルトにもつながる思想的な動きとその社会背景をともにしていた。やがて、一六世紀になると建築には、問題解決の複雑化、その結果生じる曖昧さ、ぶれやにじみのような奇妙な空間がしばしば目立つようになる。そうした特徴が現れる事情は個々に一様ではないが、その解釈に際しては、宗教を核とした中世的社会秩序の動揺という背景を念頭に置いておくべきと思われる。実際、キリスト教の深刻な危機を前に、審判のイメージは社会に安定より、むしろ混乱をもたらしつつあった。そしてついに一七世紀には宗教と建築の関係を含めた、より根底的な社会の再編に至るのである。

第四章　救　済

はじめに――「喜ばしい気持ち」

「ルーベンスの人柄と経歴を心に思い描くと、このうえなく喜ばしい気持になる」。ヤーコプ・ブルクハルトの遺作『ルーベンス回想』（一八九八年刊）の冒頭である。[*1] 一六〇〇年からイタリアで活躍していた画家ピーテル・パウル・ルーベンス（一五七七～一六四〇年）は一六〇八年、病身の母が待つ故郷アントワープに向けて帰途に就く。このときオランダはカルヴァン派として、カトリックの強国スペインの支配から独立するための戦いのなかにあった。スペイン支配下の南部地域と、抵抗を続ける北部オランダとの二つにネーデルラントが分裂し、アントワープはカトリックの最前線としてオランダと対峙することになる。ルーベンスがアントワープに到着したとき母はすでに亡かったが、以後ルーベンスはここアントワープを拠点に国際的に活躍する。多くの言語を操り、各国の有力者の寵愛を受け、国際的画家として活動したルーベンスは、この複雑な政治状況のもと、やがて外交使節としても活躍することになる。

ルーベンスの絵画はこんにち一般にバロック様式の起点に位置づけられる（次頁図1）。だがブルクハル

図1　ルーベンス《レウキッポスの娘たちの略奪》、1617年頃

トの時代にはバロックは否定的な意味を帯びた言葉で、ブルクハルトも一般的なイメージとして「退廃した因習的表現」[*2]を想起しつつこの語を用いている。ブルクハルトによれば、すでに一五三〇年代、マニエリスムとともに「堕落」は始まっていた。上流階級や教会は「建造物のために偉大な様式によるしばしば膨大な記念碑的装飾を求め」「ラファエロやミケランジェロが全力で達成しえた課題が、今や手当たり次第の者に与えられ、野心と陰謀のわれがちに求めて走り回る目標ともなった」[*3]。さらに一五八〇年代に生じた新たな局面について、次のように述べる。

一五八〇年代以来マニエリスムは歴史的現象としても高い関心を呼ぶ新しい様式に道を譲る。当時広くバロック様式の豪華な聖堂類型を生んだ反宗教改革の精神は、同時に絵画にも聖なる対象のできるだけ刺激的で強烈な処理、大衆的わかり易さとフォルムの誘惑的魅力を結合した天上の壮観とこれに寄せる敬虔な憧れの最高の表現を要求した。[*4]（ブルクハルト）

第三章でみたように、一五八〇年に完成したイル・ジェズ教会堂のファサードには、後のバロック様式につながる要素はあるものの、マニエリスム様式に特有の曖昧さがまだ残っている。これに対して、二三年後にカルロ・マデルノが完成させたサンタ・スザンナ教会堂のファサードからは、そうした曖昧さが消えている（図2）。建築は、仮に抽象的な幾何学に基づいて計画したとしても、現実の物質と対峙したときには、重さ、強さ、厚みなど、幾何学的秩序に収まりきらない要素に出会う。たしかに、柱とこれが支えるアーチで立方体を組み、これを単位として並列すると、一応幾何学的には明快な空間ができそうに思える。しかし実際はたとえば身廊と側廊など、規模の異なる空間が隣接し、その場合太さの異なる柱がペアになってしまう。特にルネサンスが太さと高さの比率が等しい古典様式の柱や半円アーチを導入すると、そこに不整合がより露顕しやすくなる。こうした問題は教会堂の交差部などで特に複雑な事態を引き起こす。ただでさえ荷重が集中する箇所に、壮麗なドームなどを載せようとして、支柱に過大な荷重が掛かる。かといって支柱をむやみに太くすると当初の幾何学的一貫性が損なわれるので、何か別の秩序構成を考えざるを得ない。

図2　サンタ・スザンナ教会堂、ローマ、1603年完成

そもそも規模の異なる柱が常に太さと高さの比率を保たねばならないという規則自体が、強度との矛盾をはらんでいる。蟻の足が細く、象の足が太いように、大きな柱はより大きな断面を必要とする。経験的にはよく知られるこのことについて、ガリレイが自然学的な理路を示したのは一五三八年のことである[*5]（次頁図3）。そこからは、規模にかかわらず柱の比例が変わらないということが自然学の法則には適合せず、両者を調停するために何か別の規則を探

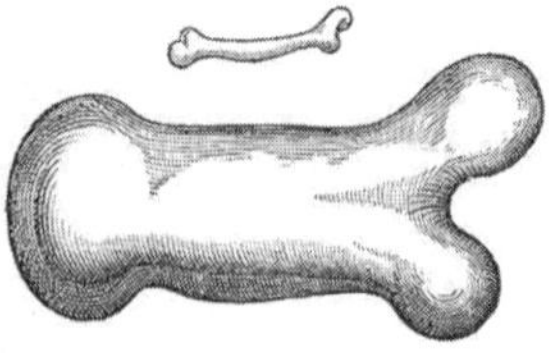

図3　ガリレオ・ガリレイ『新科学対話』(1638年) より
「小動物の骨の長さが3倍になったとき、この長さを持つ動物が小動物と同等の運動機能を発揮するのに必要な骨の太さ……」

る必要のあることが示唆されよう。

マニエリスム期の建築ではすでにルネサンスが導入した幾何学的秩序と自然の諸特性との齟齬を調整するさまざまな手法が試みられていた。ところが一七世紀に入ると、その手法は動きの表象の形成へと収れんしていく。そのことは平面計画における楕円の使い方にも認められる。すでに一六世紀から楕円を用いた計画案が建物の聖俗を問わず出現する。当初はまだ楕円形自体が主題であったというより、建物へのさまざまな要求に応える設計手法の一つとして提示され、それもわずかしか実現していない。少なくとも社会に意味が広くかつ明確に承認されるには至っていなかったと思われる。しかし一七世紀になると楕円形の空間は建物の内外の印象を決定づける中心的要素として盛んに使われるようになる（図4）。その転換点に立つ建物を探ると、カルロ・マデルノ、オッタヴィアーノ・マスケリーノ、フランチェスコ・ダ・ヴォルテッラらの手になる一五八〇年代から一六〇〇年代の設計が浮かび上がる。[*6]

まさにこれらの転換の時期に画家として活躍したルーベンスはブルクハルトに言わせれば「《……すべての力と衝動を使って人間を賛美する》彼独自の手法を持つ」唯一無二の存在であった。とりわけ「彼がひと度瞬時的なものの表出という彼の偉大な主テーマに到達するやいなや」「他のいかなる画家にも少しも感じられないような、あのつねに新たな驚嘆を呼び起こすのである」[*7]。たしかにルーベンスの絵画は後のバロック絵画に大きな影響を与えたが、しかしルーベンスの価値はそのことにあるのではない。この時代、キリスト教の信仰共同体としてのヨーロッパ秩序はいよいよ崩壊の危機に直面していた。ブルクハルトは、この困難な時代のなかにあってなお力強く輝く人間性の光明をルーベンスに見いだしていたのだろう。

これに対してヴェルフリンは、ブルクハルトと異なり、バロックの概念そのものに、ルネサンスに比肩し得るような価値を与えようとした。これはブルクハルトのバロック評価に真正面から対立するように見える。だがヴェルフリンのバロック評価は複雑で、ときに両義的でさえある。

ヴェルフリンのバロックは、ブルクハルトが確立したイタリア・ルネサンスに対する歴史的評価の土台のうえに据えられている。ヴェルフリンは『ルネサンスとバロック』で、扱う対象をルーベンスの活動に重なる一六三〇年以前に限定し、一六三〇年以後に顕著になる虚構性の放任をその記述から除外する素振りも見せている。ヴェルフリンのバロック評価は、ブルクハルトがルーベンスに見いだした人間の可能性を、新しい様式論の方法と概念によって、より普遍的なものにとらえ直す試みだったのだろうか。もしそうであれば、それはブルクハルトにとっても悪いことではなかったはずだ。事実ヴェルフリンはブルクハルトの後継として

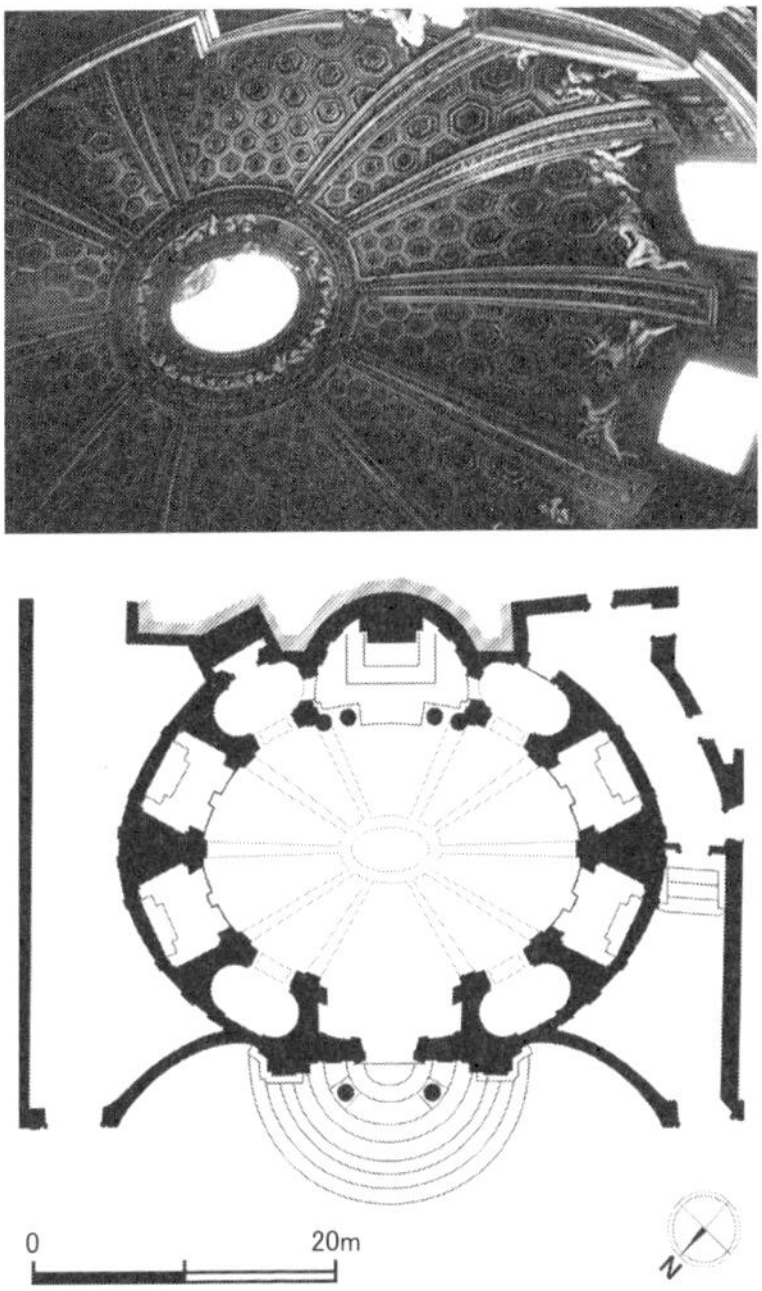

図4 サンタンドレア・アル・クィリナーレ教会堂、ローマ、1658～1670年。ドーム天井見上げ（上）、平面図（下）

一八九三年以降バーゼル大学で美術史学を担当することになる。ところがヴェルフリンがバロック様式から抽出してみせた特徴は、ブルクハルトが「堕落」とする一六三〇年以後の作品にもほとんどそのまま当てはまる。ブルクハルトがバロックに対して否定的な意味で用いた「絵画的」という言葉もヴェルフリンは肯定的なものに転換する。そのことからは、ヴェルフリンのバロック評価はブルクハルトのそれと対立するかに見える。

ヴェルフリンは『ルネサンスとバロック』から二七年経った一九一五年に『美術史の基礎概念』でルネサンスとバロックの区別を改めて取り上げた[*8]。そこでより明確に方法論化された様式分析は後続の研究者によって対象を他の時代や地域、空間や精神の様式へと拡張され、また理念化され、現代の芸術を歴史的に正当化するのにも用いられた[*9]。バロック様式の評価は確立し、さらに歴史を超えた「ある種の秘められた人間的常数」とする立場を取る者さえ現れた[*10]。

一八八八年にヴェルフリンは「私たちの時代がまさにここでいかにイタリアのバロックと同質であるかを見誤ることはないであろう」と書いた[*11]（傍点引用者）。一九世紀末は、近代への反省ないし批判が高まった時期であった。そうしたなかで、バロック様式もまた、近代そのものを問う一つの手掛かりと見られたのである。ブルクハルトも晩年の講演で、社会における宗教・政治・文化のおのおのの支配関係と、時代的「危機」を主題としていた[*12]。またヴェルフリンと同世代のエルンスト・トレルチやマックス・ウェーバーも、その近代批判において一七〜一八世紀の宗教の在り方を歴史上の鍵と見ている[*13]。ヴェルフリンがバロック美術に見いだしたのは、単なる近代への反動でも、相対化された様式一覧でもなかったと見るべきであろう。

以下に、一六世紀末から一六五〇年頃にかけての建築表現にバロック様式の成立を含む大きな変化があったことと、同じ時期に宗教と政治との関係を含むヨーロッパ社会の再編が進んだこととを並行して見ていきたい。この両者を安易に結びつけてはならないが、しかしその一方で、一七世紀の出来事の諸関係を考えることは、現代に対する反省的理解の契機として、ヴェルフリン以降今もなお有効であり続けていると思われるからである。

1　確信ある錯誤

プラハ、一六一八年春

後に三十年戦争と呼ばれることになる戦いは、プラハでの一つの事件をきっかけに始まった。前章の末尾で触れたように、神聖ローマ帝国皇帝ルドルフ二世は一五八三年に首都をプラハに移した。ところがこの地域ではカトリックは少数派にすぎず、皇帝はプロテスタントとの融和的な政策を強いられた。一六〇〇年以降、政治的失策続きとされるこの皇帝が一六一二年に死去してから後もこの融和策は引き継がれた。ところがカトリック強硬派のフェルディナント二世が一六一七年にボヘミア王となると、緊張が高まり、一六一八年五月のある日、フェルディナントの留守中にプロテスタントたちが王宮に押し入って、顧問官を窓から投擲した。この出来事をきっかけに、ボヘミアのプロテスタント諸侯はドイツからプファルツ選帝侯フリードリヒ五世を担ぎ出し、一六二〇年十一月、プラハ近郊の白山で、ハプスブルク家フェルディナント二世率いる神聖ローマ帝国の軍隊と衝突した。結果はボヘミア諸侯の大敗で、多くのプロテスタント貴族がプラハ旧市街の広場で処刑され、以後ハプスブルク家のボヘミア支配が強化されることになる。

ところで、一七世紀以後の知の変革に大きく寄与した哲学者ルネ・デカルトは、その頃対スペイン戦争の中心人物ナッサウ伯モーリス（マウリッツ）の軍の見習士官としてオランダのブレダにあった。一五九六年生まれのデカルトは一六〇六年に創設されて間もないイエズス会の教育機関、ラ・フレーシュに入学し、さらにポワティエ大学で法学を学んでいた。しかし後に振り返って次のように記している。

……わたしは教師たちへの従属から解放されるとすぐに、文字による学問をまったく放棄してしまった。そしてこれからは、わたし自身のうちに、あるいは世界という大きな書物のうちに見つかるかもしれない学問だけを探求しようと決心し、青春の残りをつかって次のことをした。旅をし、あちこちの宮廷や軍隊を見、気質や身分の異なるさまざまな人たちと交わり、さまざまの経験を積み、運命の巡り合わせる機会をとらえて自分に試練を課し、いたるところで目の前に現れる事柄について反省を加え、そこから何らかの利点をひきだすことだ。[*14]（デカルト）

こうしてデカルトがナッサウ伯の軍隊に加わったとき、オランダはまだスペインと休戦中であった。デカルトはその間に数学や音楽の研究に集中する。そして翌一六一九年にはドイツへ行き、フランクフルトで皇帝フェルディナント二世の戴冠式に列席し、今度は皇帝側のバイエルン公マクシミリアン一世の軍隊に入る。さきに見た通り、皇帝軍は翌年白山の戦いで、プロテスタントのボヘミア諸侯を率いたプファルツ選帝侯フリードリヒ五世を撃破する。敗れたプファルツ伯は領地を失いオランダに亡命するが、伯の娘、聡明で敬虔なプロテスタントであったエリーザベトは、後にデカルトの優秀な弟子となる。[*15]
その白山の戦いの一年前の一六一九年冬に、デカルトはドイツのノイブルクの村に寄宿していた。「いまなお終わっていない戦争がきっかけで、呼び寄せられたのだ。皇帝の戴冠式から軍隊にもどろうとしたとき、冬が始まって、ある冬営地に足留めされた」。そこでデカルトは「終日ひとり炉部屋に閉じこもり、心ゆくまで思索にふけっていた」。何を思索したのか。回想には、建築の喩えが示される。

……一人の建築家が請け負って作りあげた建物は、何人もの建築家が、もともと別の目的で建てられていた古い壁を生かしながら修復につとめた建物よりも、壮麗で整然としている。[*16]（デカルト）

それは「唯一の神が掟を定めた真の宗教の在り方は、他のすべてと、比較にならぬほどよく秩序づけられているはず」であることと同様に確かなことであると言う。[*17] かといって一人の人間の計画を現実社会の改革に適用することは「理に反している」。それこそ宗教改革以来さんざん見せつけられてきた現実だとデカルトは見たのかもしれない。かといって部分修復によって事態が好転するとも思えない。デカルトは次のように考える。

けれども、わたしがその時までに受け入れ信じてきた諸見解すべてにたいしては、自分の信念から一度きっぱりと取り除いてみることが最善だ……古い基礎の上にだけ建設し、若いころに信じ込まされた諸原理にだけ、それが真かどうか吟味もせずに依拠するより、このやり方によって、はるかによく自分の生を導い

ていくことに成功すると堅く信じた。[*18]（デカルト）

まずは「わたしだけのものである土地に建設すること」を試みたと言うのだ。[*19] 何を建設したのかは後で見ることにする。まず現実社会で何が起きていたかを、同じ頃の主な建設事業とともにざっと見ておこう。

教皇国家

戦争はカトリック勢の圧勝で早期に終結するかにも見えた。しかしオランダとスペインが一六〇九年に結んだ休戦協定が一六二一年に切れ、再び戦争が始まると、デンマーク、スウェーデンなどが参戦、イギリスもこれに介入した。さらに一六三五年にはフランスが同じカトリックであるスペインと開戦する。戦いはすでに宗教対立の枠を超えてほぼヨーロッパ全域を巻きこみ、いつ果てるともなく続く。一六四四年から講和会議が発足するが、ようやく講和が成立したのはその四年後の一六四八年であった。

この間、建設活動は停滞したが、それでもローマでは、教皇国家の確立にいそしむ教皇パウルス五世（在位一六〇五〜一六二一年）やウルバヌス八世（在位一六二三〜一六四四年）のもとで、サン・ピエトロ大聖堂の建設が再び始められる。ブラマンテ、ミケランジェロの計画に基づく集中式の教会堂はすでにドームまで完成していた。しかしファサードはまだ着手されておらず、正面には半ば取り壊された旧聖堂が残されていた。そもそもこの教会堂を集中式とするか、外陣を付してラテン十字形にするかについて、設計者が変わるたびに議論が繰り返され、幾度も方針が変更されていた。[*20] そしてここに至ってようやくパウルス五世は、トリエント公会議の推奨するバシリカ式とすることを決したのである。

建築家は、一六〇三年にサンタ・スザンナ教会堂のファサード（一四九頁図2）を完成させていたカルロ・マデルノが指名された。外陣は初めから計画されていたかのようにこれまでに完成された部分と巧みに接続され、ファサードには二階に祝福のロッジアを備えた壮大なポーティコが付された（図5）。この幅の広いファサードには巨大な半円柱や付柱がダイナミックな変化と抑揚を伴って配され、そこから少し離れないと交差部のドームは見えてこない。両端には鐘塔が付される計画であったが、地盤の脆弱さが問題になり実現されなかった。塔が実現していれば、横に間延びした現状とはかなり違った印象を与えるものになっていたであろう。

図5　サン・ピエトロ大聖堂、ローマ。外陣から内陣方向を見る。交差部下にベルニーニの天蓋（上）、正面（下）

ベルニーニ

次の教皇ウルバヌス八世は、当時天才彫刻家として名を馳せていたジャン・ロレンツォ・ベルニーニ（一五九八〜一六八〇年）に注目した。ベルニーニの彫刻をヴェルフリンは次のように描写している。

表面がぴかぴか光り、形は触れようとする手の下で消え失せる。折り山に当たるハイライトが、蛇の子のような素早さで消え去る。[*21]（ヴェルフリン）

ベルニーニは、輪郭の芸術であったルネサンスとは本質的に異なるものを求めていて、それは「ルーベンスが素描の中へ白いハイライトで光を持ち込むのを思い出させる」という。つまりルネサンスからバロックへの価値観の変化は、ジャンルや地域を越えて広がり、ルーベンスが油絵で実現したことを、ベルニーニは大理石で行ったというのである（図6）。

教皇ウルバヌス八世はこのベルニーニを、マデルノの後任として、サン・ピエトロ大聖堂の工事責任者に指名する。そして以後、聖堂の交差部にある主祭壇を覆う壮大な天蓋（図7）や、天蓋を取り囲む交差部の四本の支柱に設えられた祭壇、後陣のペテロの座（カテドラ）その他大聖堂の装飾の主要部がベルニーニによってつくられた。教皇による突然のベルニーニの抜擢に、マデルノの時代からの職工をはじめとして不満を抱くものもあり、ファサードの完成工事中に起きた建造トラブルをきっかけにベルニーニの地位が揺らいだ時期もあった。しかしアレクサンデル七世の即位とともに再び大規模な事業に従事するようになり、

図７　サン・ピエトロ大聖堂、交差部天蓋

図６　ベルニーニ《聖テレジアの法悦》、サンタ・マリア・デッラ・ヴィットーリア教会堂コルナロ礼拝堂、ローマ

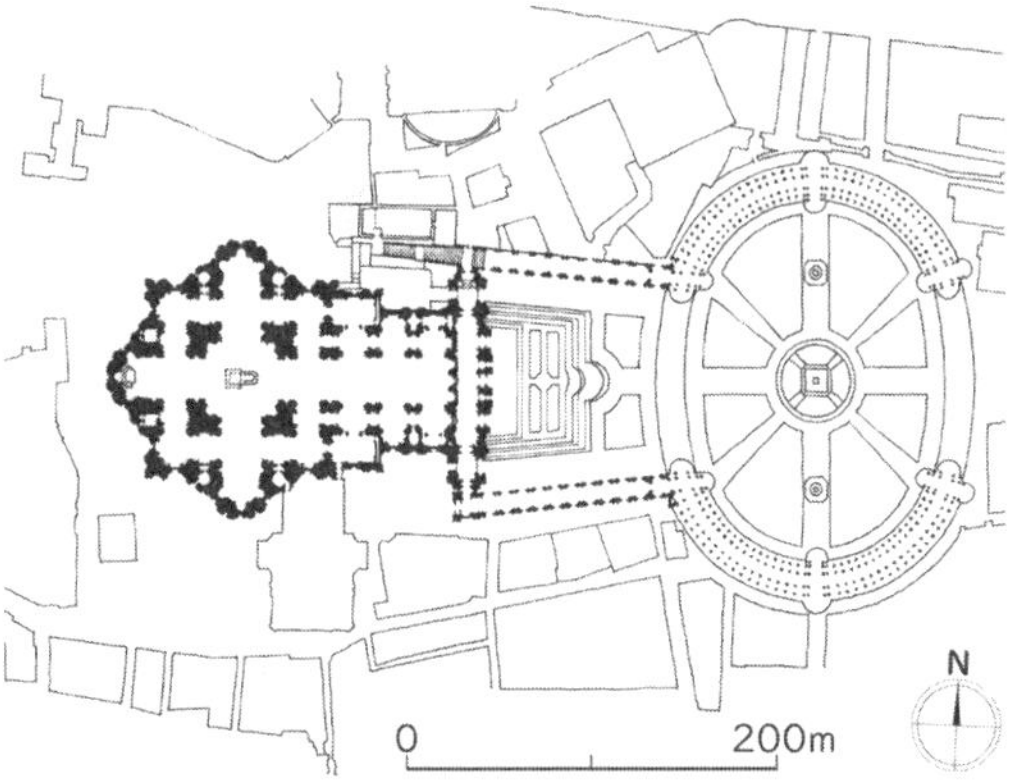

図８　サン・ピエトロ大聖堂と広場、現状

一五五六～一五六七年にはサン・ピエトロ広場が建設された（前頁図8）。現在東に開かれている広場は元来は第三の回廊によって閉じられる計画であった。これによって今あるような大聖堂の正面からの眺望は排される。こうして斜めからの視線が強制されることで、奥行きの強調、動的な効果が得られるはずであったとヴェルフリンは指摘している。[*22]

錯誤と確信

ベルニーニと同世代のフランチェスコ・ボッロミーニ（一五九九～一六六七年）は代々建築家・職人を輩出してきた家の出で、カルロ・マデルノも親戚であった。ボッロミーニとベルニーニのライバル関係は有名であり、彫刻家と建築家という両者の専門領域の違いから、当時の職能の在り方という点でもたしかに興味深い逸話ではあるが、不確かな点も多く、ここで特に付け加えることはない。サン・ピエトロ大聖堂の天蓋の

図9　サン・カルロ・アッレ・クアトロ・フォンターネ教会堂、ローマ。内部ドーム天井見上げ（上）、正面（下）

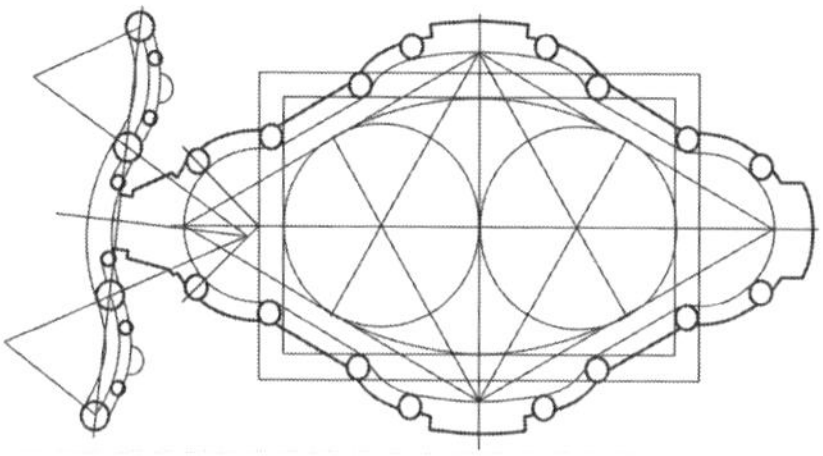

図10　同、平面計画

制作を手伝ったボッロミーニが自らの栄誉を横取りされたと言ったとも伝えられるが、この天蓋を「まったくぞっとするような形式[*23]」とするブルクハルトから見れば、これはむしろ不名誉の奪い合いということになろう。

ボッロミーニが建てたサン・カルロ・アッレ・クアトロ・フォンターネ教会堂（図9、一六三八〜一六四一年、ファサードは一六六七年完成）の内外に見られる曲面のかつてないほど流動的で大胆な使い方を、ノルベルク＝シュルツは「建築空間の問題に迫る根本的に新しい接近法」と評する[*24]。「空間を拡張したり収縮したりして『外部―内部』が変化して入れ替わる関係をつくりだしている」この「空間の相互作用」を生み出すための「一般化しうる新しい仕方」を提示したというのである。しかしこれもブルクハルトに言わせると「ボッロミーニはこの弧を描いたファサードのため悪評高い名となった[*25]」ことになる。このような手段によって「目はことに側面から見るとき湾曲を実際以上に強烈なものと受け取り、ずれにより自分に見えない部分を実際以上に豊かなものと仮定する」。これによって「絵画的原理が活動」し、「見せかけの豊かさ」が追い求められる結果になるという[*26]。他方、人を驚かすようなその効果は、恣意的な表面装飾の細工ではなく、幾何学を巧妙に操る確実な建築的技能を基盤として初めて可能となることは言うまでもない（図10）。ブルクハルトもそのことを念頭に置いてか、「最悪の結果は模倣者の誤解した恣意によって初めて引き出されたものではあるが[*27]」、と付け加えている。

やはり同じ世代に属するピエトロ・ダ・コルトーナ（一五九六〜一六六九年）は画家から出発し後に建築を

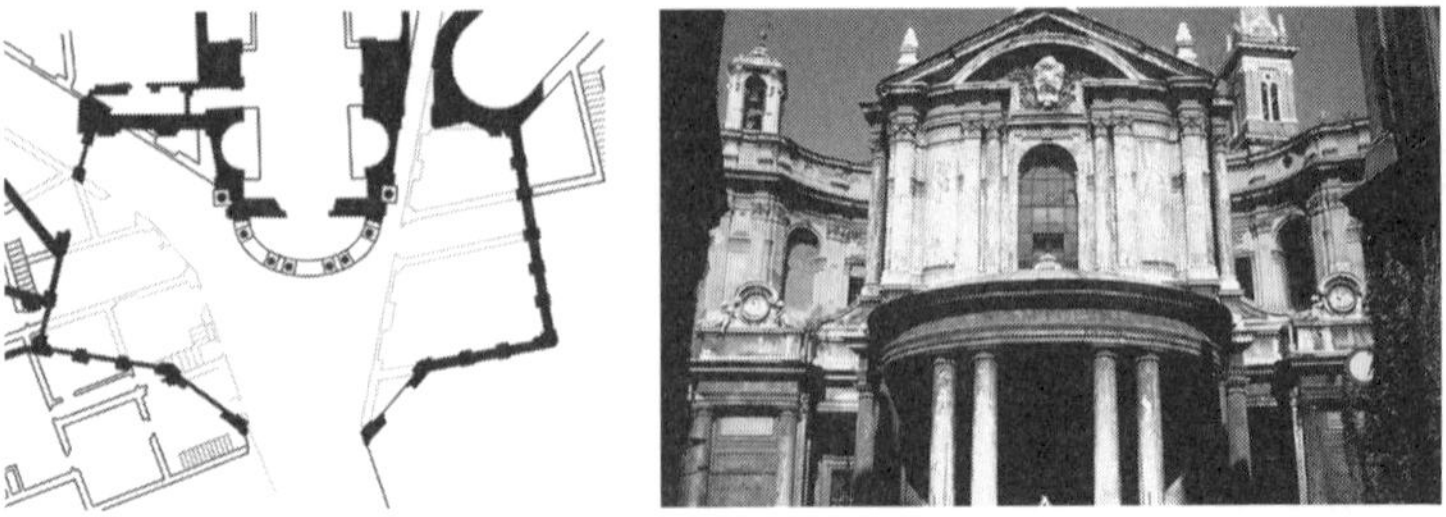

図11　サンタ・マリア・デッラ・パーチェ教会堂、ローマ。正面（右）、前面広場平面図（左）

手がけた。きわめて立地の悪い場所に建つ小さな教会堂サンタ・マリア・デッラ・パーチェのファサードと前庭の設計（図11、一六五六〜一六六七年）では、巧みな凹凸の組合せやその他の繊細な処理によって、堂々とした存在感が生み出されている。

コルトーナはローマのパラッツォ・バルベリーニの二階広間の天井画（一六三三〜一六三九年）や、フィレンツェのパラッツォ・ピッティの室内装飾（一六四二〜一六四四年）で、絵画と彫刻と建築的要素とを結合した幻想的効果を示した。これについてブルクハルトは「この装飾法全体が錯誤なら、かつて芸術家がこれ以上自信たっぷり錯誤を犯したことは多分なかっただろう」と評している[*28]（傍点引用者）。この「錯誤」は、民衆の教導を目指すカトリック教会や、教会に代わって社会を統治しようとする世俗権力によって盛んに取り入れられることになり、カトリックないしはカトリック的な傾向の強い地域を中心にヨーロッパ各地に広まっていく。ローマでもイル・ジェズ教会堂の内部が一六六八年から一六七三年にかけてこの手法を駆使して（おそらく建物を当初設計したヴィニョーラやデラ・ポルタが想像もしなかったやり方で）装飾されていく。

バロックの拡大と教派

三十年戦争終結とともにヨーロッパ各地で建設活動が活気を取り戻していき、カトリックの領地や国家では情緒に強く訴えるこのバロック的な表現様式が普及した。しかしそこに一六世紀のカトリック改革の厳格さはすでになく、多くは植民地を含めた世界各地の技術的、文化的、自然的条件に適合し多様化していった。

三十年戦争の起点となったプラハでも、カトリックの勝利に伴い、イエズス会を中心とした宗教施設が街に建設され、街の景観を少なからず変えていった。戦争が終結して少しすると、イエズス会はカレル橋の入口近くに学校や教会堂を複合した施設クレメンティヌムの建設を開始する（一六五三～一七二六年）。そのほか、聖イグナティウス・デ・ロヨラ教会堂（一六六五～一六七八年）、聖ミクラーシュ教会堂（図12、一六七三～一六九一年、一七〇二年以降改築）などが建設されていく。バロック建築はもともとその複雑な幾何学操作や、内部空間の構成などにゴシック建築との類縁性をもっていたが、プラハのバロック様式はそれがより顕著で、視覚的効果の焦点となるポジションや奥行き方向への運動感などの構成的な強さをあまり強調しない柔らかな揺らぎともいうべき印象を与える独特な空間を特徴とする。それらのバロック様式の建物は、カレル橋に立つの彫刻群とともに、プラハの街を彩るゴシック様式の建物によく溶け込んで不思議に違和感がない[*29]（次頁図13）。

図12　聖ミクラーシュ教会堂、プラハ

一般にバロック様式がプロテスタントよりもカトリックに

図13　プラハ、カレル橋の上から西方を見る

深い結びつきをもっていたことは確かである。プロテスタントとカトリックとの対立が決定的となり、プロテスタントはそれまでの教会堂を使いながらもカトリックとは差別化された儀礼を行い、とりわけ聖画像をはじめとする装飾類をしばしば撤去するなど建物に手を加えることもあった。そして時とともにプロテスタントのために新たに教会堂を建設する機会も訪れる。プロテスタントはカトリックと違い、ローマ教皇庁のような中心をもたなかったため、次々と分派が生じ、建築の形式も多様で簡単にこれを整理して述べることはできない。しかし洗礼や、信徒に直接訴えるわかりやすい説教を重視し、何より精神的なつながりを妨げるものとして視覚による直接的な表現を疑問視したことなどは建物を通しても大抵は見て取ることができる。[*30] たとえばオランダ、ハールレムに一六四九年に建てられた《新教会》は、正方形の平面のなかに柱で支えられたトンネルヴォールトがギリシア十字形に交差する集中式の教会堂である。平面図だけ見ると東方正教会に多い内接十字形に少し似て見えるが、交差部の天井はドームではなく、交差ヴォールトである。多少の改変を受けながら現存しているが、建設直後に当時の建築画家サーンレダムが描いた、清澄な空気感漂う内観の絵画が印象的である（図14）。ただしこれがリアルな描写かどうかはわからない。サーンレダムは実際には存在した椅子やオルガンも除去して描くことがあったという。[*31] しかしそうしたことを含めて、建築とその絵に描き出される透明性と、改革派が主導していたハールレムの地域性との関連は興味深い課題である。

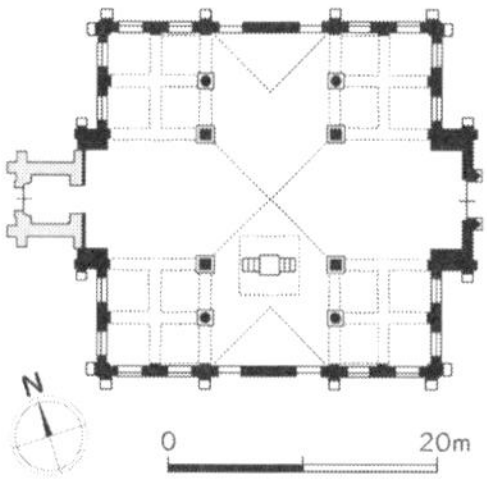

図14　新教会、ハールレム、1649年、ヤーコプ・ファン・カンペン設計。平面図（右）、1652年にP. J. サーンレダムが描いた堂内（左）

＊

宗教による人間支配に否定的なブルクハルトが、カトリック改革の手段となったバロックの「自信たっぷり」の「錯誤」を評価しないことに特に違和感はない。他方で、近代社会の形成にはカトリックよりもプロテスタントが重要な役割を果したともしばしば主張されてきた。カトリックとの結びつきを考えれば、一九世紀末に近代への反省とともにバロックの再評価が起きたことにも整合性がある。だが、ここまで見てきたように、近代社会はプロテスタントだけでなく、宗教改革後の混乱に対処しようとする教派を超えたさまざまな試行のなかから、偶然と必然とが結びついて生まれてきた。だとすると、新旧どちらの教派がより近代につながるかという議論はあまり意味がない。プロテスタント系の建物でも、特にルター派にはバロック色の濃いものも現れてくる。新旧両派をただ対立的にとらえるのではなく、対立がどう再編されて近代へとつながったかが問題なのである。その対立も再編も、キリスト教それ自体がずっとそう在り続けてきたように、宗教の枠内だけに収まるものではなく、政治・社会・学問・芸術、そして建築をも巻き込むものとなるであろう。

2　神としての国家

国家と宗教

ユグノー（フランスのカルヴァン派）の首領でありながらカトリックに改宗し、フランス王に即位するという政治的アクロバットを経てユグノー戦争の泥沼に歯止めをかけたアンリ四世が一六一〇年に暗殺された。残された王妃マリー・ド・メディシスがまだ若いルイ一三世の摂政となるが、スペインとの接近を図ったマリーはやがて成人したルイ一三世によって政治から排除される。ルイ一三世と宰相リシュリューは一六三〇年代にスペインとの対立姿勢を顕わにし、三十年戦争に本格的に参入していく。その間マリーからの注文を受けてルーベンスが描いた《マリー・ド・メディシスの生涯》は二四点の連作で、神話から取られた題材によって史実に神話的演出が加えられ、以後の世俗権力のなかで芸術が果たしていく役割の方向性の一つがここに示される。ルイ一三世と宰相リシュリュー、ルイ一四世と宰相マザランなどもまた、文学、演劇、音楽、美術、彫刻、建築を政治に不可欠なものとして重視しこれを最大限に利用していくことになる。

他方イギリスではエリザベス女王の一六〇三年の死去の後、スチュアート朝ジェームズ一世がイングランド・スコットランド同君連合の王となり、国教会体制を固めていった。しかしこれへの反発も、カトリック、プロテスタント双方において強まる。そこに、カトリック勢力のフランス、スペイン、ハプスブルク（神聖ローマ帝国）との対立や、オランダとの経済的利害対立が絡んで、イギリスも三十年戦争に間接的に関与していく。

ジェームズ一世とその後を継いだチャールズ一世の治世を通じて王政への不信はつのり、議会はカルヴァン派が勢力を強めていく。

そのころ、イタリアで建築を学んだイギリス人建築家イニゴ・ジョーンズが英王室の多くの建築を手掛けた。今も残る建物は少ないが、その一つ、ロンドン市中に宮殿の一部として建設されたバンケティング・ハウスはパラーディオの影響を示している。広間にはルーベンスによって天井画が描かれ、先王ジェームズが天使に支えられて天に昇っていくという、世俗権力と宗教との混交した主題からなる天井画がルーベンスによって描かれた（一六三二～一六三四年）。しかし国王チャールズの強引な施策は宗教対立を含めて問題をいっそうこじらせる結果となり、イングランドは一六四二年ついに内乱に突入する。国王派に対抗するため議会派はスコットランドと同盟するとともに、宗教体制について話し合うウェストミンスター宗教会議を開くが、教会の国家からの独立性を尊重する独立派と、主流長老派との、プロテスタント内部での対立が顕わになっていく。

一六四八年にはヨーロッパ諸勢力の間でウェストファリア条約が成立し、互いを領土内の諸事を一元的に支配する大小の主権国家として認める方向でヨーロッパ秩序が再編されていく。このときようやく帝国内でカルヴァン派が認められたが、ドイツでのカルヴァン派の影響は以後も限られたものになる。フランスではフロンドの乱が起こり、スペインでもカタルーニャ、ポルトガル、ナポリに反乱が相次いで、いまだ各地は内外政治に揺れていた。そのようなヨーロッパの情勢下、イングランドで実権を手にした改革派は国王チャールズ二世の処刑（一六四九年一月三〇日）に踏み切る。そして独立派が主流となったイングランドは、同じくプロテスタントが主流のオランダに対しても経済的ライバルとして強硬な対決姿勢を示す。しかし急進的な政権は長く続かず、処刑されたチャールズの息子チャールズ二世のもと、一六六〇年に王政が復古する。*32

ロンドン大火

復古したチャールズ二世治下のロンドンで一六六六年に大火が起き、多くの建物が失われた。セント・ポール大聖堂の再建を担ったクリストファー・レンは数学者・天文学者であったが、パリで建築の研究も行っていた。大聖堂の再建は一六七五年に開始され、三五年後の一七一〇年に完成した（図15）。三廊式バシリカで、このような交差部はフィレンツェ大聖堂のように、側廊を含めた全幅を直径とする巨大な空間を形成する。このような巨大なドームを三廊式のバシリカと接合するには、とくにその四隅における側廊との関係や構造的な強度に慎重な配慮が必要になるが、レンはその複雑な立体幾何学的処理を巧みにこなし、整った形式に仕上げている。ドームは、ドラムによってより一層高く掲げられ、壮麗な外観をかたちづくる。ドラム部の列柱は、四間ごとに柱間を埋めるニッチつきの壁によってリズムが与えられる。教会堂の正面は二層構成で、二〇本の独立円柱が梁とペディメントを支える明快な構成だが、柱は二本ずつペアとされ、両端の塔の意匠と併せてそのリズムの変化はバロック的表情を含んでいる。ルネサンス建築のような均衡と、それを根本的には崩さない範囲でのバロック的な表情とがどちらに偏るともなく一定のバランスを保ち、良質な折衷ともいうべき建築になっている。

レンは同時に五二にも及ぶシティー・チャーチの再建に携わった。それらの平面形式や構造には、独創的なものも少なくない。セント・ポール大聖堂はカトリックの伝統的な教会の形式に近く、国教会の保守的側面を想起させるのに対して、シティー・チャーチは規模が小さく空間構成が明快であると同時に創意に富んでおり、プロテスタントの教会堂にも通じるものを感じさせる。

イギリスはさらに一六八八年の政変などを経て、独立派やカトリックの非国教徒への一定の寛容を示し、政治と信教、国家と教会との間の相違を許容し、両者の相克を持続的に包摂しつつ安定的に維持される社会

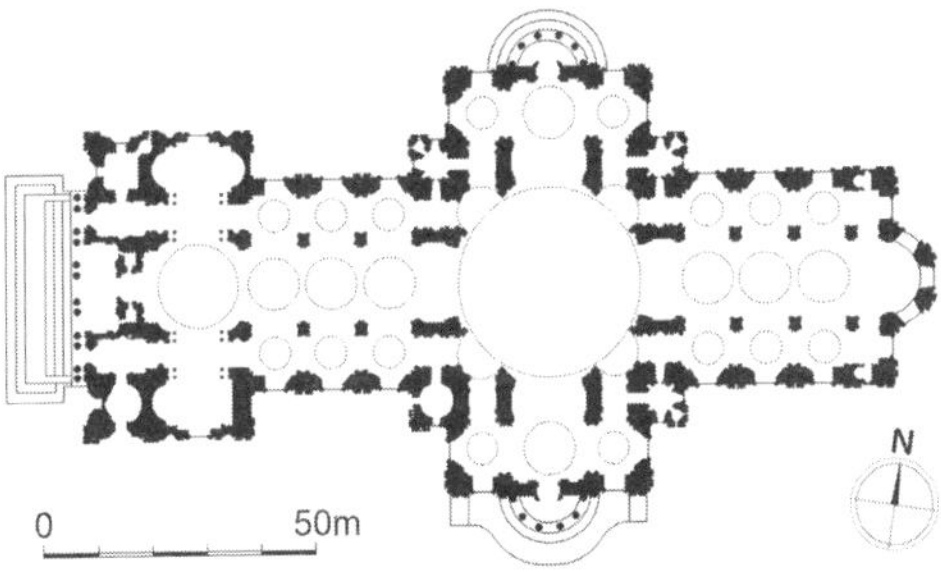

図 15　セント・ポール大聖堂、ロンドン、1675～1710 年。入口側から内陣方向を見る（上）、平面図（中）、東正面（下）

体制を国教会を軸に形成していく。これに対してフランスのルイ一四世は一六八五年にナント勅令を廃して、プロテスタントへの弾圧を改めて強化すると同時に、ローマ教会からの影響も排除に努め、教会を自らの権力基盤として王権と結合させていく。その結果、一八世紀末の革命においてキリスト教会は権力と不可分のものとして糾弾され、各地で宗教施設が破壊されることになる。[*33]

悪魔の理性

フランスの絶対王政はイギリスの議会政治としばしば対照的に語られるが、しかしその言葉からイメージされるほど王権は絶対的なものではなく、その権力は教会や貴族などの伝統的な諸勢力の微妙な均衡によって成り立っているのが実情であった。むしろ重要なのは、主権者が誰であるにせよ、そもそも一定の領土を、宗教を含めて一元的に統治する「主権」の観念とシステム自体がこの期間に形成・承認されたものだということである。フランスとイギリスの違いはその枠のなかでのことにすぎない。

ミシェル・フーコーは精神医療の成立から始まって知の枠組みの再編、監獄や規律訓育型権力の成立など、一六世紀から一八世紀（フーコーはこれを「古典期」と呼ぶ）におけるヨーロッパ社会の変化を同時代の人々の意識に現れない深層に踏み込んで論じ、晩年には統治術の変化を主題とした。[*34]フーコーによれば、一五八〇年から一六五〇年までの間に、それまでの「全面的に目的論的な世界、人間中心化されている世界、奇蹟・驚異・しるしに充ちた世界、類比と暗号に充ちた世界」が「消滅」し、「認識可能な自然……、奇蹟・驚異・しるしが除かれた世界、もはや類比や暗号を経由することのない数学的・分類的な知解可能性の形式にしたがって展開される世界」が「創設された」[*35]。そして特に権力構造については主権とともに「国家理性」という概念の出現が重要だという。一五八九年にヴェネツィアで刊行されたジョバンニ・ボッテーロ（一五四四～一六一七年）の『国家理性論』の冒頭には、「国家理性とは一つの領国を定礎し、保持しまた拡張するため適した手段に関する教えのことに他ならない」とある。[*36] これが当時の人々から新しい発明として認識されたことをフーコーは強調する。「それは、その五〇年前の地動説の発見や、わずか後の物体の落下に関する法則の発見などと同じような際立った、突然のものと見なされた」。[*37] それはガリレイの発見のように一種のスキャンダルであった。時の宰相リシュリューやマザランがフランスにおけるその「最も厳密かつ最も熱烈な支持者」となる一方、ピウス五世はこれを「悪魔の理性」と呼び、[*38] ポリス、帝国、国家を神と崇める政治家の、多神論的、無神論的国家崇拝の宗教として国家理性を攻撃する者もあったという。[*39]

ヴェルサイユ宮殿

ところが、ローマ教皇庁もまたこのような国家崇拝と無縁ではなかった。教皇領自らが領土国家へと変貌していく。先に見た一七世紀のローマ・バロック建築もそうした背景を念頭にとらえる必要がある。それと同時に、国家理性に国家という新たな神への崇拝を見た者の言葉を裏づけるかのように、それまで宗教建築に注がれていた技術と富は王宮のような世俗建築へと重心を移していく。

その代表ともいうべきヴェルサイユ宮殿（次頁図16）は、当初はルイ一三世の狩猟時の居館として建てられた小規模な建物であった。それがルイ一四世の時代から主王宮となり、さらには行政機関も含めた王国の中心的建築として拡大されていった。

建設にあたったルイ・ル・ヴォー、画家シャルル・ル・ブラン、造園家アンドレ・ル・ノートルはヴェル

図16　ヴェルサイユ宮殿。正面（右）。庭園、西方を見る（左）

サイユ宮殿に先立って、ルイ一四世の廷臣ニコラ・フーケの城館ヴォー＝ル＝ヴィコントを建設していた（一六五六〜一六六一年）。完成後フーケは国王を招いて大祝典を催したが、間もなく公金横領の容疑により失脚する。そして同じ芸術家たちを登用して国王ルイはヴェルサイユの大増築を始める。

最初の増築工事で建設された国王のアパルトマンには、ル・ブランによって七惑星の主題に基づく天井画が描かれた。[*40]一六四〇年代にイタリアで絵画を学び、コルトーナの建築と一体化した幻想空間を目にしたル・ブランは、神話の寓意によって世俗君主を讃える主題選択とその騙し絵的技法を取り入れ、ヴェルサイユに威厳を吹き込んでいった。同じころカトリックの教会堂を中心に同様の手法が拡大していたことは先に見た通りである。

フーコーは他方で、新しい統治術と建築との関係を示すものとして、一七世紀の都市をめぐる動向に注意を喚起している。ル・メートルの『首都論』における「首都としての領土」あるいは都市の「統治の座」としての新しい役割についての言説に触れ、当時の新しい都市ナント、クリスチャニア（今のオスロ）、リシュリュー、イエーテボリなどを例にあげて検討している。[*41]一六三一年宰相リシュリューによって創設された都市《リシュリュー》は、矩形の市壁に囲まれたグリッドプランからなる都市で、四方に入口をもち、市場に供される二つの広場、商店、住居、教会などが、社会的身分や資産の違いを考慮して機能的に配置されているという。

これらの都市や王宮はヨーロッパを席巻した神権政治の渦を経て生まれ出た。同様のことがおそらく植民地域でも起きた。そして、カトリックが宗教改革に対応するなかで積極的に利用していったバロック様式は世俗権力に取り込まれ、教会が激しく攻撃した国家理性のような新しい考えと新しい統治術が生まれてきた。それらとともに、教会との関係の複雑な再編が避けられないものとなりつつあることが、その背景にあった。

自然状態

この頃「自然」はあらゆる分野で論じられる重要な概念となっていた。博物学が自然を分類と観察によって知の網にとらえる一方で、伝統的な自然法の理念を、新たに自然権や自然状態といった概念との関係のなかで見直そうとする考えが生まれ、活発な議論が展開された。自然法の理念はキリスト教のもとでは神を頂点に天使や聖なる人々から地上の教会に至るヒエラルキーとそれをひな型とした身分的法制度の基礎として機能した。キリスト教において自然はすべて神の被造物であることが大前提であったから、宗教改革の混乱のなか、かえって争いを誘発する「神」を迂回して、しばしば「自然」が、神と現実世界との仲立ちとして議論の主柱となった。しかし自然法は自然権を守るものとも、奪うものとも位置づけられ、加えて自然状態にもさまざまな可能性が想定され、議論は錯綜した。そのなかから「主権」や「国家理性」といった、やがて近代政治理論の核となる概念が現れてくる。*42

このとき政治システムは「自然」を足掛かりにキリスト教会から分離する一方で、しかし同時に「自然」を介してキリスト教とより深く結合しようとする面もあった。これらの諸関係を引き受けて内部に矛盾と緊張を抱えていたのがこの時期の自然概念であった。しかしその矛盾や緊張は、一七世紀半ばから一八世紀にかけて、人間という自然の観念とともに新たな局面へと向かう。アメリカやアジアへの進出とともに世界経済システムが確立されるのに並行して、経済や市民社会という独自の「自然」を生きる人間の生態が主題として浮上してくるのである。[*43] 原罪を背負って救済を祈りながらこの世を生きる人間にとって避けることのできない苦しみであった労働は、このとき、むしろ死と救済を待たずして受けることが可能な恩寵として、価値の産出、想像、創造といった新たな衣をまとって現世を塗り直していく。

他方で、意図と行動、期待と結果が交錯する場としての建築のありよう、建築が宗教と権力と知とその他もろもろを巻き込んでいく意味作用の営みも大きく変化していく。人間の内的イメージは、もはや救世主のようには神と世界とをつながない。神と世界は別のつながりを探し求め、内的イメージは浮遊する。そのことを次に見よう。

3　言葉とイメージの間

エンブレム

プロテスタントが聖なるイメージの乱れを批判したのに対して、ローマ教会はトリエント公会議を招集し、聖なるイメージの使用をこれまで以上に積極的に管理・指導していくことを確認する。イエズス会士はそのために聖書だけでなく人文学的な知識も必要だとして、積極的に修学に励んだ。

その頃、所定の寓意を示すさまざまな図像を編集し、その上下に、寓話から導き出される教訓や格言を示す韻文・散文の端的な言葉を配したアルチャートの『エンブレムの書』[*44]（一五三一年刊）が現れ、類書が活字印刷の普及とともに瞬く間に拡がっていった。このことは、この前後の社会における言葉とイメージの関係の変化を表すものとして注目される。

寓意それ自体は古代を含めヨーロッパ文化に常に一定の位置を占めてきたし、中世キリスト教にも欠かせないものであった。それがルネサンス以降、古代の美術・文学への関心とともに、キリスト教の表現とも共鳴しつつ豊饒な創造への刺激となっていた。さらに一七世紀が近づくと、チェーザレ・リーパによる『イコノロジーア』[*45]（一五九三年刊）のように、主に愛や悪といった本来具体的な形をもたない抽象的な概念を一種の事典のようにアルファベット順に配し、それに特定の人物、しぐさ、その持物《じもつ》標識（アトリビュート）などに結びつけた寓話の解説を付した書物が現れる。そして、一六〇三年の第三版（図17）でこれに図版が加えられると、以後、増補しながら各国語に翻訳され、類書も多数生み出された。こうしたエンブレム（寓意画）はやがて書物を飛び出し、「メダル、貨幣、旗、武器、武具、衣服、宝飾品、ガラス製品、銀器、皿、脚つきグラス、木皿だけでなく、調度品、タピストリー、クッション・カヴァーなど多くのものを飾」っていった。[*46]前出のベルニーニやコルトーナを含め、その後の絵画や彫刻の主題および図

図 17　《君主たちの栄光》の寓意画、チェーザレ・リーパ『イコノロジーア』1603 年版から

像の選択にも大きな影響を与え、建築の装飾にも反映されていく。[*47] 元来キリスト教に直接は関係しない寓意であっても、旧約聖書のなかの、これまで採用されることのなかったエピソードや、忘れられていた聖人の逸話を、異教や世俗の内容を混入させた新たな演出とともに掘り起こすのを促していった。

良心例学

バロック美術の虚構性は、社会秩序の精神的基盤が、神からその被造物としての自然へと移行し、かつ自然のなかの特異点としての人間が浮き彫りにされていく、時代の大きな変化を念頭に考えねばならない。そこでは、何が虚構で何が虚構でないかという問いは、デリケートで、かつ無視できないものになりつつあった。そのことは、一七世紀にイエズス会をめぐって起きた数々の紛争にもよく示されている。

イエズス会は一六世紀後半に建てられた本部イル・ジェズ教会堂に、一七世紀後半になってから騙し絵の技法を駆使した天井画を伴う壮麗な内装を施した。超越的で不可知な神への厳格な帰依の観点からこうしたイメージを邪悪な誘いととらえる改革派との懸隔はいよいよ大きなものになっていく。宗教改革においてこの聖なるイメージに対する考え方の違いは、そもそも信仰への教会の関与の範囲をめぐる根本的な認識の違いに連動していた。このようにイエズス会がバロック的手法で教会堂を荘厳していたとき、次に見るように、並行してイエズス会の信仰への関与の仕方が大きな争いになっていた。

イエズス会は一六四〇年に刊行されたコルネリウス・ヤンセンの遺稿『アウグスティヌス』を攻撃し、これを擁護するソルボンヌ大学のアントワーヌ・アルノーや、ポール・ロワイヤル修道院のサン・シランとの激しい論争を展開していた。長く複雑な経緯を経た末、イエズス会は論争だけでなくあらゆる政治的手段を使ってついにアルノーを異端審問へと追い詰めた。これに対してブレーズ・パスカル（一六二三〜一六六二年）は、一六五六年から一六五七年にかけてイエズス会に対する批判を匿名の書簡形式で公刊した[*48]。パスカルはイエズス会の議論がもはや信仰のための真摯な行動ではなく、手段を選ばない私怨だと主張したのである。ヤンセン主義への弾圧が激しくなるとともに、パスカルの批判はさらにイエズス会の「弛緩した」道徳律全般へと拡大していった。中世後期から教会で用いられ告解の手引きにもなっていた良心例学（casuistica）にイエズス会士は熱中し、これを新たに展開していた。しかしパスカルはそれを「蓋然的意見の教説」[*49]、つまりご都合主義として糾弾する。実際、海外布教においてキリスト教を異文化に適合させるために顕著な自由裁量を見せていたイエズス会の姿勢には教皇庁内部でも批判があった。

図 18　ルーヴル宮殿東正面、1668 年建設開始。ルイ・ル・ヴォー、シャルル・ル・ブラン、クロード・ペローなどが構成する委員会の設計

中世においてこの種の議論は、神の安定した統治という前提のなかで行われ、その限りでは人間の意志は、神の絶対的な自由意志に包摂されていた。しかし教会の機能が弱まると、意志は神ではなく、人間のものとして浮上してくる。神のものとしては問題とならなかった自由意志に人の影が浮かぶと、それはとたんに争いの種となる。やがてフランスの高名な学者クロード・ペローは、この種の神学や自然学の議論を建築にもち込み、伝統的な建築美を自然に基づくものではなく、習慣的なものだと主張して物議をかもすことになる[*50]（図18）。だが、このよう

に意志のなかに人間を見るか、自然を見るか、神を見るかは、見る人の位置に左右される。見る位置によっては人の姿は隠れて見えず、依然としてそれを神の問題とみなすこともできる。この違いは、互いの位置を入れ替えるだけでは容易に解消しない。見るという行為は、単なる位置関係だけで成り立っているわけではないからである。では、見るという行為をどう見るか。

「見ること」を見る

アガンベンが中世における視覚のとらえ方を述べるなかで、「近代人には、おそらく認識過程の理性的で抽象的な側面を強調する習慣が身についているため、かなり前から、内的イメージのもつ神秘的な力に驚くことができなくなっている」と述べていたことを思い起こしておこう（九四頁）。われわれは「内的イメージの力」への驚きを、いつどこに置き忘れたのだろう。

デカルトは一六三七年に公刊した「屈折光学」のなかで、まだ「感覚するのは魂であって身体ではな」く、「魂が感覚するためには感覚される物に似たなんらかの形象を魂が表象する必要はない」と明言している。[*51] しかし同時に、「そのことは、われわれの見る対象がわれわれの眼底にその形象をかなり完全に印象づけることを妨げるものではない」と述べ、続けて次のように記す。

たとえば、ある人々はすでに次のような形象の比喩によってたいへんうまく説明している。すなわち、完全に閉めきった部屋のうちで、一つの穴だけを残し、この穴のまえにレンズの形をしたガラスをおき、そのうしろに或る距離をおいて黒いリンネル布を張ると、その上に外部の対象からやってくる光が形象を形づくるというのである。というのは、彼らによれば、この部屋は眼を表しており、穴は瞳、ガラスは水晶液、あるいはむしろなんらかの屈折を引き起こす眼の部分のすべてであり、このリンネルは視神経の末端でできている内部の膜だというのである。*52（デカルト）

ピンホール・カメラのように小さな穴がレンズのように作用して上下逆転した映像を映し出すことは古くから知られていた。さらに一五世紀頃にはカメラ・オブスクラという、より精緻な装置が広くつくられるようになっていた。デカルトは見る行為について身体と魂とをはっきりと分け、前者の身体だけを主題にして「屈折光学」を論じている。そこに添えられた挿図（図19）はたしかに、アガンベンが示したレオナルドの素描とは非常に異なっている。デカルトの図は、魂をまるっきり除外しているのである。だが、デカルトはそのことをはっきりと自覚してもいる（それを忘れないための覚書でもあるかのように、網膜を覗き込む人物が描

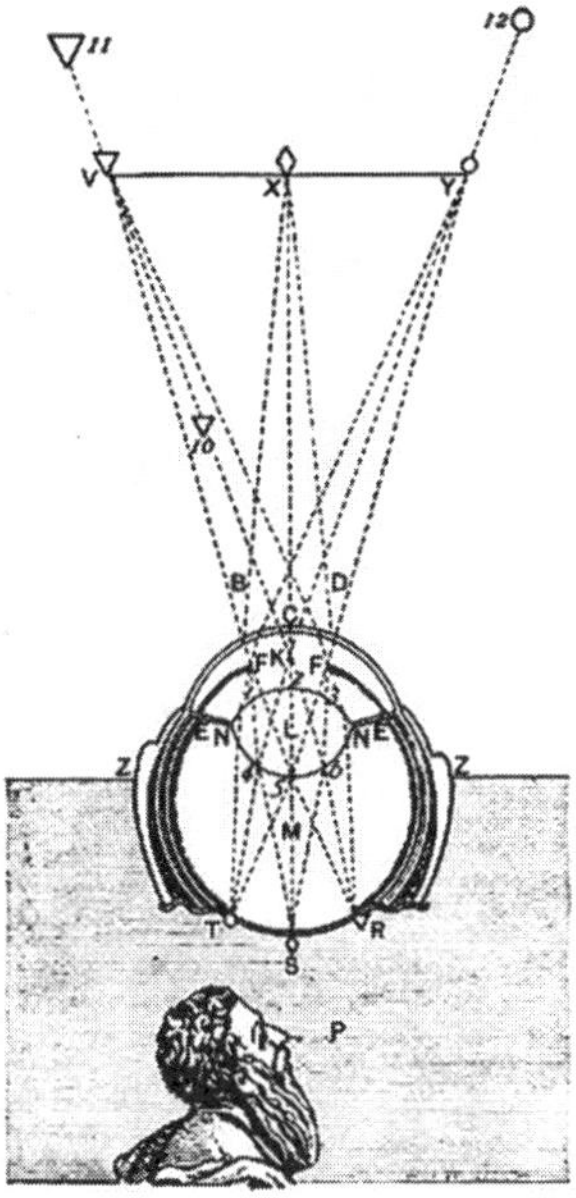

図19 デカルト「屈折光学」1637年より
眼底に形づくられる対象の形象に関する挿図

かれている)。ところがおよそ半世紀後に、ジョン・ロックは同じような暗室を、知性そのものの喩えに用いた。

> この内外の感覚だけが、私の発見できるかぎり、〔知性という〕この暗室へ光のさしこむ窓である。というのは、知性は、光からまったく遮断され、ただ外部の可視的類似物すなわち外の事物《もの》の観念を中へ入れる小さなある隙間があるだけの、小部屋にさほど違わないよう私には思われる。もしこうした暗室へ運びこまれた絵がとにもかくにもそこにあって、必要なとき見出されるように順序よく並んでいるとしたら、この小部屋は視覚の全対象とその観念に関連した人間知性にたいへんよく似ただろう。[*53](ロック)

ロックのこの記述は一六九〇年のものである。一七世紀に、視覚を暗室のモデル(図20)で理解することが一つのパラダイムを形成したことをジョナサン・クレーリーは指摘している。[*54]一つの道具であったカメラ・オブスクラは、一七世紀には人間の知覚を説明する一般的なモデルとなるというのだ。

デカルトの暗室には初めから魂は含まれていない。それは魂の手前の物質的な装置にすぎなかった。そしてデカルトは身体と魂との関係について思索しながら、伝統的な神学と葛藤しなければならなかった。それについては後で考えることにして、まずは、この暗室の喩えとバロック様式との関係を確認しておこう。

第一に、このような見方はバロック的視覚効果を生み出す技法の基礎となっていた。とはいえ、それを利用したのはバロック美術だけではない。すでにルネサンスの線遠近法が視覚効果と幾何学的な操作との関係を利用している。そしてこの技法はすでにマニエリスムの作品でより大胆に使用された(図21)。バロックに特徴的なのは、それを運動の表象に肯定的な意味で結びつけたことである。

第二に、その運動のイメージとの関係であるが、実際の暗室では、対象が動けば暗室の内部の像（表象）も動くということを思い出しておこう。ところが絵画は動かないから、それでもなお動いて見えるとすれば、それは観察者を欺くこととなる。ここから、バロックの背後には、先の知覚理論を伴って、この欺くという行為をどう位置づけるかという問題がつきまとうことになるだろう。これを虚偽として否定する立場、虚偽と知りつつ肯定する立場、現世のすべてが虚偽だという前提に立って、真なる来世との関係からその是非を論じる立場など、互いに相容れない立場が、宗教、学問、政治の領域で複雑に絡み合うという事態が生じる。

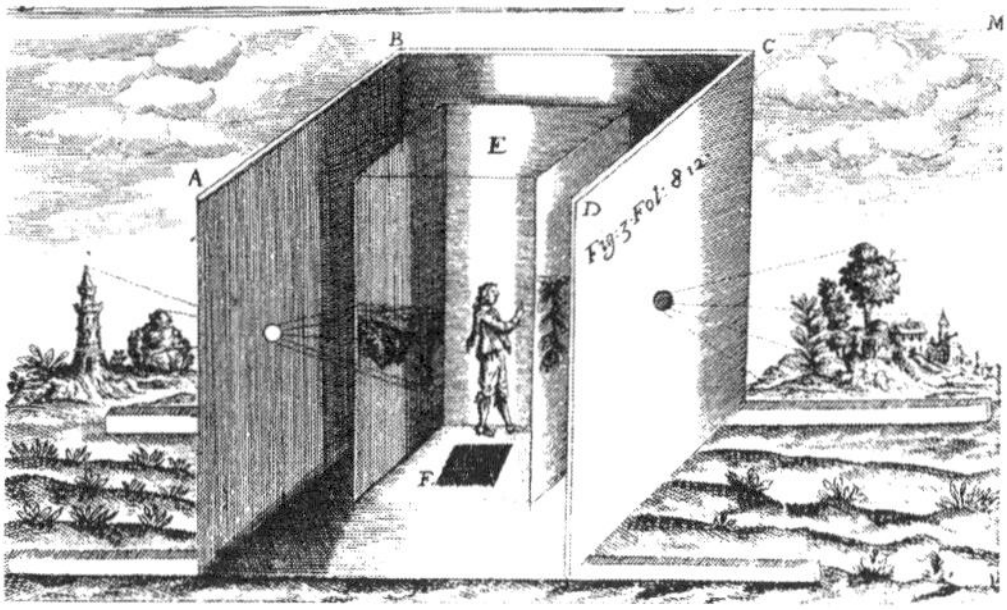

図 20　アタナシウス・キルヒャー《カメラ・オブスクラ》、1646 年

図 21　パラッツォ・デル・テ《巨人の間》、1532～1534 年

第三に、そもそもこの暗室の喩えは自らの正当性を主張し得ているのかという問題がある。暗室の喩えには観察している人、観察されている対象、観察の結果としての表象の三者が登場する。しかし

人が実際にこのような光景を目にすることはない。観察者が他人であれば頭のなかを覗くことはできないし、自分であれば自分の頭のなかの表象と対象とを別々に見ることはできないからだ。実際には樹木を想像しているだけであったり、夢であったりと、この絵とは違い、表象が対象と同一でない場合もある。ということは、この絵は、対象と表象とが同一の場合がある、ということを示しているにすぎない。しかしそれを出発点に、ではどういう場合に同一で、どういう場合に同一ではないのか、何が正しくて何が正しくないのか、どうすれば誤りを犯さないかといった問題を立てて、これに取り組むことができる。すなわち、特定の主題を設定可能にする一種のパラダイムとして機能する。ところが、仮に観察者と観察対象と表象の三者をこのように観察できると仮定しても、それでもこの絵は自らを事実として示すことに成功していない。この絵のなかに示されている対象（樹木）の場所に、この絵と同じ絵を置いてみる。そこに成立する絵は、対象・観察者・表象の三者の関係を今見ていること自体が、また別の三者の関係からなる観察であることを示すだろう。そこには、三人の観察者――絵が示す観察者と、その観察者の観察対象としての観察者と、この絵の観察者――が想定される。だが、観察者はさらにその内にも外にも想定できる。ここに示された対象と表象の関係を保証するような観察にはこうして常に他者による観察の補助が必要なのだが、それもまた別の他者による観察からしか保証されない。だが、いくら他者を動員したとしても、実はそれだけでは観察の正しさは保証されない。それには、観察者たちが同じ一つの世界に存在することが示されるか、さもなければ別の世界（暗室）にいる（である）人々が、それでも互いの観察したことを共有することができなければならないからだ。しかし、当時宗教分裂の中で損なわれていたのはまさにそれらが可能だという確信ではなかっただろうか。

この問いは、暗室の喩えの外側に締め出されている。そして、その外側の世界では厄介な問題が今なお蠢いている。世界の統一を保証する存在、神の仕事はまだ終わらないだろう。

欺く神

見る行為をめぐる一見明快なイメージの外側に蠢く神学的問題に、当然デカルトは自覚的であった。一六一九年冬の炉部屋での思索の後、デカルトはヨーロッパ各地を遍歴し、一六二八年オランダに落ち着く。一六三三年にはガリレイが異端審問で終身刑（後に軟禁に減刑）の判決を受ける。デカルトも自分の思索を公表するのに慎重にならざるを得なかっただろう。一六三七年『方法序説』が刊行された。ここでデカルトは屈折光学をはじめとする自然学の知見を、徹底的な懐疑の基礎の上に再構築したと主張した。感覚、幾何学の最も単純な論証、すべての思想を「真でないと仮定」し、「すべてを偽と考えようとする間も、そう考えているこのわたしは必然的に何ものかでなければならない」[*55]。そこから、「わたしは一つの実体であり、……存在するためにどんな場所も要せず、いかなる物質的なものにも依存しない」こと、「わたしたちがきわめて明晰かつ判明に捉えることはすべて真」だということが主張される[*56]。

デカルトの懐疑は『省察』で、より厳格になる。すでに『方法序説』で、思惟の実在から神の存在証明が試みられていた。『省察』ではそれに加えて人間の犯す過誤と神との関係というより踏み込んだ議論が示され、その過程でデカルトは「欺く神」の存在さえも仮定しようとする。デカルトは二に三を加えると五になる、というようなことに対しても懐疑を深め、「神のごとき全能者ならば、このうえなく明白であると思われる事がらに関してさえ欺かれるような本性を、私に賦与することもできたはずである」と問う[*57]。デカルトは錯綜した議論を経て、最終的には欺く神を退け、誤りの原因を神ではなく、悟性の限界を超えて意志を広げることに帰する。[*58]

他方で「思惟」する実在は、『省察』では『方法序説』のときよりも、多様な要素をはらむものとして語られているように見える（傍点引用者）。

しかし、それでは私とは何であることになるのか？……疑い、理解し、肯定し、否定し、欲し、欲さず、また想像し、感覚するものである。[*59]

明らかに私はいま光を見、喧騒を聞き、熱を感じているが、私は眠っているのだから、これらは虚偽である。しかし見ている、聞いている、熱くなっているとたしかに思っていること、このこと自体は虚偽ではありえない。これこそ本来、私において感覚すると呼ばれていることである。そしてこのよう厳密な意味では、これは考えることにほかならない。[*60]（デカルト）

「思惟」は、暗室に開けられた穴のように、極小であるがゆえにすべてを心の部屋に映し出す。しかしただの穴では像はぼやけてはっきりしない。そこに正しく設計され精確に研磨されたレンズがはめ込まれて初めてはっきりした像となる。デカルトの「思惟」はそうした複合性を内包している。それは悟性を核としてはいるが、意志や表象や感覚をも包摂しているのである。

こうして「思惟」を起点に、数学の明断性をたよりに、改めて世界がとらえ直されていく。そこから導き出されたのは、運動し続ける物質で充満する世界であった。光もまた微小物質とされ、人がものを見るのは、光という杖で手探りをするように、光という棒が眼を突くのだとされる。そして「屈折光学」において、眼が光学装置のように描かれる。だが、これは見る行為の光学的な側面にすぎず、その全体ではない。そのことは明確に認識されている。見る行為は、精気が網膜から神経を経て脳に伝わり、ある魂に感覚を呼び覚まして成立する。この魂と光学装置としての眼とのつながりをどうとらえるかは引き続き大きな課題となるだろう。[*61]

絵画という虚実

ベラスケスが一六五六年に描いた《ラス・メニーナス》（図22）については多くが語られてきた。そこにも観察の真偽にかかる一筋縄ではいかぬ問いを見いだすことができる。

マドリードの旧王宮（一七三四年焼失）か、あるいはエル・エスコリアル修道宮の一室で描かれたとされるこの絵のなかには、九人の人物と鏡に映る二人の人物、そして一匹の犬がいて、この絵を見るわれわれと向かい合っている。その一人は画家で、こちらを向いて、今まさに絵画を制作している。こちら側から画家と向かい合っているのはわれわれ自身だが、彼が描い

図22　ベラスケス《ラス・メニーナス》

ているのはもちろんわれわれではなく、時の国王フェリペ四世夫妻[*62]である。そのことは奥の鏡に映る国王夫妻の姿を通じて示唆される。そのように見る限り、この絵は実際にあった情景を描いたものであるという印象を与える。

　ところが、もう少し仔細にこの絵を見ると、そう簡単でもなさそうだ。今われわれがこの絵を観察しているのとはまったく別の仕方で、ここに描かれた人々はそれぞれにそれぞれのやり方でそれぞれの観察対象を見ている（犬は何も観察していないように見えるが、ひょっとしたら嗅覚を働かせているかもしれない）。加えてこの絵には直接描かれてない観察者（やその観察対象）も存在するはずだ。間接的にのみ描かれた国王夫妻と、そのほかにもこの絵画を描くためにこの光景を観察していたはずの画家と、そして今それを観察しているわれわれである。それらを含めてこの絵に関わる観察者と観察対象との関係を考えてみると、はじめに予想した以上に問題は複雑になっていく。たとえば、画中の画家がベラスケスだとすれば、この絵を描いたベラスケスが自身の姿を含んだこのような光景を見ることは物理的に不可能だ。すると、この光景はまったくの虚構なのだろうか。その疑いはこの絵の内側、外側にいる他の人々の観察にも波及する。こちらを見ている人々は国王を見ているのだろうか。こちらを見ていない人々はなぜこちらを見ていないのか。誰もが思わせぶりな身振りや表情はしても、はっきりとは答えない。いずれにしても画家には国王夫妻の観察と、その観察行為の観察とを同時に行うことはできず、せいぜい二つの観察を交互に行うことができるだけである。だがこの絵は、それが同時に成立しているかのような印象を与える。それは、画中の人々やこの絵を見るわれわれを含めた絵の外側の観察者・観察対象・その表象の複雑な関係が生み出す錯覚といえよう。その錯覚の要となっているのは、まるで聖骸布の像のようにぼんやりとした姿を示すばかりの国王夫妻、政教一体の理念によって宗教改革以後の混乱を乗り切ろうとしたスペイン国王の鏡像である。[*63]

4　神学と自然学

自然学と運動

ガリレイもデカルトも、一貫して「運動」を主題にした[*64]（図23）。そもそもガリレイによる慣性や加速度の規定からニュートンによる質量の規定まで、一七世紀の全体が、自然学における運動の理解すなわち力学に大きな進展を見た時代であった。とはいえ、慣性や質量の理論が直ちに建築技術に反映するとは考えにくく、それが構造力学を介して建設技術に深く関与するに至るにはなおオイラーの世代、一八世紀後半にまで続く長く複雑なプロセスを辿らねばならなかった。それを辿り終えたときバロックの時代はすでに終わっている。バロックに関係してくるとすれば、それは力学を介した建築構造よりも、物質と精神と神を横断して使われる「運動」の概念が示唆するパラダイムである。

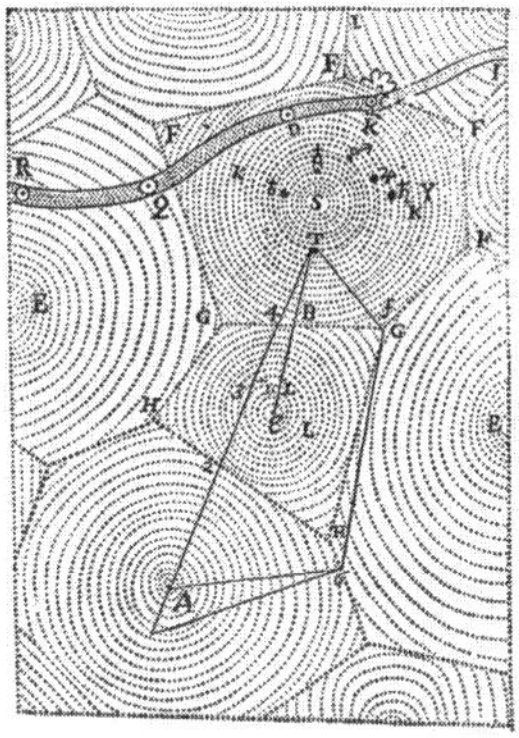

図23　デカルト『世界論』（1656年）より
絶え間なく運動する微粒子に満たされた宇宙に関する挿図

運動への関心は古代から中世を通じて存在した。しかし数や幾何学は大いなる規則性を示す天体の運動などの限られた範囲で用いられたにすぎない。これに対して地上で起こる気まぐれともみえる諸運動の把握は主に形而上学や神学の言葉でとらえられてきた。そこでは運動には常に駆動力（impetus）のようなものが働いていると考えられた。天体を除けば、生物にせよ雲や風にせよ、自然界の運動の多くは不規則である。それらの運動は、アリストテレスに倣って、火や空気が上に、水と土が下に向かうといった四元素に備わった性質に応じて生じると考えられた。他方、生物の場合は魂や生気、人間の場合はさらに加えて意志の働きなども想定された。そのなかで数量で把握できるのは特別な運動だけであった。[*65] ルネサンスがネオ・プラトニズムのような新たな知と表現を構築し、一六世紀の宗教改革によって社会が不安定となったときにも、このような運動に関する知に特筆すべき展開は見られなかった。しかしルネサンスの限界が明らかになり、ネオ・プラトニズムの世界に亀裂が生まれ、これを埋めるものが探し求められるなかで、「運動」の把握は切実な課題となっていった。

その頃、ガリレイはその天体観察によりキリスト教が長く依拠していた、天と地を截然と分割する世界観と摩擦を起こし、これを咎められて有罪とされた。この裁判を公然と批判するシエナ大司教ピッコロミーニの庇護のもと、ガリレイは『新科学対話』を書き上げ、一六三七年にオランダで出版する。ガリレイの力学で特筆されるのは、運動を時間を含む比例でとらえようとしたことである。これによって速度と加速度が区別され、慣性運動と、速度の変化と、変化をもたらす力とが比例によって関係づけられることになった。それを確認するには正確な時間の計測が必要である。しかし当時、機械時計はまだあてにならず、最も正確なのは天体の運行だが、これは物体運動の計測には使えない。振り子時計を発明したのもガリレイであるが、まさにその振り子の周期が問題だったのであり、それを振り子時計で計測したのでは堂々巡りである。そこでガリレイは水時計を用いて高精度の計測を行った。[*66] 他方、ガリレイは慣性運動を近代の常識である直線運動ではなく円運動に見た。[*67] そこからは重力による重さと質量との区別や、引力の理論は導き出せない。その力学体系は球体である地球の上の現象界にのみ適用可能で、ニュートンの、力学と天文学を貫くような普遍性には至らない。

ガリレイはこのような点では地上の力学と天界の秩序とを截然と区別するという伝統的な立場を残していた。だがその一方で、月の岩の凹凸や太陽の黒点などの観察によってこれらが地球と同じ物質であるといった主張をして、ドミニコ会やイエズス会から組織的な攻撃を受けた。これらは単なる近代科学と伝統宗教との戦いという構図だけで理解すべきではない。超越性をめぐる前提の、それまで維持されてきた相互承認の動揺という状況全体のなかでとらえるべきである。[*68] ガリレイの体系もまた不完全であり、ケプラーの神秘数学的宇宙の解釈とは相容れず、他方デカルトはガリレイの言う自由落下速度への時間比率の導入をはじめは正しく理解できなかったという。[*69] すなわち自然学もまた一枚岩ではなく、超越的なるものを含めた共通認識を修復するべく行われたさまざまな試行錯誤の一部だったのである。

空間と時間の神学

デカルトはガリレイの自由落下理論を直ちに理解できなかった一方で、慣性を直線運動としてとらえ、ガリレイがまだそのなかにいた円運動の呪縛を解いた。さらにニュートンに至ると質量が規定され、これにより力と加速度とが数学的に関係づけられる。この一世紀近くにわたる力学形成のプロセスは、物質の運動の理解に数学が導入され、数学的により整合性の高い体系が確立されていくプロセスだと表面的にはとらえられる。しかしここで留意すべきなのは、彼らにとってこの体系は運動の一面にすぎず、その向こうにはまだ自然の本質が取り残されており、それを彼らが無視したり忘れ去ったりしたことは一度もなかったということである。こんにちニュートン力学として理解されているものは、自然のなかの数学的に扱い得た部分だけを拾い集めたもので、ニュートン自身はそれでよしとしていたわけではない。質量はなぜ物質によって異なるのか、また力はどのように慣性運動や加速を生み、物体から物体へと移動するのか。そうしたことを考えようとしたとき、ニュートンは神学や錬金術の伝統的な知に手掛かりを求めずにいられなかった。ニュートンの研究時間の多くはそちらの方に費やされ、力学はむしろ寄り道だったのである。[*70]

ニュートンの絶対空間はニュートンの時代にはむしろ神学的な概念と見られていた。[*71] ある面でより先進的であったライプニッツはそれをかぎ分け、批判している。[*72] そのライプニッツが他方で「神は可能なすべてのものを、即ち矛盾を含まないものを産出できますが、可能なものの中から最善のものを産出しようと欲するのです[*73]」と述べる。

ライプニッツとニュートンのどちらがよりキリスト教的なのかをここで論じるつもりはない。問題は、一七世紀の自然学が、その後の古典力学へとつながるものだけを拾い集めれば近代科学の始まりのように見えたとしても、その知の体系が自然の全体をどう理解しようとしていたかに目を向けると、途端に神学的議論に連れ戻されるということである。それは一八世紀に入っても本質的には変わらない。たしかに一八世紀にキリスト教信仰は衰退するように見える。英国、フランスを中心に国家の管理下に置かれた教会は行政システムの一部と化し、三位一体や奇跡を公然と否定する者も現れた。だが、一八世紀におけるキリスト教への批判には、絶対王政に対抗するための戦略という側面があった。ホセ・カサノヴァは絶対王政を経験しなかった北アメリカにおいて近代化が宗教の衰退に直結していないことを指摘し、近代社会において世俗化を必然とする見方に疑問を呈している。[*74] われわれは、天上の世界との関係だけでなく、地上の運動に幾何学を適用していったときにもやはり、その議論の余白に神学が浮上してくるということに注目しておきたい。建築にも、この自然学の新たなパラダイムと並行して、超越性の忍び込む新たな余白が生み出されつつあったと考えられるからである。

聖俗の統合

ドイツは三十年戦争の主戦場となったうえ、三〇〇余りの中小諸侯を統御する帝国の力も弱まった。それにもかかわらず、一八世紀になるとドイツの各地に次々と独創的な宗教建築が生み出される。

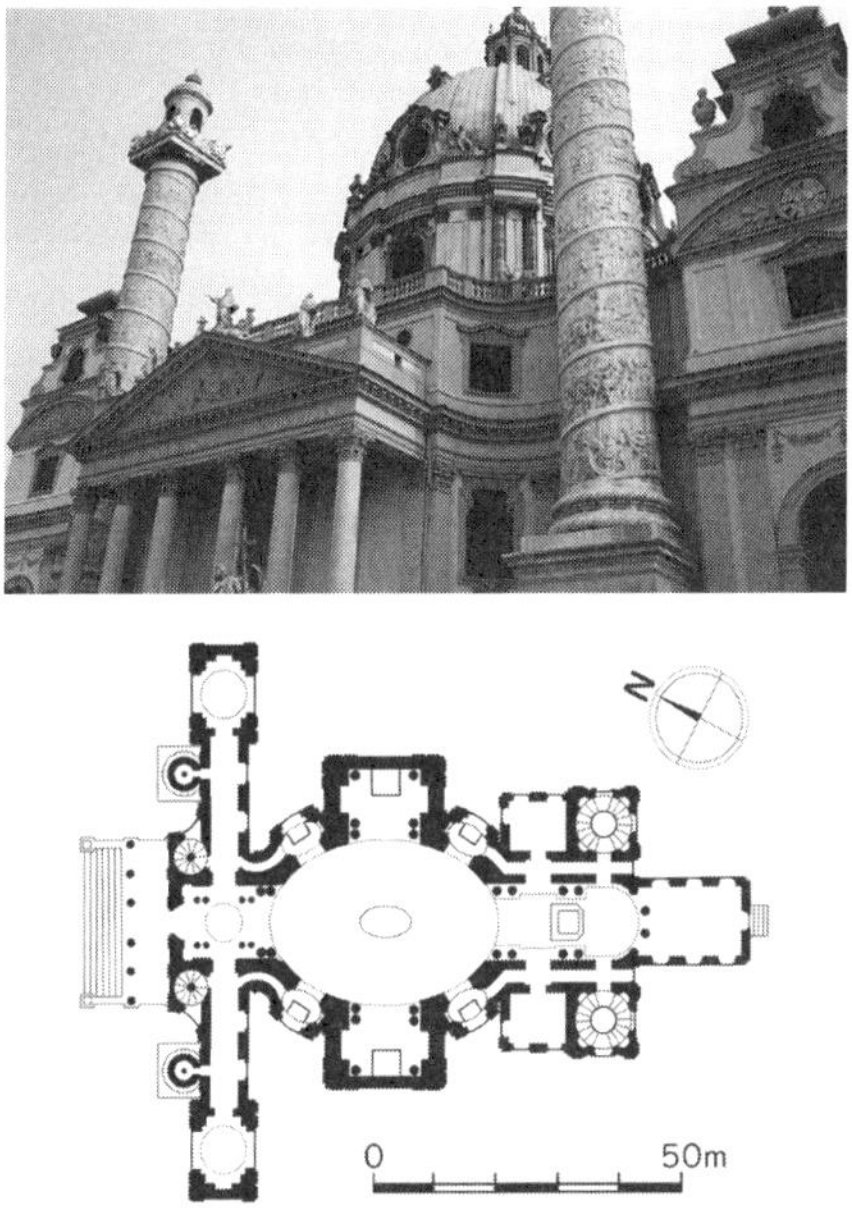

図 24　ザンクト・カルロ・ボッロメオ教会堂、ウィーン、1716〜1737 年。正面見上げ（上）、平面図（下）

帝位を独占していたオーストリー・ハプスブルク家は、一六八三年のオスマン・トルコ軍による攻撃を撃退し、ドイツ語圏のカトリックの中心としての面目を示した。オーストリーの建築界では、イタリアに学んだヨハン・ベルンハルト・フィッシャー・フォン・エルラッハ（一六五六〜一七二三年）が

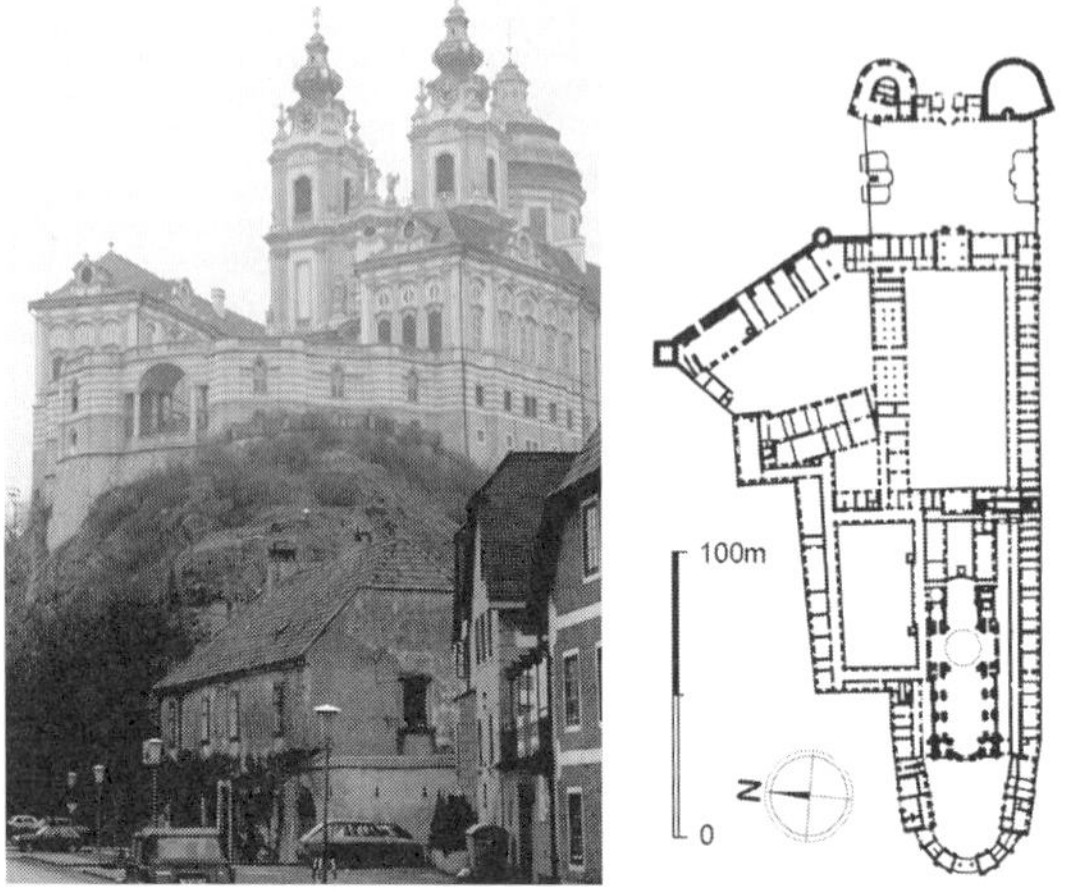

図25　メルク修道院、1702～1736年。平面図（右）、外観、東南から見る（左）

中心的役割を果たし、イタリア・バロック建築のエッセンスをオーストリーにもたらした。その集大成ともいうべきザンクト・カルロ・ボッロメオ教会堂（前頁図24）は、楕円形のドームが主空間を形成する教会堂だが、正面外観には、楕円形のドラムによって高く持ち上げられたドームに加え、ペディメントを頂く神殿形式のポーティコ、両脇の塔、記念柱など、多様な要素が持ち込まれ、それらが波打つ壁の動的な構成によって大胆に統合されている。ペディメントや記念柱に施された聖カルロ・ボッロメオの事績を描いた浮き彫りや内部ドーム天井画によってこの教会が記念する具体的な内容が示される。

この時期、オーストリーを含めたドイツのカトリック地域では、修道院がヨーロッパの他の地域には見られない独自の発展を示す。修道院は聖俗の要請に応えるうちに、中世よりもはるかに複雑な機能を抱摂するようになっていた。王宮と修道院の機能を兼ね備えたスペインのエル・エスコリアル（一四三頁図17）は、それを一つの建築に統合しようとした早い例と見ることができるが、その試みは中断されていた。これに対して、一八世紀に南ドイツを中心に、領地や関係する都市の管理や防衛上の安全などの複雑な世俗的機能に、成熟したバロック様式によって一つの建築的統合性を与えようとして、修道院建築の大胆な再建が各地で行われた。[*75] たとえばメルクの修道院はすでに古くから町を行政管理する強固な要塞となっていたが、一七〇一年に建築家ヤーコプ・プランタウアーが聖俗の両面にわたる複雑な機能を、劇的な空間構成の元に統一した（図25）。

プロテスタントにおいても、特にルター派正統主義ではカトリックにも劣らない壮麗な教会堂も建設された。ルター派の中心地であったザクセンの首都ドレスデンに、建築家ゲオルク・ベーアは集中式のフラウエン・キルヒェ（聖母教会堂）を設計した（図26）。ドイツでは同じプロテスタントでもカルヴァン派はウェストファリア条約（一六四八年）まで公式に認められていなかったのに対し、ルター派は領邦の国教として着々と制度や典礼の伝統を形成してきていた。ザクセン公フリードリヒ・アウグスト一世は一六九七年ポーラン

図 26　フラウエン・キルヒェ、ドレスデン、1726 年建設開始。断面図（上）、平面図（下）

ドの王位を獲得した都合でカトリックに改宗し、王宮広場には建築家ガエタノ・キアヴェリによってカトリック王宮教会堂（一七三九～一七五三年）も建設された。しかしその後も、ザクセンは公国としてはプロテスタントを維持した。こうした状況のもとに建てられたフラウエン・キルヒェは、ドームが塔のように高く聳えるモニュメンタルな外観を備える。断面を見るとドームの上にもう一段ドームが載るような構成となっている。この二つのドームの間にできた大きな空間は、そこで音楽を演奏することが念頭に置かれていた可能性が指摘される。[*76] ルター派の伝統として受け継がれてきた階上廊も、説教を聴くという目的に沿ってより高度に機能化され、宗教的な飾りがなければ、世俗の集会場や劇場と見間違いそうだが、正面の説教壇や洗礼のための施設、また手の込んだ高廊と二重のドームの仕組みなど、宗教上の機能が基本的な建築構成を決定づけている。このような計算された演出効果に近代に通じる世俗性を見て取ることもできるが、これを世俗化された教会と呼んでみても、あるいは神秘化された芸術と呼んでみても、同じことの表裏にすぎない。キリスト教はもともと聖と俗とを外在と内在、超越と経験のもとに関係づけてきたのだ。

このような多様な建築がドイツ語圏で生まれた背景には、権力が分散し新旧さまざまな要素が地域によって複雑な関係を生んだことがある。これをドイツの「後進性」ととらえる向きもあるが、近代の「先進性」を無条件の前提とすることで、視野を自ら狭めることのないよう気をつけねばならない。たとえば、「先進」地域ですでに啓蒙主義が社会を動かそうという一八世紀半ばに、南ドイツの寒村に建てられたヴィース巡礼教会堂のような建物も、単に近代化に乗り遅れた地域での古い様式の一周遅れの爛熟などと片づけるわけにはいかない（図27）。この教会堂は、ある農夫が数キロ離れたところにあるシュタインガーデン修道院の修道士からもらい受けたイエスの木彫が涙を落としたという噂から数多くの巡礼者が集まり始めたのを受けて、当のシュタインガーデン修道院の主導で建設されたものである。[*77]

ブルクハルトはイタリアの後期バロック建築に見られる「驚くべき放縦」について、「人を欺こうとする要求は、個々の小天使や寓意的人物が枠からはみ出し小賢しく片蓋柱などに鋲で固定されブリキの足や翼を建築的プロフィールの上に伸ばすにいたっては、まったく滑稽なものになる」と批判している。[*78] 見方によっては、次の世紀に旺盛な欲望とともに世論や消費を動かすことになる新しい大衆の活力、近代の装いで再浮上するオイコノミア＝エコノミーがこの小さな教会堂の内部で静かに醸成されつつあったということもできるのではなかろうか。

図27　ヴィース巡礼教会堂、1745〜1754年。北から見た外観（上）、内部天井見上げ（中）、平面図（下）

ドイツでは権力の集中化が進まず、中小の聖俗諸侯や都市、教会、修道院などの多様な支配形態のもとで新旧の社会システムが複雑に混ざり合っていた。しかしそれがすべて近代化への妨げになったわけではない。フーコーは、近代官僚制の基礎となるフランスの行政システムに当初影響を与えたのは、ドイツの大学で形成された内政学（ポリツァイヴィッセンシャフト）という「特産品」であったと指摘している。当時のドイツは、封建制と新しい大国家との歴史的狭間にはまり込んだ「小さな国家的実験室」になっていたというのである。[*79] 他方、領邦国家の統治と強く結びついた一八世紀ドイツのルター派は、強固な制度と民衆の信仰との間に緊張をはらみ、それは敬虔主義の源泉ともなったが、[*80] そうした緊張が、経験し得るものと経験し得ないもの（超越）とを内包するカント的な人間観につながっているとも考えられる。近世のドイツが、危機の克服をめざすヨーロッパのなかで、建築や宗教において、偶発的なものも含めた試行の場としてその多様さと複雑さのゆえに果たしたであろう役割も見極めていかねばなるまい。

結び——物質と神

美的規則と物質的特性とを整合させるために、まさにさまざまな手法「マニエラ」を試行したマニエリスムを経て、一七世紀に、その手法が動きの表象へと収れんしていったとき、その過程のどこかで、動くはずのないものが動いて見えることが虚構であるという事実と、超越性が地上では虚構としてしか示せないという真理と、事実であれ妄想であれそれが見えているという事実は一つだという認識とが、交差する瞬間があったに違いない。それはホッブズやスピノザやライプニッツが物的力と政治権力とを同じ概念で語り得た時代、いまだ一なる全体が前提とされ、一つの概念で、世界を横断することが可能な時代であった。[*81]

バロックは見る人を欺き、実在しない空間や運動があるかのように感じさせる。だが、それがこの地上では経験し得ないはずのものと接する機会を人々に与える神の恩寵なのだとしたら、現世的な意味で実在しないからといって虚偽だということには必ずしもならない。教会が外在的超越性に関して人々を互いの承認へと十分に導くことができなくなったとき、カトリック教会はこのような幻想と信仰との関係を積極的に利用する方針をとったが、プロテスタントはこれに抵抗した。運動表象と超越性との関係を安易に認めない立場からは、運動表象の排除こそが超越性との正しい向き合い方だと考えられたからである。とはいえ現実にはカトリックのなかにも自己への批判があり、また逆にプロテスタントのなかにより柔軟な対応を示す動きもあった。そのことはここまでにあげたいくつかの建築の例からも見て取れよう。一七世紀の建築はこれらの諸動向と深く連動しつつ、バロック的虚構性の徹底的な拡張と排除との両極が生み出す矛盾と緊張に満ちた空間の中で展開したのである。

たしかにそこに、存在しないものでもそれを感覚するということ自体は疑いのない事実だという認識も生まれ、人々の間に共有されつつあった。デカルトが言うように、たとえ夢であっても幻想であっても、見たと思っていること自体は「虚偽ではありえない」[*82]からだ。とはいえ、見ることとの実在を共通認識とするだけでは社会の統一基盤にはなりえない。かえってそれは超越的なものに対する立場の違いを再生産し続けさえするだろう。しかしその立場の違いが、自己と他者とのそれぞれがそれぞれの場所から見たものを互いに承認し合うことへと向かい、そのことが超越性を思う主体の中に確固とした一つの場所を獲得し始めたとき、社会はさらに一九世紀に向けた再編へと動き出す。

終　章

崇　高

カントは一七九〇年刊の『判断力批判』のなかで崇高について論じ、サン・ピエトロ大聖堂に「一歩踏み入れたときに観る人を襲うと言われる、狼狽ないし一種の当惑」について、次のように述べている。

ここにはある全体の理念を描出するために、観る人の構想力がこの理念に対して適合していないというある感情があって、この感情のうちで構想力は、自分の最大限を達成して、それを拡大しようと努力するにもかかわらず、自分自身のうちへとあと戻りする。しかし構想力は、このことによってある感動的な満足へと置かれるからである。[*1]（カント）

サン・ピエトロ大聖堂がいくら巨大だとはいえ、所詮人間が造ったものであるから、人間の身体能力のまったく及ばぬものでもない。しかしカントはここで、たんなる物理的な量から精神的な把握力へと視点を移動させている。カントは身体能力の物理的限界にしばられた経験的な大きさの感覚と、物理的な限界にしばられずに経験を超えて作用する心的能力との関係のなかに、従来の思想への批判と新たな希望を見いだそうとしている。均衡のとれた壮麗な建築を前に人々が何か肯定すべき感覚をもつとき、それは経験と超越との関係次第で、われわれにも何か大きな希望がもたらされる場合があるということを示しているというのである。

これをさかのぼること三五年前の一七五五年一一月一日、リスボンで大地震が起き、火災や津波と併せて何万人もの死者を出した。[*2] この出来事はヨーロッパの人々の心を揺さぶり、ヴォルテールは《リスボン大震災に寄せる詩――あるいは『すべては善である』という公理の検討》を公にし、予定調和の神学を批判した。[*3] しかしジャン＝ジャック・ルソーはこれに反論して、物理的なものの摂理と精神的なものの摂理との区別に基づき、後者の自立を主張し、「慰め」や「希望」のために自らは「神の存在」や「霊魂の不滅」を信じると宣言した。[*4] 経験値を超えた出来事が改めて超越論を呼び起こしたのである。カントはこれに先立ちわだって客観的、自然科学的態度に貫かれた論考を発表していた。[*5] 近代地震学の草分けともされる論考であるが、カントもまた自然科学によって宗教的論点を完全に回避したわけではなく、結びに宗教的問いにも触れている。[*6] しかしその後カントは、ルソーの著作に接してさらなる倫理的回心を経験する（一七六二年）。[*7]

いうまでもなくリスボンの大地震がカントの回心をもたらしたのでも啓蒙を生み出したのでもない。再編の最中《さなか》にあったパラダイムが、本来なら見せないその姿を心の動揺の一瞬の隙をついて露呈させたということであろう。社会にその準備がなければ、いかなる衝撃も何も変えることがないのは歴史が示す通りである。

ともあれこの回心を経たカントは、地震についてもこれを客観的に観察する自分と、被災した人々の気持ちとの間に納得のいく倫理的つながりを実感できたのではなかろうか。運動の表象は内面化されることに

図1　C.D. フリードリヒ《雲海上のさすらい人》、1818年

よって、自己が見るものと他者が見るものとを隔てる空間的、時間的な溝を跳梁する心的運動へと変質したのである。それは単に人の気持ちを慮るとか、自分がされたくないことを人にしない、といった道徳的なことではない。超越性としての他者へと向かうということ、他者を自己に同化するのではなく、自己に他者性を発見するということである。これが新たな認識として社会に広く承認され、無数の他者たちが見る無数のイメージが連鎖して一つの世界が形成されると楽観的に信じることができたとき、それまで王や聖像の助けでその存在を確立させてきた絵画もまた、王や聖像なしに自立し得るものとなるだろう。王や聖像に代わって絵画を支えたのは、無数の他者たちによる無数の観察が一つに連なってつくられる世界のイメージであった。たしかに、あの二〇世紀を経験したわれわれにとって、そのようなイメージは楽天的すぎるかもしれない。しかし少なくとも一九世紀の入口においては、そのイメージは「自由」の名とともに確固たるものと思われたのである（図1）。

自由へ

ゲーテの視覚をめぐる実験はジョナサン・クレーリーが指摘するように、非常に示唆的である。ゲーテはカメラ・オブスクラの伝統に従い、暗い部屋に小さな丸い穴から光を入れるが、しかしゲーテの実験は逆にこの穴を塞ぐことから始まる。ゲーテは光を失ってもなおそこに見え続ける像を執拗に凝視し、その変化を徹底して仔細に観察するのである。

カメラ・オブスクラの概念からはアプリオリに排除されていた観察者の身体的主観性が、突然、観察者という存在自体を成立させる場となる。[*8]（クレーリー）

一七世紀の、穴のまだ塞がれていない暗室のモデルでは、対象と表象は神の摂理によって結びつけられていた。暗室のモデルには対象とその観察者と表象とがすべて含まれていたが、この三者を観察する外部の観察者は排除されていた。これに対して、ゲーテの行為は対象と表象のずれへの関心を示す。このずれは、一見すると対象からの自由であるかのようにみえる。しかしここで問題になっている自由は、表象のなかの自由ではない。表象のなかに他者を飼い馴らして得られる自由ではない。対象と観察者と表象の三者の外部からこの三者を観察する観察者の自由、他者との間の絶対的な隔たりを自己の内部にも見いだすことで得られる自由、つまり一言でいえば、ここでの自由とは他者なのである。

他方、ゲーテが暗室の穴を塞いでもなお見え続けるものを凝視していたのとそれほど離れていない時期に、ジェレミー・ベンサムは穴を塞いでもなお心の目でそこに監視人を見てしまう人間の性を利用した、パノプティコンと呼ばれる監視施設のアイデアを公にした[*9]（図2）。そこでは収容者を効率よく管理するために、円筒形の建物の周囲に多層的に配されたすべての独房を中央の監視房から一望できるようになっている。加えて監視人の姿をスリット状の窓やカーテンによって隠せば、監視人はときどき姿を現すだけで常時いるのと同じ監視効果をもたらすことができるという。さらには、そのような環境に長くおかれることで、収容者は想像の監視人という他者を自らの心のなかに置くことが習慣づけられ、いわゆる更生の効果さえ期待できるというのだ。この建物をフーコーは近代の権力形態への批判につなげた。[*10]

この装置のなかで視覚はある特殊な役回りを演じている。その物理的な空間配置そのものは集中式の教会堂に普通に見られたものである。だがそこでは不可知なるものは宗教によって統治されていた。不可知なるものは世界の外へと追いやられ、現世の統治においては（建前として）見えるものだけが行政管理の主な対象になっていた。ところが一八世紀末に新たに見えないものの場所が用意される。その場所とは「人間」であり、見えないものとは期待と不安であり、そこから未知の可能性や発展や創造が導き出されていく。人間はそれまでの、罪を抱えて祈りながら死後の救済を待つ人間ではなく、不可知なる超越性を内包した見通すことのできない他者としての人間であった。[*11]

だがそうだとすると、そのことは近代的自由をもたらす一方で、現世での統治の対象に、見えないものを引き入れることになる。自己の中に包摂された他者は自由の源泉になると同時に、見えない自己を含めて監視する第三者の目にもなるのである。パノプティコン

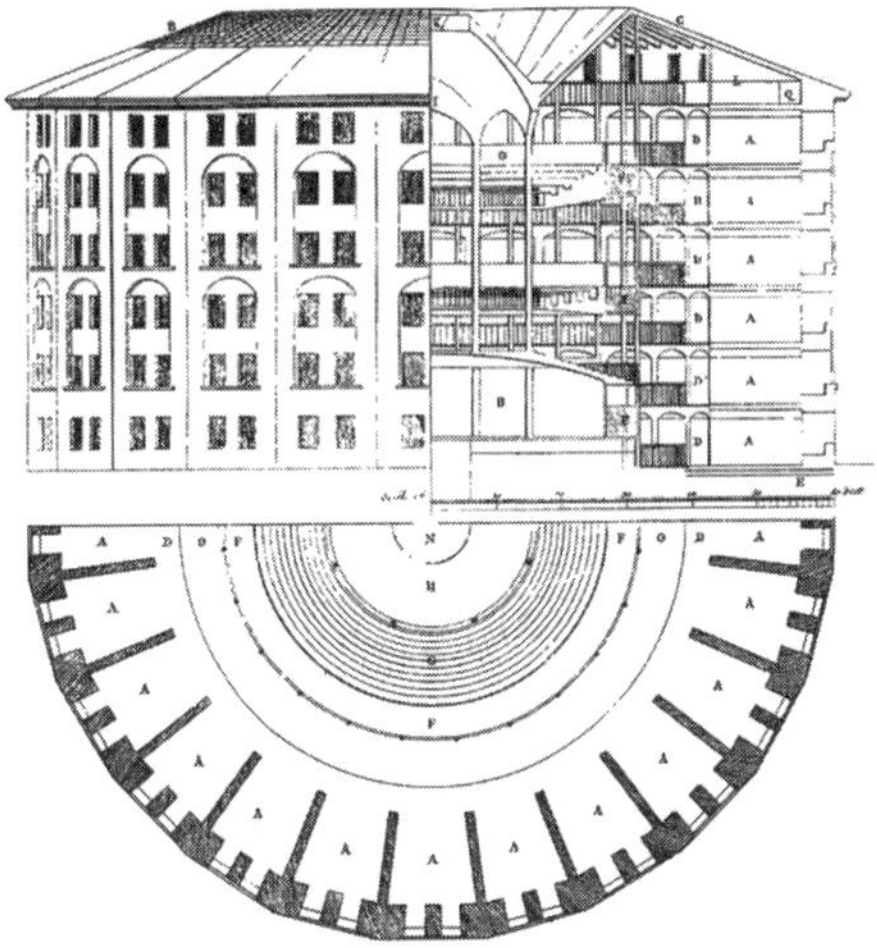

図2　《パノプティコン》、ジェレミー・ベンサム、1791年

の影響は建築形式そのものとしては限られるが、さまざまに変形し思わぬ姿をとって近代社会全体に広がっていく。そうなるのは、このシステムが見る人間の不可視化という、可視と不可視の関係の上に成立しているからである。印刷や写真などによって、可視と不可視との境界を横断する新しい状況が出現するたびに、パノプティコン・システムはその姿を自由に変えて社会に浸透していったのである。

これには監視システムという一事にとどまらず、近代社会のなかでの建築の在り方についても示唆するところがある。近代的自由の理念とともに建築の社会的役割には二つの大きな選択肢が生じた。機能に奉仕するか、それとも自身が人間を代表するか、言い換えれば、自由な社会を実現維持するための装置となるか、自らが実現されるべき自由（の表象）となるか、の二つである。元来この二つは決して合致しない。自由を成立させる自己のなかの他者が、両者の間に立ち塞がるからである。そこに不用意に合一を求めれば、建築は自由という名の監視装置となるだろう。

過度に複雑な知覚環境に囲まれるなかで、自由と管理との間の距離を見極めることはより困難になっている。しかしこれを見極めることのできない社会は暴走する管理システムと化す。ブルクハルトは『世界史的考察』の末尾に次のように述べる。

> われわれが成長してきたあの三十年間の人を欺く平和がとうの昔にすっかり過ぎ去ってしまい、一連の新たな戦争が接近しつつあるように思われる時代において、
> 最大の文化諸国民の政治形態が動揺し、もしくは別な形態に移行しつつある時代において、
> 教養や人々の交流が広まるとともに、苦しみを受けているという意識と苛立ちの気持ちの広まりもいち

じるしく、かつ急速に増加している時代において、社会的諸制度がいたるところで世界のもろもろの運動によって気がかりな状態になっている時代において、（中略）

このような時代において、こうしたすべての現象のうえに漂いつつ、しかもこうしたすべての現象と密接にからみ合いつつ、新しい住処《すみか》を建ててゆく人類の精神の跡を認識しながら追い求めるのは、すばらしい観物《みもの》であろう……*12（ブルクハルト）

ブルクハルトは人間の力（本書ではヨーロッパにおけるその力の源を超越性という概念をもとに考えてきた）が、意味を越えて次々に湧き起こる事物のなかに埋没してしまうことに危機感を抱き、いわば事物のカオスに「文化史」の舟を浮かべようとしたのだともいえよう。これを継承しつつヴェルフリンが「視る行為」を土台にして様式史を確立しようとしたことは、当時の、複雑化していく可視と不可視、経験と超越をめぐる時代の状況と深く関わっている。しかし「視る行為」への関心とともに浮上してきたのは、自らを解放する力だけではなく、自らを管理し拘束する力でもあった。ヴェルフリンはそのことをどこまで自覚していたのだろう。

一九世紀にいったん人間の内に回収された不可知なるもの、超越的なるものは再び二〇世紀に浮上し主題となる。このとき、さしあたり精神分析や即物主義などによってその回収や統御が図られた。それでもなお回収しきれない残余を「宗教」と呼ぶかどうかはともかく、外在的な超越性あるいは他者への思いは、現代社会の狭間をいまなおさまよっている。建築はそれを利用することも、それに利用されることもできるが、どちらにせよ建築それ自体が――良くも悪くも――他者であることは自覚しておかなければならないだろう。

注

序章

＊1 新井白石は神は誰が創ったのかと反論している。「天地万物自ら成る事なし。必ずこれを造れるものありという説のごとき、もし其説のごとくならむには、デウス、また何ものゝ造るによりて、天地いまだあらざる時には生れぬらむ。」(『西洋紀聞』村岡典嗣校訂、岩波文庫、一九三六年、八五頁)。だがアウグスティヌスによれば、神は時間を超越しており、つまり神には前も後もないので、神について時間の前後を問うことはできない(アウグスティヌス「創世記逐語注解」『アウグスティヌス著作集16』片柳栄一訳、教文館、一九九四年、九〜二九頁)。また、Thomas Aquinas, *Summa theologiae*, Qu.45, art.3(『神学大全』第四冊、高田三郎、日下昭夫訳、創文社、一九七三年、六九〜七二頁)も参照。

＊2 ルカ文書とはルカ福音書と使徒行伝。八〇年代頃成立か。ルカ文書が含む時間の意識については、H・コンツェルマン『時の中心——ルカ神学の研究』田川建三訳、新教出版社、一九六五年参照。

＊3 Davis Watkin, *The reise of architectural history*, London, 1980(『建築史学の興隆』桐敷真次郎訳、中央公論美術出版、一九九三年)。

＊4 ゴシック建築に対するヨーロッパ内部での評価の歴史については次を参照。Paul Frankl, *The Gothic. Literary sources and interpretations through eight centuries*, New Jersey, 1960(『ゴシックとは何か——八世紀にわたる西欧の自問』黒岩俊介訳、中央公論美術出版社、二〇一六年)。より最近の研究については、パウル・フランクル『ゴシック建築大成』ポール・クロスリー校訂、佐藤達生、辻本敬子、飯田喜四郎訳、中央公論美術出版、二〇一一年に所収のクロスリーの概説、とくに四〇〜六六頁を参照。

＊5 Jacob Burckhardt, *Die Kultur der Renaissance in Italien*, Basel, 1860(『イタリア・ルネサンスの文化』新井靖一訳、筑摩書房、二〇〇七年)。

＊6 Heinrich Wölfflin, *Renaissance und Barock. Eine Untersuchung über Wesen und Entstehung des Barockstils in Italien*, München 1888(『ルネサンスとバロック』上松佑二訳、中央公論美術出版、一九九三年)。

第一章

＊1 加藤隆『「新約聖書」の誕生』講談社、一九九九年、一八七頁以下。

＊2 次に詳しい。フラウィウス・ヨセフス『ユダヤ戦記』秦剛平訳、ちくま学芸文庫、二〇〇二年。

＊3 加藤隆『新約聖書はなぜギリシア語で書かれたか』大修館書店、一九九九年。

＊4 ロドニー・スターク『キリスト教とローマ帝国——小さなメシア運動が帝国に広がった理由』穐田信子訳、新教出版社、二〇一四年、第一章「信者の増加と改宗」参照。

＊5 Clark Hopkins, *The discovery of Dura-Europos*, ed. by Bernhard Goldman, New Haven, 1979.

＊6 L. Michael White, *Building God's house in the Roman world. Architectural adaptation among pagans, Jews, and Christians*, Baltimore, Md., 1990.

＊7 エウセビウス『コンスタンティヌスの生涯』秦剛平訳、京都大学学

術出版会、二〇〇四年、二一六〜二一八頁。

＊8 Wolfgang Müller-Wiener, *Bildlexikon zur Topographie Istanbuls*, Tübingen, 1977, pp. 405-406. August Heisenberg, *Grabeskirche und Apostelkirche, zwei Basiliken Konstantins, T.2: Die Apostelkirche in Konstantinopel*, Leipzig, 1908. 太記祐一「コンスタンティノープル、聖使徒教会の聖遺物と典礼に関する研究」『日本建築学会計画系論文集』第五一八号、一九九九年五月、二九五〜二九九頁。

＊9 古代のシナゴーグについては以下を参照。F・G・ヒュッテンマイスター＆H・ブレードホルン『古代のシナゴーグ』山野貴彦訳、教文館、二〇一二年。Rachel Hachlili, *Ancient synagogues - archaeology and art. New discoveries and current research*, Leiden, 2013. また、シナゴーグとキリスト教施設との関係については、以下を参照。Peter Richardson, *Building Jewish in the Roman East*, Waco, Tex., 2004. および L. Michael White, op. cit. (n6).

＊10 Wolfgang Müller-Wiener, op. cit. (n8), p.84.

＊11 コンスタンティヌス帝の関わったゆかりの建築が残っていないのは、社会混乱にともなう建物の質の低下も関係しているといわれる（シリル・マンゴー『ビザンティン建築』飯田喜四郎訳、本の友社、一九九九年、三六頁）。聖墳墓教会については、中川武監修『世界宗教建築事典』東京堂、二〇〇一年、一一四〜一一五頁参照。

＊12 このころの帝国とキリスト教の関係をめぐる議論については次を参照。松本宣郎「初期キリスト教論」『岩波講座世界歴史7』岩波書店、一九九八年、一八七〜二一一頁、とくに二〇五〜二一〇頁。

＊13 元老院のヴィクトリア女神祭壇の撤去に反対するシンマクスの三八四年の演説と、それにたいするミラノ司教アンブロシウスの反論の一部は次に掲載されている。古山正人他編『西洋古代史料集』東京大学出版会、二〇〇二年、二五〇〜二五三頁。

＊14 Augustinus, *De civitate dei*, I:3（『アウグスティヌス著作集11　神の国1』赤木善光、泉治典、金子晴勇訳、教文館、一九八〇年、二九頁）。

＊15 Ibid., VIII: 5「…もしプラトンが、知者とはそのかたにあずかることによって至福となるところの神にならい、そうした神を愛する人のことである、と言っているとすれば…プラトン派の人々以上にわたしたちに近いものはないのである」（『アウグスティヌス著作集12　神の国2』茂泉昭男、野町啓訳、教文館、一九八二年、一七一頁）。

＊16 Ibid., VIII: 22, 邦訳二一五頁。

＊17 偽ディオニュシウス文書の邦訳は、『中世思想原典集成3』平凡社、一九九四年、三三九〜四九八頁。また同書の解説および次を参照。H・G・ベック『ビザンツ世界論』戸田聡訳、知泉書館、二〇一四年、三〇〇〜三〇二頁。

＊18 『世界宗教建築事典』（前掲：注11）、一一八頁。

＊19 マンゴー『ビザンティン建築』（前掲：注11）、六〇頁。

＊20 ピーター・ブラウン『古代末期の世界――ローマ帝国はなぜキリスト教化したか？』宮島直機訳、刀水書房、二〇〇二年、一七七頁。

＊21 以下を参照。尚樹啓太郎『ビザンツ帝国の政治制度』東海大学出版会、二〇〇五年、八頁以下。ベック『ビザンツ世界論』（前掲：注17）、八〇頁以下。

＊22 太記祐一「『儀式について』にみるビザンツ皇帝と宗教儀式」『日本建築学会計画系論文集』第五九〇号、二〇〇五年四月、一八一〜一八六頁。

＊23 八世紀までの神学論争を明解にまとめた記述として次を参照。森安達也『キリスト教史三　東方キリスト教』山川出版社、一九七八年、第

一章および第二章第一節。
＊24　和田廣「ビザンツ帝国論」『岩波講座世界歴史8』一九九八年、二九五～三一六頁所収。
＊25　この衰退期については次を参照。Richard Hodges & David Whitehouse, *Mohammed, Charlemagne and the origins of Europe: archaeology and the Pirenne thesis*, Ithaca, New York, 1983, ch.3.
＊26　マンゴー『ビザンティン建築』（前掲：注11）、一〇四～一〇五頁。
＊27　『世界宗教建築事典』（前掲：注11）二一〇～二一一頁。
＊28　太記祐一「『儀典の書』にみる聖使徒教会」『日本建築学会計画系論文集』第六二一号、二〇〇七年一一月、二〇三～二〇八頁。
＊29　太記祐一「コンスタンティノープル、聖使徒教会の聖遺物と典礼に関する研究」（前掲：注8）。
＊30　辻本敬子「ヴェストヴェルクの研究」『建築史学』第3号、一九八四年九月、三一～五九頁。
＊31　ブラウン『古代末期の世界』（前掲：注20）、八九頁以下。
＊32　マルセイユのサン・ヴィクトール修道院を創設したヨハネス・カッシアヌス（John Cassian）については、『中世思想原典集成4』平凡社、一九九九年、一一〇七～一一五〇頁参照。
＊33　ピーター・ブラウン「『中心と周縁』再考――ポスト帝国期西ヨーロッパにおける文化伝播モデル」『古代から中世へ』後藤篤子編訳、山川出版、二〇〇六年、七一～九四頁。
＊34　佐藤彰一「識字文化・言語・コミュニケーション」『西欧中世史（上）継承と創造』ミネルヴァ書房、一九九五年、二一五～二三七頁。
＊35　ブラウン『古代末期の世界』（前掲：注20）、一七五頁。
＊36　エミール・マール『ロマネスクの図像学』田中仁彦他訳、国書刊行会、一九九六年、第一章「モニュメンタルな大彫刻の誕生と写本群の影響」、一五～七七頁。
＊37　『世界宗教建築事典』（前掲：注11）、二九頁。
＊38　正教会の中近東やスラブへの広がりについては森安達也『東方キリスト教』（前掲：注23）第三・四章他参照。東西教会の関係についても同書第二章第二節参照。中世ヨーロッパから見たビザンツ像については、次を見よ。根津由喜夫『夢想のなかのビザンティウム――中世西欧の「他者」』昭和堂、二〇〇九年。なお、ビザンツ帝国の衰退の原因はイスラムの台頭よりも「ヨーロッパキリスト教世界内での政治的関係の変化であった」（大月康弘「ピレンヌ・テーゼとビザンツ帝国――コンスタンティノープル・ローマ・フランス関係の変容を中心に」『岩波講座世界歴史7』岩波書店、一九九八年、二三七頁）とする指摘もある。
＊39　ヤコブス・デ・ウォラギネ『黄金伝説　第四巻』前田敬作、山中知子訳、人文書院、一九八七年、八八頁。
＊40　クローヴィスの墓があるがこれは後世に移動したもの。最初に埋葬されたのはダゴベルト一世（六〇三～六三九年）。
＊41　山内進『十字軍の思想』ちくま学芸文庫、二〇一七年、五四～五九頁他。
＊42　シュジェール「ルイ肥満王伝」『サン・ドニ修道院長シュジェール』森洋編訳、中央公論美術出版、二〇〇二年、一一七頁。
＊43　シュジェール「サン・ドニ修道院長シュジェールのその統治においてなした事ども」『サン・ドニ修道院長シュジェール』森洋編訳、中央公論美術出版、二〇〇二年、二二九～二三〇頁。
＊44　次を参照。クレルヴォーのベルナルドゥス「ギヨーム修道院長への弁明」杉崎泰一郎訳『中世思想原典集成10』平凡社、一九九七年、四五六～四八九頁。
＊45　これまで強調されてきたシトー会建築の広い地域と時代にわたる共

通性については、これを疑問視する声もある。西田雅嗣『シトー会建築のプロポーション』中央公論美術出版、二〇〇六年、一〇〜一七頁参照。

*46　次を参照。Gerhard Streich, *Burg und Kirche während des deutschen Mittelalters*, Sigmaringen, 1984.

*47　ワルター・ベンヤミン「暴力批判論」『暴力批判論 他十篇』野村修編訳、岩波文庫、一九八二年、二九〜六五頁参照。

*48　Augustinus, op. cit. (n14), XI: 17（『アウグスティヌス著作集13 神の国3』泉治典訳、教文館、一九八一年、五五頁）。

*49　Ibid., XIV: 3. 2, 邦訳同二一七頁。

*50　Ibid., XIV: 28, 邦訳同二七七頁。

*51　アガンベン『王国と栄光』高桑和巳訳、青土社、二〇一〇年。

*52　ローマのヒッポリュトス「ノエトス駁論」小高毅訳、『中世思想原典集成1』平凡社、一九九五年、四八〇〜四八一頁。

*53　アガンベン『王国と栄光』（前掲：注51）八二頁。

*54　同書、一一二〜一一三頁。

第二章

*1　アガンベン『王国と栄光』（前掲：第一章注51）。

*2　J・ル＝ゴフ『ヨーロッパは中世に誕生したのか?』菅沼潤訳、藤原書店、二〇一四年、一一八頁。

*3　シュジェール「サン・ドニ教会堂献堂に関する覚書」『サン・ドニ修道院長シュジェール』森洋編訳、中央公論美術出版、二〇〇二年、一八五〜二二四頁所収。

*4　同一九六頁。

*5　同一九七頁。

*6　同二一四頁。この記述が具体的に建築のどの箇所についてのものかをめぐる議論については次を参照。加藤耕一『ゴシック様式成立史論』中央公論美術出版、二〇一二年、二一〇〜二一九頁。

*7　Martin Heidegger, Einleitung in die Philosophie. Denken und Dichten, *Gesamtausgabe* 50, Frankfurt/M, 1990, p.148（「哲学入門——思索と詩作」『ハイデッガー全集 第50巻』秋富克哉、神尾和寿、ハンス＝ミヒャエル・シュパイアー訳、創文社、二〇〇〇年、一四八頁）。ハイデガーの技術論については次も参照。加藤尚武編『ハイデガーの技術論』理想社、二〇〇三年。

*8　次を参照。轟孝夫「技術と国家——ハイデガー技術論の射程」『ハイデガーの技術論』（前掲：注7）、五九〜一四三頁。

*9　Hannah Arendt, *The Human Condition*, Chicago, 1958, p.6（『人間の条件』志水速雄訳、ちくま学芸文庫、一九九四年、一六頁）。

*10　アレントによれば、アウグスティヌスの著作では、まだ活動的生活 vita activa という言葉がポリスの生活の本来の意味を反映していた（同書、二五〜二六頁）。

*11　プラトン『ティマイオス』二九a他。デミウルゴスの意味については村川堅太郎『古代史論集一　古代ギリシアの国家』岩波書店、一九八六年、二三九〜二七八、三一一〜三四四頁参照。

*12　ヘーゲル『歴史哲学講義』第四部「ゲルマン世界」の冒頭、長谷川宏訳、岩波文庫、一九九四年、下巻二〇〇頁。

*13　'Basilique de Stain-Denis'. 一九六六年に司教座が設けられたことにより、現在はサン・ドニ大聖堂と呼ばれる。

*14　シュジェール「サン・ドニ修道院長シュジェールのその統治においてなした事ども」（前掲：第一章注43）三一三〜三一五頁および三一九頁の注四参照。

*15　パノフスキーは一九三八年にアメリカで行った講演をもとに一九四六年にシュジェールの著作と註解を出版した。Erwin Panofsky, *Abbot Suger on the Abbey Church of St.-Denis and its art treasures*, Princeton, 1946.

*16　'confraternita', 'congregazione', 'Brüderschaft', 'traternity', 'guild' 等様々な名称があり、日本語では兄弟団、信徒会、信心会などとも訳される。詳しくは次を参照。河原温、池上俊一編『ヨーロッパ中近世の兄弟会』東京大学出版会、二〇一四年。

*17　安松孝「中世後期ドイツ語圏の石切工・石工組織について　その3　Steinmetz と Maurer の規約上の関係」『日本建築学会大会学術講演梗概集』一九八九年一〇月、八七九〜八八〇頁。

*18　Willy Weyres, Das System des Kölner Chorgrundrisses, in: *Kölner Domblatt*, 16/17, 1959, pp.97-105. 次も参照。Georg Schelbert, Die Chorgrundrisse der Kathedralen von Köln und Amiens, in: *Kölner Domblatt*, 62, 1997, pp.85-110.

*19　クロスリー（前掲：序章注4）四八〜五〇頁、および Peter Kidson, Panofsky, Suger and St Denis, in: *Journal of the Warburg and Courtauld Institutes*, vol.50, 1987, pp.1-17 参照。

*20　このキリスト教の特質は、古代ローマ帝国にキリスト教が広まったときには、今よりはっきりと大きな転換として認識されていたと思われる。歴史家ピーター・ブラウンは初期キリスト教の唱えた「貧者への愛」が、古代の伝統社会にとっては、「新奇でかつ極彩色の観念」であったと主張している。ピーター・ブラウン『貧者を愛する者——古代末期におけるキリスト教的慈善の誕生』戸田聡訳、慶應義塾大学出版会、二〇一二年、一五頁。

*21　いうまでもなく個々の歴史上の事実については慎重な検討が必要である。ここで論じているのは、共同体に不可欠な相互承認の維持装置としてのキリスト教の一般的な性質である。

*22　これらの知識の多くがビザンツ帝国を経由していることについて、ピーター・ブラウンは次のように述べている。「もし九世紀から一〇世紀にかけてビザンツ帝国で写本が作成されていなかったら、プラトン、ユークリッド、ソフォクレス、ツキデスたちが残したものは、せいぜいパピルスに書かれた断片だけになっていたはずである。我々が知っている古典ギリシア文化とは、コンスタンチノープルで支配層が関心を抱き、保存してきたギリシャ文化なのである」（『古代末期の世界』前掲書：第一章注20、一七五頁）。

*23　Thomas Aquinas, *Summa theologiae*, Qu.65.『神学大全』第五冊、高田三郎、山本清志訳、創文社、一九六七年、一〜一九頁。

*24　Ibid., Qu. 65, art. 2.　邦訳同書、一〇頁。

*25　Ibid., Qu. 45, art. 5.『神学大全』第四冊（前掲：序章注1）、三二〜三八頁。

*26　同書、三五頁。

*27　ジョルジョ・アガンベン『身体の使用——脱構成的可能態の理論のために』上村忠男訳、みすず書房、二〇一六年、一二九頁。

*28　アガンベン『王国と栄光』（前掲：第一章注51）、一四頁。

*29　シュジェール「サン・ドニ教会堂献堂に関する覚書」（前掲：注3）、二二三頁。

*30　Augustinus, *De trinitate*, IV: 1.3（『アウグスティヌス著作集28　三位一体』泉治典訳、教文館、二〇〇四年、一二九頁）。

*31　Augustinus, *De libero arbitrio*, III: 13.36（「自由意志」『アウグスティヌス著作集3』泉治典訳、教文館、一九八九年、一一六〜一一七頁）。

*32　グロステスト「真理論」降旗芳彦訳、『中世思想原典集成13』平凡社、

一九九三年、二三六頁。

*33　ボナヴェントゥラ「命題集註解」須藤和夫訳、『中世思想原典集成12』平凡社、二〇〇一年、六四二頁。

*34　ディオニュシオス・アレオパギテス「天上位階論」今義博訳、『中世思想原典集成3』平凡社、一九九四年、三五五頁。

*35　しかし、偽ディオニュシウス文書がシュジェールに特段の影響を与えたという見方そのものを疑問視する研究者もいる。Kidson, op. cit. (n19).

*36　Augustinus, *De civitate dei*, op. cit. (ch.1, n14). X: 2『アウグスティヌス著作集12　神の国2』（前掲：第一章注15）、二九七、二九九頁。

*37　ディオニュシオス・アレオパギテス「天上位階論」（前掲：注34）、三五五頁。

*38　同書、三六五頁。

*39　同書、三九九頁。

*40　同書、三五五頁。

*41　シュジェール「サン・ドニ修道院長シュジェールのその統治においてなした事ども」（前掲：第一章注43）、三〇四頁。なお、シュジェールによるこの引用は正確ではない。エゼキエル書二八：一三参照。

*42　同書、三〇五頁。

*43　Augustinus, *De libero arbitrio*, II: 8. 21.「自由意志」（前掲：注31）、九七頁。

*44　ディオニュシオス・アレオパギテス「天上位階論」（前掲：注34）、四一〇頁。

*45　O・G・フォン・ジムソン『ゴシックの大聖堂』前川道郎訳、みすず書房、一九八五年、三五頁以下。

*46　シュジェール「サン・ドニ修道院長シュジェールのその統治においてなした事ども」（前掲：第一章注43）、三〇五頁。

*47　ジムソン『ゴシックの大聖堂』（前掲：注45）、三六～四二頁。また批判を含めた概観として、西田雅嗣（前掲：第一章注45）、一八～二三頁参照。

*48　シュジェール「サン・ドニ修道院長シュジェールのその統治においてなした事ども」（前掲：第一章注43）、二七六～二七八頁。

*49　宝石で飾られた天上のエルサレムを描いたモザイク画は、五世紀建設のローマのサンタ・マリア・マッジョーレ聖堂内の壁面にも見出される。ゼドゥルマイアは『大聖堂の生成』のなかで教会堂と天上のエルサレムとの関係の深さを強調している。Hans Sedlmayr, *Die Entstehung der Kathedrale*, Zürich, 1950, Kap. 29（『大聖堂の生成』前川道郎、黒岩俊介共訳、中央公論美術出版、一九九五年、第三章「天の模像としての大聖堂」、とくに第29節「天上のエルサレムの再現としての古キリスト教のバシリカ」、一五〇頁以下参照）。

*50　ジムソン『ゴシックの大聖堂』（前掲：注45）、四五頁。

*51　同書、四五頁。

*52　シュジェール「サン・ドニ教会堂献堂に関する覚書」（前掲：注3）、二二三頁。ただし引用冒頭は「現存する教会」と解さない説もある（同書、二二四頁の注一一）。

*53　Erwin Panofsky, *Studies in Iconology. Humanistic Themes in Art of the Renaissance*, New York, 1939, Torchbook ed., 1962, Introductory, pp.3-31（『イコノロジー研究』浅野徹他訳、ちくま学芸文庫、二〇〇二年、序論、一〇～八一頁）。一九五五年に序論を改訂し別途 Iconography and Iconology のタイトルで Erwin Panofsky, *Meaning in the Visual Arts*, 1955 に収録された（「イコノグラフィーとイコノロジー」『視覚芸術の意味』中森義宗他訳、岩崎美術社、一九七一年、三七～六六頁）。

一九五五年の変更箇所は『イコノロジー研究』浅野徹他訳にもすべて注記されている。

＊54　Cesare Ripa, *Iconologia*, 1593, 3.ed. Roma, 1603（『イコノロジーア』伊藤博明訳、ありな書房、二〇一七年）。

＊55　パノフスキー『イコノロジー研究』（前掲：注53）、三五頁。

＊56　同書、四二頁。

＊57　ジョルジュ・ディディ＝ユベルマン『イメージの前で——美術史の目的への問い』江澤健一郎訳、法政大学出版局、二〇一二年、二一二頁および二一四頁。

＊58　J. L. Austin, *How to do things with words*, 1960（『言語と行為』坂本百大訳、大修館書店、一九七八年）。

＊59　意味についての社会システム論からのアプローチは、次を参照。Niklas Luhmann, *Soziale Systeme. Grundriß einer allgemeinen Theorie*, Frankfurt/M, 1984（『社会システム理論』佐藤勉訳、恒星社厚生閣、一九九三年）。

＊60　たとえば、Augustinus, *De trinitate*, X: 1.2（『三位一体』前掲：注30、二八〇頁以下）など。

＊61　ジョルジョ・アガンベン『スタンツェ』岡田温司訳、ちくま学芸文庫、二〇〇八年、一六一頁。

＊62　アリストテレス「霊魂論」四二九a。

＊63　アガンベン『スタンツェ』（前掲：注61）、一六二頁。

＊64　アヴィケンナ「救済の書」小林春夫訳『中世思想原典集成11』平凡社、二〇〇〇年、九八〇〜一〇三七頁参照。

＊65　アガンベン『スタンツェ』（前掲：注61）、一六六頁。

＊66　その他、聖アウグスティヌス隠修士会、カルメル会がある。

＊67　以下を参照。ジョルジョ・アガンベン『いと高き貧しさ——修道院規則と生の形式』上村忠男、太田綾子訳、みすず書房、二〇一四年、一七〇頁他。ペトルス・ヨハニス・オリヴィ（Petrus Johannis Olivi）「受肉と贖罪についての問題集」神崎忠昭訳および解説（『中世思想原典集成12』平凡社、二〇〇一年、九二六〜一〇一七頁所収）。

＊68　小田内隆『異端者たちの中世ヨーロッパ』日本放送出版協会、二〇一〇年、第四章、一九七〜二五〇頁。

第三章

＊1　Jacob Burckhardt, *Die Kultur der Renaissance in Italien*, Basel, 1860（『イタリア・ルネサンスの文化』新井靖訳、筑摩書房、二〇〇七年、一六三頁）。なお「これらの国家」とは、先立つ第一章「精緻な構築体（Kunstwerk）としての国家」を指す。

＊2　Jacob Burckhardt, *Der Cicerone*, Basel, 1855（『チチェローネ：イタリア美術作品享受の案内　建築篇』瀧内槇雄訳、中央公論美術出版社、二〇〇四年、一九八頁）。

＊3　同書、二〇〇、二〇三頁。

＊4　同書、三七一頁。

＊5　ブルクハルト『イタリア・ルネサンスの文化』（前掲：注1）、一六三頁および第六章「習俗と宗教」。

＊6　同書、二一二頁。

＊7　同書、二一四頁。

＊8　ブルクハルト『チチェローネ　建築篇』（前掲：注2）、第三章「ロマネスク建築」、第四章「ゲルマン的建築」。

＊9　以下を参照。ユルギス・バルトルシャイティス『異形のロマネスク』馬杉宗夫訳、講談社、二〇〇九年、マイケル・カミール『周縁のイメー

ジ』永澤峻、田中久美子訳、ありな書房、一九九九年、尾形希和子『教会の怪物たち』講談社、二〇一三年など。

＊10　D. P. Walker, *The ancient theology. Studies in Christian Platonism from the Fifteenth to the Eighteenth Century*, London, 1972（『古代神学——一五—一八世紀のキリスト教プラトン主義研究』榎本武文訳、平凡社、一九九四年）、Frances A. Yates, *The Occult Philosophy in the Elizabethan Age*, 1979（『魔術的ルネサンス——エリザベス朝のオカルト哲学』内藤健二訳、晶文社、一九八四年）など。

＊11　ブルクハルト『チチェローネ　建築篇』（前掲：注2）、一九三頁。

＊12　サント・スピリト教会堂にも苦心のあとが認められるが、死後の工事のため、ブルネレスキの意図との関係には不透明な部分を残す。福田晴慶『ブルネッレスキ　一三七七—一四四六』中央公論美術出版、二〇一一年、一九七～二〇三頁。

＊13　Rudolf Wittkower, *Architectural Principles in the Age of Humanism*, 1949, 4th ed., 1973, p.39（『ヒューマニズム建築の源流』中森義宗訳、彰国社、一九七一年、七二頁）。

＊14　ペディメント上部にとってつけたように見えるトンネル・ヴォールトについては以下参照。福田晴慶『アルベルティ　一四〇四—一四七二』中央公論美術出版、二〇一二年、三一八～三二〇頁。

＊15　Giorgio Vasari, *Le Vite de' piu eccellenti pittori scultori ed architettori*, Firenze, 2.ed., 1568（『ルネサンス彫刻家建築家列伝』森田義之監訳、白水社、二〇〇九年、ジュリアーノおよびアントーニオ・ダ・サンガルロの項、とくに二六九～二七〇頁）。

＊16　アビ・ヴァールブルク「ブルクハルト演習最終日一九二七年七月二七日」『ヴァールブルク著作集　別巻二』伊藤博明、加藤哲弘訳、ありな書房、二〇一四年、二五九～二六七頁。なお、ブルクハルトとヴァールブルクの関係については、ジョルジュ・ディディ＝ユベルマン『残存するイメージ：アビ・ヴァールブルクによる美術史と幽霊たちの時間』人文書院、二〇〇五年、ならびに田中純『歴史の地震計——アビ・ヴァールブルク「ムネモシュネ・アトラス」論』東京大学出版会、二〇一七年、二〇〇頁以下参照。

＊17　ヴァールブルク、同書、二六一頁。

＊18　同書、二六四頁。

＊19　フィチーノが創設したという名高いプラトン・アカデミーも後世にやや誇張された神話にすぎない疑いがある。チャールズ・B・シュミット、ブライアン・P・コーペンヘイヴァー『ルネサンス哲学』榎本武文訳、平凡社、二〇〇三年、一六二頁。同書巻末の榎本武文「訳者解説」三七七頁も参照。

＊20　この論題は直接には、マインツ大司教アルブレヒトの「指導要綱」に対するものであった。

＊21　Martin Luther, *De captivitate Babylonica ecclesiae praeludium*, 1520（「教会のバビロン虜囚について　マルティン・ルターの序曲」岸千年訳『ルター著作集　第一集第三巻』聖文舎、一九六九年、一九七～三五四頁所収）。

＊22　Martin Luther, *Eyn Sermon von dem bann*, Leipzig, 1520（「破門についての説教」石本岩根訳『ルター著作集　第一集第三巻』聖文舎、一九六九年、七～三四頁所収）。

＊23　詳しくは次を参照。赤木善光『宗教改革者の聖餐論』教文館、二〇〇五年。

＊24　Martin Luther, *Werke, Kritische Gesamtausgabe*, Bd.49, Weimer, 1914, pp.588-615.

＊25　Klaus Raschzok & Reiner Sörries (eds.), *Geschichte des protestan-*

tischen Kirchenbaues. Festschrift für Peter Poscharsky zum 60. Geburtstag, Erlangen, 1994, p.16.

＊26　Martin Luther, *Eyn sendbrieff an den Bapst Leo den tzehenden*, Witenberg, 1520, & Martin Luther, *Warumb des Bapsts und seyner Jungerm bucher von Doct. Martino Luther vorbrant seynn*, Wittenberg, 1520（「教皇レオ十世に奉る書」ならびに「なにゆえ教皇とその一味の書物が焼きすてられたか」福山四郎訳『ルター著作集　第一集第二巻』聖文舎、一九六三年、三二九〜三四六、四〇九〜四三〇頁）。

＊27　カルヴァン『詩篇註解』の序文、一五五七年。「まず何よりも、わたしは教皇主義の迷信にはなはだかたくなに溺れ切っていたので、かくも深い泥沼からわたしを引き上げようとすることは、きわめて困難であったに違いないが、神は突然の回心によって、年齢に比してはなはだ硬くなっていたわたしの心を制圧し、これを従順なものと変えられた」（『カルヴァン旧約聖書註解詩篇一』出村彰訳、新教出版社、一九七〇年、九頁）。

＊28　Ernst Troeltsch, *Die Bedeutung des Protestantismus für die Entstehung der modernen Welt*, 1906/1911（「近代世界の成立にたいするプロテスタンティズムの意義」堀孝彦訳『トレルチ著作集8』ヨルダン社、一九八四年、五〜一六三頁所収、とくに四四頁）ならびに id., *Epochen und Typen der Sozialphilosophie des Christentums*, 1911（「キリスト教社会哲学の諸時代・諸類型」住谷一彦、山田正範訳『トレルチ著作集7』ヨルダン社、一九八一年、一八五〜二三五頁所収、とくに二二五頁以下）参照。

＊29　Max Weber, *Die protestantische Ethik und der >Geist< des Kapitalismus*, Tübingen, 1904（『プロテスタンティズムの倫理と資本主義の精神』大塚久雄訳、岩波文庫、一九八八年、とくに下巻）。

＊30　同書、下巻一九頁の注三。

＊31　キリスト教の聖像論争についての広範な論考は次を参照。Sergiusz Michalski, *The Reformation and the visual arts. The Protestant image question in Western and Eastern Europe*, London, 1993.

＊32　第六回および七回総会決議、一五四七年一月と三月。

＊33　カトリック改革については以下を参照。『宗教改革著作集第13巻　カトリック改革』教文館、一九九四年、解説（五五一〜五八二頁）。中村雄二郎「カトリック教会の改革」『岩波講座世界歴史14　近代一、近代世界の形成一』一九六九年、四四六〜四七三頁所収。

＊34　不可能であったのは現実にパレスティナへ行って伝道することだけでなく、現世にありながら来世の王国の代理人として現世にかかわることそのものであったことをアガンベンは示唆している。『王国と栄光』（前掲：第一章注51）、二七〇頁。

＊35　たとえばそのひとつ神愛兄弟会（Oratorium divinae charitatis）については『宗教改革著作集第13巻』（前掲：注33）二〇五頁以下所収の会則を参照。

＊36　Ignacio de Loyola, *Autobiografía*, 1555（『ある巡礼者の物語』門脇佳吉訳、岩波書店、二〇〇〇年、一三六〜一三七、一四二、一七〇頁等）。

＊37　同時期のオラトリオ会については、河原温、池上俊一編（前掲：第二章注16）、二〇一四年、六七〜七〇頁参照。

＊38　川村信三『キリシタン信徒組織の誕生と変容「コンフラリヤ」から「こんふらりや」へ』教文館、二〇〇三年。「コンフラリヤ」は第二章で「兄弟会」として触れた「コンフラテルニタス」のポルトガル語。

＊39　Colin Rowe & Leon Satkowski, *Italian architecture of the 16th century*, New York, 2002（『イタリア一六世紀の建築』稲川直樹訳、六耀社、二〇〇六年、二八〇〜二八一頁）。

＊40　ファサードの分析については、ウィットコウワー『ヒューマニズム

建築の源流』(前掲：注13)、一四九頁以下を参照。それがパラーディオの意図を反映したものかどうかの議論については、渡辺真弓『パラーディオの時代のヴェネツィア』中央公論美術出版、二〇〇九年、二四九〜二五九頁参照。

＊41　ブルクハルト『チチェローネ　建築篇』(前掲：注2)、二〇九頁。

＊42　丹下敏明『スペイン建築史』一九七九年、一七二頁の引用による。

＊43　R・J・W・エヴァンズ『魔術の帝国――ルドルフ二世とその世界』中野春夫訳、ちくま学芸文庫、二〇〇六年、上巻三一頁。

＊44　同書、上巻三二頁。

＊45　同書、上巻三三頁。

＊46　ミシェル・フーコー『生者たちの統治　コレージュ・ド・フランス講義一九七九―一九八〇』広瀬浩司訳、筑摩書房、二〇一五年、六頁以下、および一〇七頁以下。フーコーはそのような権力が真理の現出に依存する文化的伝統を古代ギリシアに遡って探っている。フーコーがそのことにこだわるのは、その伝統が現代にも生きていると考えたからであろう。文化の社会への影響については次を参照。Jacob Burckhardt, *Weltgeschichtliche Betrachtungen*, Berlin & Stuttgart, 1905(『世界史的考察』新井靖一訳、ちくま学芸文庫、二〇〇九年)。

＊47　エヴァンズ『魔術の帝国』(前掲：注43)、下巻一五八頁。

＊48　周知のとおりマニエリスムは一九二〇年代から美術史上の重要な概念として使われ始め、とりわけ戦後に盛んに議論されたが、様式としての取り扱いにはいまだ定説がない。とくに建築では、しばしば解釈者自身の立脚点が全面に出る。たとえば、Colin Rowe & Robert Slutzky, Transparency: Literal and Phenomenal, Part II, in: *Perspecta*, vol.13/14, 1971, pp.287-301.

＊49　エヴァンズ『魔術の帝国』(前掲：注43)、上巻一〇九頁。

第四章

＊1　Jacob Burckhardt, *Erinnerungen aus Rubens*, Basel, 1898, p.1(『ルーベンス回想』新井靖一訳、ちくま学芸文庫、二〇一二年、一五頁)。

＊2　ブルクハルト『チチェローネ　建築篇』(前掲：第三章注2)、四一三頁。

＊3　Burckhardt, op. cit. (ch.3, n2)『チチェローネ：イタリア美術作品享受の案内　絵画篇』瀧内槇雄訳、中央公論美術出版社、二〇一一年、三四六頁。

＊4　同書、三五五頁。

＊5　Galileo Galilei, *Discorsi e dimostrazioni matematiche intorno a due nuove scienze attenenti alla meccanica e i movimenti*, Leiden, 1638(『ガリレオ・ガリレイの「二つの新科学対話」静力学について』加藤勉訳、鹿島出版会、二〇〇七年、五八〜五九頁)。

＊6　Wolfgang Lotz, *Studies in Italian Renaissance Architecture*, Cambridge, Mass. 1977(『イタリア・ルネサンス建築研究』飛ヶ谷潤一郎訳、中央公論美術出版、二〇〇八年、第一章「一六世紀の楕円形の聖堂空間」)。

＊7　ブルクハルト『ルーベンス回想』(前掲：注1)、六一頁。

＊8　Heinrich Wölfflin, *Kunstgeschichtliche Grundbegriffe. Das Problem der Stilentwicklung in der neueren Kunst*, München, 1915(『美術史の基礎概念』海津忠雄訳、慶應義塾大学出版会、二〇〇〇年)。

＊9　Sigfried Giedion, *Space, time and architecture. The growth of a new tradition*, Cambridge, Mass., 1941(『空間・時間・建築』太田実訳、丸善出版、一九五五年)

＊10　Eugenio d'Ors, *Du Baroque*, Paris, 1935, p.96(『バロック論』神吉

敬三訳、美術出版社、一九七〇年、八五頁)。

*11 Heinrich Wölfflin, *Renaissance und Barock. Eine Untersuchung über Wesen und Entstehung des Barockstils in Italien*, München, 1888, 2. Abschn. §10(『ルネサンスとバロック』上松佑二訳、中央公論美術出版、一九九三年、七三頁)。

*12 ブルクハルト『世界史的考察』(前掲:第三章注46)。同書は一八六八年から一八七三年にかけてバーゼル大学で行われた講義「歴史の研究について」の草稿(箇条書きメモ)を、ヤーコプ・エーリが編纂して一九〇五年に公刊したものである。

*13 ウェーバー(前掲:第三章注29)ならびにトレルチ(前掲:第三章注28)参照。

*14 René Descartes, *Discours de la méthode*, Leiden, 1637(デカルト『方法序説』谷川多佳子訳、岩波文庫、一九九七年、一七頁)。

*15 『デカルト=エリザベト往復書簡』山田弘明訳、講談社学術文庫、二〇〇一年。

*16 デカルト『方法序説』(前掲:注14)、二〇頁。

*17 同書、二一頁。

*18 同書、二三頁。

*19 同書、二四頁。

*20 石鍋真澄『サン・ピエトロ大聖堂』吉川弘文館、二〇〇〇年、六九頁以下参照。

*21 ヴェルフリン(前掲:注8)、八五頁。引用中の固有名詞の表記は本文に合わせて変えた。

*22 同書、一七四~一七五頁。

*23 ブルクハルト『チチェローネ　建築篇』(前掲:第三章注2)、四三六頁。

*24 Christian Norberg-Schulz, *Baroque Architecture*, Milan, 1979(『図説世界建築史　バロック建築』加藤邦男訳、本の友社、二〇〇一年、一一七頁)。

*25 ブルクハルト『チチェローネ　建築篇』(前掲:第三章注2)、四二〇頁。

*26 同書、四一九頁。

*27 同書、四二〇頁。

*28 同書、四四二頁。

*29 石川達夫『プラハのバロック——受難と復活のドラマ』みすず書房、二〇一五年、とくに二六~四三頁。

*30 プロテスタントの宗教建築一般については次を参照。Bernard Reymond, *L'architecture religieuse des protestants. Histoire - Caractéristiques - Problèmes actuels*, Genève, 1996(『プロテスタントの宗教建築——歴史・特徴・今日的問題』黒岩俊介訳、教文館、二〇〇三年)。

*31 持田希未子『一七世紀の光——オランダ建築画の巨匠サーンレダム』岩波書店、二〇〇九年、二六頁以下。同書は、改革派と絵画との関連性について慎重な立場をとる(一二二頁)。

*32 一七世紀イギリスの政治と宗教については以下を参照。岩井淳『ピューリタン革命の世界史』ミネルヴァ書房、二〇一五年。小池正行『英国分離諸派の運命』木鐸社、一九九三年。

*33 次を参照。ミシェル・ヴォヴェル『フランス革命と教会』谷川稔他訳、人文書院、一九九二年。

*34 ミシェル・フーコー『安全・領土・人口　コレージュ・ド・フランス講義一九七七―一九七八』高桑和巳訳、筑摩書房、二〇〇七年)、とくに第四回講義一九七八年二月一日。

*35 同書、二九三頁。

＊36　Giovanni Botero, *Della ragion di stato*, Venezia, 1589（『国家理性論』石黒盛久訳、風行社、二〇一五年、七頁）。
＊37　フーコー『安全・領土・人口』（前掲：注34）、二九七頁。
＊38　同書、二九九頁。
＊39　同書、二九九〜三〇〇頁。
＊40　中島智章『図説ヴェルサイユ宮殿――太陽王ルイ一四世とブルボン王朝の建築遺産』河出書房新社、二〇〇八年、五四〜六四頁。
＊41　フーコー『安全・領土・人口』（前掲：注34）、一七頁以下。
＊42　福田歓一「近代政治原理成立史序説（一九七一年）」（『福田歓一著作集第二巻』岩波書店、一九九八年所収）。とくに第一部「道徳哲学としての近代自然法」および「付論：政治理論における『自然』の問題」。一八世紀も半ばをすぎてマルク＝アントワーヌ・ロージェが出版して大きな反響を呼んだ『建築試論』にも、このような一七世紀の自然をめぐる議論の枠組みが残されている。ロージェはイエズス会に属する神父であったが、同書の出版に前後してイエズス会を脱会した。
＊43　たとえばスコットランド啓蒙を代表するアダム・スミスやアダム・ファーガスン参照。ファーガスンについては、次を参照。青木裕子『アダム・ファーガスンの国家と市民社会――共和主義・愛国心・保守主義』勁草書房、二〇一〇年。
＊44　Andrea Alciato, *Emblemata* (*Emblematum liber.*), Augusburg, 1531（『エンブレム集』伊藤博明訳、ありな書房、二〇〇〇年）。
＊45　Cesare Ripa, *Iconologia*, 1593, 3.ed., Roma, 1603（『イコノロジーア』伊藤博明訳、ありな書房、二〇一七年）。
＊46　ピーター・M・デイリー『英国のエンブレムと物質文化――シェイクスピアと象徴的視覚性』伊藤博明訳、埼玉大学教養学部・文化科学研究科、二〇一〇年、一一頁。
＊47　伊藤博明『ヨーロッパ美術における寓意と表象――チェーザレ・リーパ「イコノロジーア」研究』ありな書房、二〇一七年、二三五〜二三六頁。
＊48　パスカル「プロヴァンシアル」中村雄二郎訳『パスカル全集2』人文書院、一九五九年、六一〜四九五頁所収。
＊49　同書、「第五の手紙（一六五六年三月二〇日）」、一二四〜一三八頁。また以下を参照。中村雄二郎『パスカルとその時代』東京大学出版会、一九六五年、二一四頁、および中村雄二郎（前掲：第三章注33）。
＊50　Claude Perrault, *Ordonnance des cinq espèces de colonnes selon la méthode des anciens*, 1683（「太古人たちの方法による五種類の円柱のオルドナンス」土居義岳訳、土居義岳『知覚と建築：クロード・ペロー「五種類の円柱」とその読解史』中央公論美術出版社、二〇一七年所収）。
＊51　René Descartes, *La Dioptrique*, Leiden, 1937（「屈折光学」青木靖三、水野和久共訳『デカルト著作集1』白水社、一九七三年、一三四頁、一三八頁）。
＊52　同書、一三八頁。
＊53　John Locke, *Essay concerning human understanding*, London, 1689（『人間知性論』第二巻第十一章十七、大槻春彦訳、岩波文庫、第一巻、一九七二年、二三三頁）。
＊54　ジョナサン・クレーリー『観察者の系譜――視覚空間の変容とモダニティ』遠藤知巳訳、十月社、一九九七年。
＊55　デカルト『方法序説』（前掲：注14）第四部、四六頁。
＊56　同書、四七頁。
＊57　René Descartes, *Meditationes de prima philosophia*, 2.ed., 1642（『省察』山田弘明訳、ちくま学芸文庫、二〇〇六年、六〇頁）。
＊58　同書、「第四省察」、八四〜九七頁。

*59 同書、四九頁。

*60 同書、五〇〜五一頁。

*61 『デカルト＝エリザベト往復書簡』（前掲：注15）および René Descartes, *Les Passions de l'ame*. Amsterdam & Paris, 1649（「情念論」花田圭介訳『デカルト著作集3』白水社、一九七三年所収）。

*62 鏡ではなく画家の描いた肖像画だという解釈もある。

*63 Ernst Cassirer, *Das Erkenntnisproblem in der Philosophie und Wissenschaft der neueren Zeit* (1907). Gesammelte Werke. Hamburger Ausgabe. Hrsg. v. Birgit Recki. Bd.3. 1999, p.44（『認識問題2―1』須田朗、宮武昭、村岡晋一共訳、みすず書房、二〇〇〇年、五一頁）、「ここではホッブズの国法上の理想が彼の論理学に侵入してくるのが見てとれる。つまり、絶対君主はわれわれの行為の支配者であるだけではなく、われわれの思想とその結合の真偽の支配者でもあるわけである」。

*64 武田裕紀『デカルトの運動論――数学・自然学・形而上学』昭和堂、二〇〇九年。

*65 もちろん、彫刻や建築の製作活動に運動は不可欠で、かつそこでも数や幾何学は用いられた。しかし数や幾何学はあくまで静的な比例関係にたいして用いられ、運動にたいしてではない。運動の制御は経験の蓄積によって処理されていた。梃子や滑車は用いられていたが、そうした技術に運動の幾何学的な原理を適用したのがガリレイであった。ガリレイ『ガリレオ・ガリレイの「二つの新科学対話」静力学について』（前掲：注5）。

*66 S・ドレイク『ガリレオの思考をたどる』赤木昭夫訳、産業図書、一九九三年、一三頁。

*67 Alexandre Koyré, *Etudes galiléennes* (1939). Paris, 4.ed., 1986, pp.161ff（『ガリレオ研究』菅谷暁訳、法政大学出版局、一九八八年、一四八頁以下）。

*68 争いの発端は教会とではなくピサ大学の自然哲学者との論戦であった。ドレイク（前掲：注66）、二〇八〜二〇九頁。

*69 Koyré, op. cit. (n67), pp.107ff. 邦訳（前掲：注67）、九四頁以下。

*70 B・J・T・ドッブズ『錬金術師ニュートン――ヤヌス的天才の肖像』大谷隆昶訳、みすず書房、二〇〇〇年。松山壽一『ニュートンからカントへ――力と物質の概念史』晃洋書房、二〇〇四年。

*71 ドッブズ、同書、とくに二五六頁以下。

*72 「もしこの空間が空虚だとしたら、それは基体の無い属性、いかなる延長物のものでもない延長でしょう。それ故、空間を固有性だとするなら、空間を諸事物の秩序であって何か絶対的なものではない、とする私の見解に落ち着くのです」（ライプニッツ第四書簡9、一七一六年六月二日発送、「ライプニッツとクラークの往復書簡」米山優、佐々木能章訳『ライプニッツ著作集9』工作舎、一九八九年、三〇二頁）。これにたいしてニュートン派を代表する立場でクラークは次のように述べる。「空虚な空間は基体のない属性ではありません。何故なら、空虚な空間ということでわれわれが意味しているのは、何ものもない空間ではなく、物体だけがない空間だからです。空虚な空間全体に神は確かに存在し、そこには多分物質ではない他の多くの実体も存在しています。それらは蝕知できず、われわれの如何なる感覚の対象でもありません」（クラーク第四返書9、同年同月二六日発送、同書、三二一頁）。

*73 ライプニッツ第五書簡、同年八月一八日発送、同書、三六九頁。

*74 ホセ・カサノヴァ『近代世界の公共宗教』津城寛文訳、玉川大学出版部、一九九七年、四二頁以下。

*75 W・ブラウンフェルス『図説西欧の修道院建築』渡辺鴻訳、八坂書房、二〇〇九年、二八三頁以下。

＊76　Heinrich Magirius, Zur Gestaltwendung der Dresdner Frauenkirche, in: Raschzok & Sörries, op. cit.（前掲：第三章注25）, pp.226-228.
＊77　*Die Wies. Geschichte und Restaurierung*（Arbeitsheft 55 des Bayerischen Landesamtes für Denkmalpflege）, München, 1992.
＊78　ブルクハルト『チチェローネ　建築篇』（前掲：第三章注2）、四三五頁。
＊79　フーコー『安全・領土・人口』（前掲：注34）、三九三～三九五頁。
＊80　たとえば、成瀬治「敬虔主義の歴史的意義」（一九五一年）『伝統と啓蒙――近世ドイツの思想と宗教』法政大学出版局、一九八八年、四三～六二頁所収。
＊81　たとえばホッブズの自然哲学と政治哲学とが不可分であることについて、藤原保信『近代政治哲学の形成　ホッブズの政治哲学』早稲田大学出版部、一九七四年参照。
＊82　デカルト『省察』（前掲：注57）、五〇～五一頁。

終章

＊1　Immanuel Kant, *Kritik der Urteilskraft*, 1790（『カント全集8　判断力批判　上』牧野英二訳、岩波書店、一九九九年、一二三頁）。
＊2　ジャン＝ピエール・デュピュイ『ツナミの小形而上学』嶋崎正樹訳、岩波書店、二〇一一年。
＊3　ヴォルテール「リスボン大震災に寄せる詩、あるいは『すべては善である』という公理の検討」（1756）『ヴォルテール』斉藤悦則訳、光文社古典新訳文庫、二〇一五年、二三二～二四九頁。
＊4　ジャン＝ジャック・ルソー「ヴォルテール氏への手紙（一七五六年八月一八日）」浜名優美訳『ルソー全集第5巻』白水社、一九七九年、一〇～三六頁所収。
＊5　『カント全集1』岩波書店、二〇〇〇年、二七三～三三七頁。
＊6　Immanuel Kant, *Geschichte und Naturbeschreibung der merkwürdigsten Vorfälle des Erdbebens, welches an dem Erde des 1755sten Jahres einen großen Theil der Erde erschüttert hat*, Königsberg, Feb. 1756（「一七五五年末に大地の大部分を見舞った地震による数々の珍事に関する歴史と博物誌」松山壽一訳『カント全集1』岩波書店、二〇〇〇年所収、三三三～三二五頁）。
＊7　Immanuel Kant, Bemerkungen zu den Beobachtungen über das Gefühl des Schönen und Erhabenen, nachlass, 1762（「『美と崇高の感情にかんする観察』への覚え書き」久保光志訳『カント全集18』一五九～二五三頁。とくに一八六頁）。石川文康『カント入門』筑摩書房、一九九五年、六一～六七頁を参照。
＊8　クレーリー『観察者の系譜』（前掲：第四章注54）、一〇九頁。本文との統一上、一部表記を変えた。
＊9　Jeremy Bentham, *Panopticon, or the inspection-house*, London 1791.
＊10　Michel Foucault, *Surveiller et punir: naissance de la prison*, Paris, 1975（『監獄の誕生――監視と処罰』田村俶訳、新潮社、一九七七年）、とくに第三部第三章「一望監視方式」。
＊11　Michel Foucault, *Les mots et les choses : une archéologie des sciences humaines*, Paris, 1966（『言葉と物』渡辺一民、佐々木明訳、新潮社、一九七四年）、とくに第九章「人間とその分身」。
＊12　ブルクハルト『世界史的考察』（前掲：第三章注46）、四六二～四六三頁。

あとがき

近代化を目指す日本ははじめ様式建築を導入したが、戦後は全面的にモダニズム建築を採用した。そのなかで丹下健三や安藤忠雄などの設計する教会建築が注目を集めたこともあった。しかしヨーロッパの近代建築について調べていると、宗教建築と関係がないところでもキリスト教の存在を感じさせられることがよくある。枚挙に暇がないのだが、一つだけ例をあげよう。モダニズムの建築が台頭してくる直前、第一次世界大戦までの時期にドイツを代表する建築家の一人と目されていたテオドア・フィッシャーという人物がいる。モダニズム運動の草分け的な組織と評されるドイツ工作連盟の初代会長でもあった。今となっては、モダニズム建築の流れからやや外れた保守的傍流として扱われることの多い建築家だが、しかし、モダニズムが歴史の出した唯一の解答なのではなく、近代という社会に対する建築家からの多様な対応の一つにすぎないという立場に立てば、無視できない存在である。この建築家のある短い文章の中に"Persönlichkeit"（ペルゼーンリッヒカイト）という言葉があるのを見たとき、これをごく一般的に「人格」と解すべきか、それともキリスト教三位一体説における「位格（ペルソナ）」のドイツ語「ペルゾーン」に引掛けた表現と解すべきか迷った。このテキストは自らの設計した劇場について書かれたもので、一九一五年に発表されている。文脈はこうである。変転極まりないこの時代に、わずかなりとも確かなものがあるのか？　まず目的や場所性といった現実的な与件への忠誠、次に幾何学的なリズム、そして最後により精神的な空間の問題、ここに至って建築は「ペルゼーンリッヒカイト」となり「自由な芸術」となる、というのである。（Theodor Fischer, Das Stadtheater in Heilbronn, *Der Profanbau*, 1915, H.7, p.85）

ところで、フィッシャーもしばしばそこに含めて語られる保守派は、その後のナチズムとの歴史的関係が指摘される。だがナチズムをめぐっては、単に明らかな保守だけでなく、ラディカルな形而上学批判を展開した哲学者ハイデガーや、「政治神学」という概念を用いて近代国家論をやはりラディカルに批判したカール・シュミットなどを巻き込んで、表面的な保守と革新の区別では割り切ることのできない問題が絡んでくる。そしてそこにもキリスト教の影がよぎる。

このように、二〇世紀のヨーロッパでは、直接キリスト教が関係しないような場面でも、キリスト教の存在を感じさせられることが珍しくない。そこで、モダニズムの建築を理解するためにどこまでキリスト教の理解が必要かが長年気になっていた。とはいえこの問いは、宗教と建築だけでなく、思想や政治などあらゆる領域に関係するので、問題の勘所を掴むだけでも容易ではない。そうするうちにも年々研究の専門分化は進み、領域を限定しこそすれ、うかつに手を広げなどしたら最低限の知識を保持することすら覚束ないような状況になっていった。下手をするとすべてが中途半端に終わるかもしれない。しかし他方でそう言ってはいられないという思いもあった。近代を考えるとき、ナチズムをはじめとする全体主義を避けて通ることはできず、全体主義の問題は、特定の領域に限定しては考えられないと思われたからだ。

このジレンマに対する答えを私はもち合わせていない。しかし少なくともそれをジレンマととらえる姿勢だけは保ち続けたいと思う。その思いから、身の程知らずではあるが、あえてこのテーマに取り組んでみることにした。大半は記載できなかったが、数多くの有益な研究に教わったことはいうまでもない。むろん十分踏査できなかった分野も多々ある。不適切な部分については諸氏の御教示を乞いたい。

そういうわけで本書は、ヨーロッパ近代の建築を理解するためにはキリスト教とその建築について何を考えておくことが必要なのかという疑問に対する、筆者なりの答えでもある。古代から近世までの多領域にまたがる記述でかなり粗密もあるが、大きな流れとしてそれなりの一貫性は保ったつもりである。宗教にせよ、建築にせよ、その核となる部分は言語の指示能力を超えたものが占めている。それを語ったつもりになった瞬間、宗教も建築も語られた言葉のなかに霧消する。ただし、それ自体を語ることは不可能だとしても、それをめぐって人々がいかなる文化を形成してきたかは語り得る。それを語っていくとおのずから、政治や経済や学問が絡んでくる。そこに浮かび上がってくるものを頼りに、ある人は近代を脱キリスト教ととらえ、またある人はその逆を言う。ある人はキリスト教の再建を唱え、またある人は解体を説く。キリスト教文明のパラダイムの内部にいる限りはどの前提が真で、どの主張が正しいのかを決することはできないように思われる。そのためには外部からの声が必要だが、宗教、とりわけキリスト教は、まさにその外部の声をめぐるパラダイムを構成している。こういう認識が、近代を評する前提の一つになるように思う。

そこで改めて考える。結局、フィッシャーのいう「ペルゼーンリッヒカイト」は、「人格」なのか「位格」なのか。どちらとも明言できないような深部で決定不能の状態を意味として生きているというのが今の私の所見である。

本書は多くの方々の支えで実現した。中川武先生はそっと私の背中を押して本書の執筆へと導き、優しく励ましながら丹念に原稿を読んで的確な助言をくださった。本シリーズの他巻を執筆される先生方との濃密な議論は忘れられない。渡邊高宏氏、奥田耕一郎氏は貴重な写真を快くご提供くださった。忙しいなか長々と議論につき合ってくれた後輩や学生たちにもこの場を借りてお礼申し上げたい。その他にも多くの人達からさまざまなお心遣いを頂いた。ヨーロッパの研究をしているせいか、クリスチャンの方と接する機会は比較的多い。本書を執筆中、そうした方々のことを何度も思い出した。本書の執筆に際して神学上の手引きとした本の著者が、かつてドイツで一度出会ったことのある人だということに途中で気づいた。その頃キリスト教の知識がなかった私には、ただ近所の老紳士と偶然食事をする機会を得たというにすぎなかった。高名な神学者らしいと聞いたのは後のことである。氏が日頃出会う日本人はおそらく神学者や聖職者が多く、キリスト教に無知な日本人と話すのをかえって新鮮な機会として楽しんでいたかのような、優しい目を思い出す。こうした偶然もヨーロッパらしいと思う。

最後に、全体の企画から実現までのレールを敷いてくださった渡邊康治さん、本書の完成を最後まで忍耐強くサポートしてくださった萩田小百合さんの御尽力に、改めて感謝を申し上げます。

二〇一九年三月　著　者

ま行

や行

ら行

写真提供
渡邊高宏（第１章：図6, 8　第２章：図12　第３章：図７　第４章：図５上, 7, 9上）
奥田耕一郎（第１章：図７　第２章：図15）

た行

な行

は行

さ行

索　引

＊見出し語の掲載頁は太字で示した。

あ行

か行

世界 宗教 建築史シリーズ
西洋キリスト教建築　輻輳する救済の時代

平成31年4月15日　発　行

編　者　中　川　　武
著作者　太　田　敬　二

発行者　池　田　和　博

発行所　丸善出版株式会社
〒101-0051 東京都千代田区神田神保町二丁目17番
編集：電話（03）3512-3266／FAX（03）3512-3272
営業：電話（03）3512-3256／FAX（03）3512-3270
https://www.maruzen-publishing.co.jp

組版印刷・中央印刷株式会社／製本・株式会社 星共社

ISBN 978-4-621-30383-2　C 0352　Printed in Japan